O rio e seu segredo

OBJETIVA

Zhu Xiao-Mei

O rio e seu segredo

A pianista que desafiou Mao

Tradução
Rejane Janowitzer

OBJETIVA

EDITORA OBJETIVA LTDA.
Rua Cosme Velho, 103
Rio de Janeiro — RJ — CEP: 22241-090
Tel.: (21) 2199-7824 — Fax: (21) 2199-7825
www.objetiva.com.br

Título original
La Rivière et son secret

Capa
Andrea Vilela de Almeida

Imagem de capa
Kazuyoshi Nomachi/Corbis/LatinStock

Revisão
Diogo Henriques
Ana Kronemberger
Tathyana Viana

Editoração eletrônica
Abreu's System Ltda.

Cet ouvrage, publié dans le cadre du Programme d'Aide à la Publication Carlos Drummond de Andrade de l'Ambassade de France au Brésil, bénéficie du soutien du Ministère français des Affaires Etrangères et Européennes.

Este livro foi publicado no âmbito do Programa de Auxílio à Publicação Carlos Drummond de Andrade, da Embaixada da França no Brasil, e contou com o apoio de Ministério francês das Relações Exteriores e Européias

CIP-BRASIL. CATALOGAÇÃO-NA-FONTE
SINDICATO NACIONAL DOS EDITORES DE LIVROS, RJ

Z61r Zhu, Xiao-Mei
O rio e seu segredo / Zhu Xiao-Mei ; tradução Rejane Janowitzer. - Rio de Janeiro : Objetiva, 2008.

247p. ISBN 978-85-7302-933-8
Tradução de: *La rivière et son secret : des camps de Mao à Jean-Sébastien Bach : le destin d'une femme d'exception*

1. Zhu, Xiao-Mei. 2. Pianistas - China - Biografia. 3. China - História - Revolução cultural, 1966-1976 - Narrativas pessoais. I. Título.

08-4944. CDD: 927.862
CDU: 929:780.616.432

Para minha mãe

Este livro não teria podido ver a luz do dia
sem o apoio de Michel Mollard

Sumário

Segunda parte
NO OCIDENTE

Ária

Minha avó gostava de me repetir esta história:

— Era o dia do seu nascimento. Eu olhava o céu de Xangai. O sol poente passava através das nuvens. Eu nunca tinha visto um pôr-do-sol tão bonito! E eu disse a mim mesma que a sua vida seria um ornamento esplêndido. Como este camafeu vermelho. Eu tinha certeza.

Estávamos a algumas semanas da proclamação por Mao Tse-tung da República Popular da China. "Nunca mais os chineses serão um povo de escravos", ele declarou nessa ocasião na praça Tiananmen. Raramente uma profecia teria se revelado ao mesmo tempo tão verdadeira e tão falsa.

Eu hesitei muito em relatar minha vida.

Meu pai freqüentemente me lembra o quanto é inútil falar do passado:

— De que adianta, Xiao-Mei? Quando se morre, não se deve deixar traços. Mesmo que você queira deixá-los não vai conseguir. O sol, a neve e o vento apagarão mais cedo ou mais tarde seus passos sobre o caminho. — E ele gosta de acrescentar: — Pense nos gansos selvagens. Eles voam alto no céu e cobrem distâncias imensas sem colocar uma pata na terra nem deixar suas marcas sobre o solo. São eles que precisamos tomar como exemplo e não os pardais, que saltitam sobre a terra. Os pardais jamais compreenderão o sonho dos gansos selvagens.

Ele tem razão. Eu também achei por muito tempo que não tinha motivos especiais para escrever — não é com a música que me expresso? Cheguei até a pensar que não tinha direito moral. Dentre os chineses de minha geração, não fui eu quem mais sofreu, longe disso.

Mas, como sempre na vida, cada ser, cada coisa se apresenta a nós sob um duplo aspecto.

E eu tive vontade de escrever. Primeiro, para os que foram vítimas da Revolução Cultural. Quarenta anos depois ainda se fala bem pouco dela, e muitas vezes constatei o quanto esses acontecimentos permanecem mal conhecidos no Ocidente.

Tive também a oportunidade de viver na China e no Ocidente, em três países diferentes. Tirei uma lição para a vida inteira: é necessário misturar as culturas, fazê-las dialogar. E quis contar essa experiência, a meu ver, essencial.

Este livro tem trinta capítulos — trinta, o mesmo que as Variações Goldberg, *a obra-prima de Bach. Trinta capítulos e uma ária, que abre a obra e a encerra, formando um círculo parecido com o do tempo que torna a voltar sobre si mesmo, com a roda da vida.*

Freqüentemente me perguntam como é que uma chinesa, originária de uma cultura tão afastada, pode tocar a música de Bach. Eu gostaria que meus leitores chegassem à conclusão depois de terem lido este livro, mas, sobretudo, que tivessem vontade de escutar, de reescutar Bach. Queria também que eles tivessem vontade de ler ou de reler Lao Tse, o grande filósofo chinês.

Pois estes dois sábios se parecem e as duas culturas, chinesa e ocidental, encontram-se neles.

Primeira parte

NA CHINA

1
Hora grave

Vejo muitos homens
Silenciosamente chorando
Dentro da noite
(T'ANG CH'I, *Hora grave*)

Ele está lá, dentro do quarto de meus pais. Ocupa todo o espaço; o quarto é muito pequeno. Os carregadores tiveram uma dificuldade enorme para fazê-lo passar pela porta, pararam várias vezes, suando em bicas. Intrigados, nossos vizinhos desfilaram uns após os outros pelo pátio para dar uma olhada pela janela, para ver o que se passava. Finalmente, ele foi instalado. Livre dos panos sujos que o envolviam, ele apareceu.

Com medo, eu me refugio atrás de uma cadeira. Minha mãe se aproxima, dá uma volta em torno dele, olha-o, examina-o. Ela suspende o tampo, deixando aparecer um nome: Robinson. O marfim do teclado desprende uma luminosidade pálida que dissipa a penumbra do quarto. Minha mãe deixa correr a mão, não mais do que alguns segundos, sobre as pequenas teclas amarelas. Uma melodia sai do móvel, eleva-se dentro do cômodo. O objeto fala! Mas, mal eu esbocei um sorriso e minha mãe já retirou a mão e tornou a fechar o tampo. A voz misteriosa se calou.

Minha mãe se vira para nós e suspira:

— Como eu estou feliz!

Eu não sei o que um piano é. Tenho pouco mais de 3 anos e nunca antes vi algo que se pareça com ele. Estou intrigada. Eu me pergunto de onde ele vem, esse objeto que fala quando se toca nele.

É estranho, mas minha mãe jamais toca. Todas as manhãs ela o espana. Ela começa a limpeza da casa por ele.

— Esta poeira! Em Xangai não tinha tanta poeira. Por que você me trouxe para cá? — ela acrescenta, virando-se para meu pai.

Ela não perde uma ocasião de se queixar de Pequim: o tempo é ruim, a cidade é poluída e se come mal. Às vezes, ao me levantar de manhã, tenho a impressão de que ela chorou. Eu lhe pergunto o que está acontecendo.

— Não é nada, Xiao-Mei, é a fumaça da lareira que me irrita os olhos — ela me responde.

Eu a olho enfeitar o piano com flores de papel como se faz na China para o *jitai*, o altar dos ancestrais. Em nossa casa nós não temos *jitai*, mas temos o piano.

Tenho a impressão de que aquele piano está ali para mim.

Suspendo a tampa e bato nas teclas de marfim, ao acaso, pelo prazer de ouvir os sons que sobem pelo cômodo. Quando eu vou para um lado, a voz do piano se parece com a de um dragão. Quando eu vou para o outro lado, ela se parece com a dos passarinhos. Mas bem depressa me sinto impotente e paro. Isto não é música!

Às vezes, quando as crianças vêm a nossa casa, eu mostro a elas como bater nas teclas, e a cacofonia nos distrai por um momento. Todos se distraem, salvo minha mãe. Um dia, ela fechou o tampo com um gesto firme.

— Agora acabou. Não quero mais. Vocês o estão estragando! Saiam!

E o piano retorna ao silêncio. Ninguém toca nele. Nem ela, nem eu, ninguém. Contudo, ele se tornou uma espécie de novo morador na nossa casa.

Nossa casa... Dois cômodos para sete pessoas, 50 metros quadrados ao todo dentro de um *si he yuan*, um quadrado de casas baixas construídas em torno de um pequeno pátio central. Uma única bica d'água e um único banheiro para 11 famílias, roupas mal lavadas penduradas nas janelas do pátio, um assoalho negro sempre úmido e um teto roído por ratos, cujo barulho todas as noites me apavora. Contudo, nós não somos os mais infelizes. Os outros moradores do *si he yuan* têm ainda mais dificuldade para viver do que nós, como uma viúva, cujos dez filhos dormem numa única cama de casal.

Nós moramos ali desde que meus pais decidiram vir para Pequim para se juntar a uma irmã de meu pai que nós chamamos de *momo*, isto é, "tia", em dialeto de Xangai. Ela propôs aos meus pais trabalhar no pequeno comércio que o marido e ela possuem. Meus pais aceitaram porque não havia mais lugar para eles lá onde eles estavam, em Xangai.

Os problemas tinham começado durante o inverno de 1949. Um inverno tão duro que, em Xangai, centenas de pessoas morreram de frio e de fome. Cada manhã despejava seu lote de corpos esqueléticos e gelados sobre as calçadas. A guerra civil entre o Partido Comunista e o Kuomintang terminara, mas tinha desorganizado completamente o país. As estruturas administrativas tinham desmoronado, os transportes freqüentemente estavam bloqueados ou tinham sido requisitados, as empresas tinham ido à falência ou operavam em marcha lenta. A fortuna de meus avós derretera como neve ao sol.

Avós que apresentavam todos os vícios possíveis, segundo o regime que se instalava.

O pai do meu pai era um empresário fascinado pelo Ocidente. Fabricante de móveis, fazendeiro, alfaiate, dono de restaurante, construtor de casas, diretor de um curso de dança, depois de uma sala de cinema... Exercera toda espécie de profissão, pelo simples gosto de criar, de correr riscos. E de dar a conhecer à China costumes vindos do Ocidente — organizar uma noitada dançante na China dos anos 1920: pode-se imaginar idéia mais descabida?

De onde vinha esse fascínio? Mistério. Meu pai, que não tinha mais do que 13 anos quando meu avô morreu, jamais pôde me explicar.

Do lado de minha mãe, meus avós, os Sheng, tinham feito fortuna com importação-exportação, e mesmo que meu avô não tivesse aprendido inglês na escola, seus negócios o levaram a falar esta língua correntemente. Eles eram impregnados dessa cultura estrangeira que viera se misturar à nossa. Graças a eles, minha mãe se familiarizara desde muito jovem com formas de arte européias — ela conhecia os mais belos quadros do Louvre como se de fato os tivesse visto.

Com o apoio de meus avós Sheng, meus pais puderam se instalar, depois de seu casamento, em um apartamento de dois andares, em um prédio rico da antiga concessão francesa cujas janelas davam para uma bela avenida ladeada de plátanos, diante do parque Fuxing. Eles tinham móveis de jacarandá, vasos de porcelana, baús de canforeira cujo perfume impregnava os vestidos de minha mãe. Naquele tempo, apesar dos estragos causados pela guerra, Xangai se parecia ainda com uma pequena Paris refinada e agitada.

Mas durante aquele inverno terrível, tudo ficou abalado. A clínica onde meu pai trabalhava perdeu seus pacientes, pelo menos os que eram capazes de pagar as consultas. Ela teve que fechar as portas.

Sem os compromissos familiares, não há dúvida de que meu pai teria continuado a exercer sua profissão gratuitamente, pois era um sonhador e um idealista — ele ainda é. Isto lhe veio de seus anos de estudo, passados junto de um velho mestre chinês que ele pacientemente acompanhava em suas visitas aos doentes e suas pesquisas de plantas raras na montanha. Da tenra infância também. Como a mãe morrera pouco tempo depois de seu nascimento, as irmãs mais velhas se encarregaram de criá-lo.

Qixien, o primeiro nome de meu pai, era uma criança estranha. Jamais sentia calor, nem frio, nem fome. Duvidava-se de sua inteligência de tanto que ele parecia incapaz de expressar suas sensações. Ele não sentia nada, simplesmente. Talvez tivesse se tornado ensimesmado com a morte da mãe, sem querer conhecer mais nada das desgraças que o cercavam. Meu avô, por outro lado, não pensava assim. Tamanha sabedoria, tão jovem! Os maiores filósofos levavam uma vida para conseguir aquele estado de desligamento, e eis que seu filho já o tinha alcançado. Destinava, pois, a meu pai uma atenção especial. Que o filho lhe devolvia à altura e lhe devolveria por toda a vida. Mais tarde ele me confiará que, nos piores momentos de sua existência, pensou no pai para ter forças para sobreviver.

Meu pai, portanto, teria continuado a exercer seus talentos de médico de graça, mas não tinha liberdade para fazer o que queria. Tinha uma esposa e três filhas, minhas duas irmãs mais velhas, Xiaoru e Xiaoyin, e eu para alimentar. Sem poder mais exercer sua verdadeira profissão, teve que abandonar a medicina e aceitar os empregos que encontrava: contador, representante, tudo que desse para manter a família.

Foi então que meus pais receberam a proposta de Momo para se juntar a eles em Pequim e trabalhar no seu pequeno comércio. Eles aceitaram e, no verão de 1950, nós partimos.

Contudo, por pouco nosso destino não tomou uma outra direção. Foi algumas semanas depois do meu nascimento. Meu pai recebera várias cartas do seu irmão Qiwen, instalado em Taiwan. Achara trabalho para ele e lhe pedia que fosse encontrá-lo. Meus pais hesitavam em partir. A oferta era tentadora; mas seria, de fato, o caso de partir? A China tinha um novo governo, seus dirigentes tinham idéias generosas, eram honestos, sinceros, a anarquia ia acabar, o futuro estava cheio de esperança. Por outro lado, havia lugar para os meus pais naquele futuro?

Finalmente, eles se decidiram. Tinham as passagens no bolso e se apressavam para embarcar quando fechou o cerco: saída do território proibida. Assim se modificou bruscamente uma vida: meus pais não foram para Taiwan, e meu pai, durante mais de trinta anos, sofreu a suspeita do regime em conseqüência da partida de seu irmão.

Alguns meses depois de nossa chegada a Pequim, meu tio e minha tia foram expropriados. O Exército de Libertação tinha então inaugurado na China uma nova era: era a época das primeiras medidas destinadas a confiar ao Estado a gestão das sociedades que interessavam "à economia nacional ou à vida do povo". Meus pais se viram sem nada, em uma cidade que mal conheciam, com três crianças para sustentar.

Por acaso, minha mãe conseguiu um emprego rapidamente: professora de música em uma escola primária. Mas como meu pai permanecia sem trabalho, ela teve que suportar sozinha os encargos da família. Seu passado não a preparara muito para aquilo, mas a força interior lhe permitiu lutar em todos os fronts ao mesmo tempo, nos alimentar, nos nutrir, manter a casa limpa, se incumbir de nossa educação...

Minha mãe, cujo nome é Ruyin, nasceu em 1918, numa época em que a mulher chinesa era ainda uma reclusa, devendo ser antes de tudo uma "esposa útil" e uma "mãe cheia de sabedoria". "Saber em excesso é perigoso para a virtude das mulheres", dizia-se. As meninas só aprendiam o que era estritamente necessário ao cuidado de um lar, e a maior parte dos casamentos era arranjada, o mais das vezes com um homem mais velho. Fiéis ao pensamento confuciano, os chineses acreditavam nas virtudes de uma aliança racional muito mais do que nessas estranhas idéias ocidentais de príncipe encantado.

Ruyin varreu a tradição.

Não só foi à escola como, na escola, foi sempre a melhor, de tal maneira que, ao chegar à idade adulta, meu avô adotou o hábito de consultá-la a respeito de seus negócios.

Ele duvidava que a filha pudesse não aceitar o rico pretendente que encontrara para ela em Hong Kong, mas Ruyin era irredutível. Ela não recuava diante de nada. Queria se casar com meu pai, embora tivesse boas razões para não fazê-lo: ele era menos rico do que ela, tinha cinco anos a menos e, por fim, era um parente afastado. Meu avô negava, minha mãe insistia. Afinal, um belo dia, ela fugiu de casa. Desapareceu e foi preciso publicar um aviso de busca. Várias semanas se passaram, depois meu avô cedeu. Minha mãe queria um casamento de amor e ela teve.

Foi no nosso miserável *si he yuan*, na ocasião em que Mao lançava suas primeiras grandes reformas, que nasceram as duas últimas crianças de meus pais, minhas irmãs Xiaoyu e Xiaoyen. Cinco filhas! Na China, nessa época, ter uma filha era sempre um peso, ter duas ou três, um incômodo; ter cinco sem sequer um menino era um fardo.

Revejo minha mãe na volta da maternidade, depois do nascimento de Xiaoyu. Com a testa escondida em um lenço, segundo a tradição chinesa, o rosto branco de cansaço, os olhos fundos, ela parece um fantasma. Amigos e colegas desfilam em nossa casa para cumprimentar meus pais. Eu me introduzi no quarto deles, me aproximei da cama onde minha mãe repousa. Ela está tão cansada que eu sequer posso lhe falar. Acho que vai me abandonar, que vai morrer.

— Por que está chorando, Xiao-Mei? — pergunta meu pai.

— Tenho medo que mamãe morra.

— Todo mundo morre um dia, você bem sabe. E sabe também que a mamãe não vai morrer agora!

— Se eu tenho que morrer, quero morrer junto com mamãe.

Meu pai me olha, inquieto; ele se pergunta como posso ter tais pensamentos na minha idade.

Felizmente, há a minha avó. Ela veio morar conosco, depois da morte do marido. Muito bonita, nasceu em um meio de intelectuais. Segundo a tradição chinesa, uma menina devia, na época, ter os pés minúsculos se quisesse encontrar um marido. É a razão de seus pés terem sido enfaixados quando ela era ainda uma criança, de maneira a impedir o crescimento deles. Mas os pais de minha avó não suportaram ver o sofrimento que essa prática provocava; por isso ela foi uma das primeiras chinesas a andar livremente, e ela tinha orgulho disso.

— Mas então como você fez para arranjar um marido?

Ela me responde com uma gargalhada. Podemos concluir que seus grandes pés não incomodaram muito meu avô!

Minha avó sabe ler e escrever um pouco, o que era raro na sua época. Ela tem discernimento seguro e uma forte autoridade. É uma mulher com cabeça, como se encontram em muitas das grandes civilizações do sul ou do Oriente. Sempre foi o pilar da família. Alegre, espontânea, generosa, cada vez que sai conosco nos dá presentes, como se o dinheiro não fosse um problema.

Eu divido a cama com minha avó, o que nos aproxima ainda mais. Todas as noites, ela nos conta uma história:

— Uma, só mais uma, Xiao-Mei.

Ela me conta também casos da juventude de minha mãe.

— Ela sempre quis ter uma carteira de motorista e conseguiu. E como tinha uma concepção um tanto quanto perigosa de como dirigir, um dia, inevitavelmente, bateu numa árvore.

— E então? Ela se machucou?

— Não, mas seu avô proibiu-a de tocar no automóvel!

Minha avó ri e eu rio com ela. E, juntas, nos esquecemos de nossa nova vida, as paredes tristes, o apartamento pequeno demais, o dinheiro faltando...

O que aconteceu para que nossa vida mudasse tanto? A resposta tem um nome: Mao Tse-tung.

Bem pequena, eu já sei quem ele é. Seu retrato está em toda parte. Graças a ele, me dizem, a China foi libertada. Desde que ele triunfou sobre forças capitalistas e imperialistas, a vida dos chineses foi transformada. O Partido Comunista vitorioso os fez sair da opressão, da miséria. Um futuro luminoso nos espera, no qual não haverá mais nem ricos nem pobres, nem mandarins nem cules, somente operários e camponeses felizes e bem nutridos, como vemos nas imagens. Nós, as criancinhas, devemos reverenciar o presidente Mao pois devemos tudo a ele. Ele é para nós um pai, que devemos amar mais do que nossos pais. São coisas que meus próprios pais me dizem, pois estão convencidos disso.

2
A biblioteca de mamãe

Eu não sabia ler,
Mamãe era minha biblioteca.

Eu lia mamãe —
Um dia
O mundo estará em paz,
O homem será capaz de voar,
O trigo brotará em plena neve,
O dinheiro não servirá para nada.
(...)
Mas enquanto se espera,
diz mamãe,
devemos trabalhar bastante.
(LU YUAN, *Conto de fadas*)

É uma tempestade sobre Pequim. O céu está negro e a chuva escorre pelas vidraças. Minha mãe olha pela janela. O pátio está coberto de lama. Não há possibilidade de lavar a roupa do lado de fora, como ela faz habitualmente no final do dia: vai ficar para amanhã. A refeição da noite está pronta, os deveres da escola foram terminados. Está tão escuro que eu não distingo mais do que sua silhueta. Então minha mãe acende uma pequena lanterna, me segura pela mão e me diz:

— Venha, Xiao-Mei, vou tocar alguma coisa para você.

Vamos em direção ao quarto dela, ela abre o piano e começa a tocar. As notas se elevam, uma música de uma doçura infinita. Essa primeira verdadeira peça que ela toca para mim é *Devaneios* de Schumann. Eu me posto ao lado dela e a escuto de boca aberta.

Todo um mundo se abre para mim. Tenho a imediata impressão de que aquela música é minha. É o amor que meus avós dedicavam à cultura ocidental que sinto renascer em mim? Ou a mensagem daquela peça, portadora de tamanha profundidade e de tamanha verdade humana que fazem dela uma música universal? Não sei.

Minha mãe terminou de tocar. Ela se vira para mim. Nós nos olhamos. Nesse instante, eu creio, ela compreende o que eu tenho na cabeça. Tenho somente um sonho: tocar esse amigo que se incorporou à nossa família.

De agora em diante, todas as noites, ao voltar do jardim-de-infância, eu abro o tampo e o tateio, o exploro. Para me ocupar, tento bater nas teclas de memória, com um único dedo, as canções que aprendi durante o dia.

— Você toca sempre a mesma coisa, Xiao-Mei — me diz minha mãe. — É barulho, está me deixando doente!

Mas um dia, ao ir me buscar no jardim-de-infância, ela se dá conta de que é de fato uma ária que eu reproduzi. Então ela me deixa tocar até o dia em que não suporta mais aquelas arengas que eu martelo sem descanso. E finalmente pronuncia a frase que eu espero há semanas:

— Xiao-Mei, eu vou lhe ensinar a tocar piano.

Dia após dia, minha mãe me ensina a ler música. Mas não como todo mundo. Com ela, os acordes, os encadeamentos, os deslocamentos se iluminam como por mágica! Cada nota representa um membro de nossa família: em vez de ir de *dó a sol*, eu vou de papai a Xiaoru: é tão mais divertido! Depois passamos aos exercícios mais simples de Czerny, às escalas, aos arpejos. Ela também me faz tocar os trechos extraídos de uma coletânea que todos os pianistas iniciantes chineses conhecem: *Piano Music Masterpieces*, da Editora Albert Wier, na qual se encontram as peças mais simples e as mais conhecidas dos grandes compositores clássicos. Um dos trechos favoritos da coletânea é a *Reza de uma donzela*, de Tekla Badarzewska, uma peça cujo nome nada diz à maior parte dos leitores, mas é muito célebre na China — quando eu voltar lá, após décadas de ausência, ainda vão me pedir para tocá-la!

* * *

Minha mãe me conta a história de seu piano. Como toda mocinha nos anos 1930 em Xangai, ela almejava estudar música, e o pai lhe proporcionou aulas de piano. Mais tarde, ela entrou em uma escola de arte onde estudou pintura, a flor das artes chinesas, sempre continuando a trabalhar na música. O instrumento era seu presente de casamento, por parte de seus pais.

— Com vocês, meu piano é o que tenho de mais precioso no mundo — ela diz. — Ele sempre me acompanhou, nos bons momentos assim como nos maus.

Foi graças a ele que ela conseguiu emprego em Pequim: ela se tornou professora de música em uma escola primária para onde mandou transportar o instrumento. Mais tarde me confiará que, se o seu piano nos alimentava, ao mesmo tempo entregava as origens de meus pais.

— Como é que você pode ter um piano? — perguntavam seus colegas.

Minha mãe compreendia o sentido dessa pergunta: apenas os burgueses, os *chushen buhao*, gente de má estirpe, tinham podido adquirir um objeto capitalista tão luxuoso quanto um piano. Pouco a pouco ela se tornava suspeita, mas precisavam dela para ensinar música às crianças.

Finalmente, a escola adquiriu um piano e minha mãe pôde recuperar o seu. Foi assim que ele chegou à nossa casa, quando eu tinha 3 anos.

Eu ouço minha mãe falar e sinto que, para ela, este piano é bem mais do que um objeto; é um amigo, um confidente.

— Você sabe — ela me conta —, o imperador Kangxi,[1] o primeiro a possuir um piano na China, há duzentos anos, pedia que se saudasse o instrumento como uma alta personalidade na ocasião das cerimônias na Corte.

Eu também, eu olho para o piano como se ele fosse uma pessoa. Quando a música se eleva sob meus dedos, tenho a impressão de que ele canta, que ele me diz alguma coisa; quando eu o toco, ele me responde.

[1] Kangxi (1654-1722). Na realidade, foi um clavicórdio ou um cravo que os missionários jesuítas ofereceram a Kangxi. (*N. da A.*)

Gosto muito de trabalhar com minha mãe. Ela nunca se zanga comigo; ela me faz tomar gosto de progredir. Nós avançamos passo a passo: para ela, convém não trabalhar demais, como não comer demais. O que não a impede, como uma psicóloga sutil, de me lançar desafios:

— Este trecho, Xiao-Mei, meus alunos da sua idade já tocam.

Ela me estimula a contar histórias em música, a fazer voar minha imaginação. Eu componho uma pequena melodia e minha mãe, que improvisa muito bem, me acompanha. Essas sessões a quatro mãos são o cúmulo da felicidade: de repente, o piano une sua voz mais grave à sua voz mais aguda e eu tenho a impressão de dominar a terra inteira! Eu não quero mais parar!

Por outro lado, todo o resto parece ainda mais escuro ao meu redor.

A começar por meu pai. Eu não o compreendo bem, pelo menos nessa época. Ele é rude conosco, por vezes até violento.

— Vocês devem me obedecer! — troveja.

Para ele, as crianças devem seguir os ensinamentos de seu mestre Confúcio, para quem "a piedade filial e o respeito dos mais velhos são as próprias raízes da humanidade". Tão logo ele entra em casa, a atmosfera muda, fica tensa. Nós não ousamos mais nos mexer, nem falar. Ele grita por um nada.

Uma noite em que meus pais nos ofereceram lugares no circo, para minhas irmãs mais velhas e eu, nós decidimos voltar a pé para lhes evitar a despesa do automóvel e chegamos em casa mais tarde do que o previsto. Meu pai nos aguardava, terrivelmente inquieto. Mas ele não disse uma palavra de alívio. Em vez disso, começou a berrar e nos bateu com o sapato. Nunca pude esquecer.

Na realidade, meu pai sofre com sua situação. Ele encontrou um emprego bem abaixo de suas qualificações e de sua educação, e não consegue garantir a sobrevivência da família como gostaria. No fundo, ele nos ama, mas não demonstra jamais. Nós, suas filhas, o tememos, mais do que tudo.

Só quando estou tocando piano deixo de ser repreendida. Será que o som do instrumento o faz sonhar com uma vida melhor, como a que tiveram seus pais?

* * *

Meu pai é antes de tudo um homem honesto. A ponto de se tornar doentio. O primeiro ideograma que ele me ensinou quando decidiu me iniciar na escrita foi "honestidade":

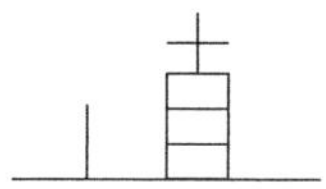

Ele próprio desenhou-o para mim antes de me dar a explicação:

— Xiao-Mei, a cruz em cima é o número dez. Abaixo você tem os olhos. E no canto à esquerda, uma pessoa. Dez olhos olham para você. É isto a honestidade.

Meu pai praticava a honestidade todos os minutos da sua vida. Ele ia fazer compras: voltava com os peixes menos frescos e as frutas menos maduras por temor de privar os outros dos produtos melhores. É uma de minhas lembranças mais antigas: escuto minha mãe dizer a ele em dialeto de Xangai:

— Mas como você é bobo!

Na vez seguinte, quando ele voltou do mercado, eu lhe repeti a pequena frase:

— Mas como você é bobo!

E todo mundo riu à minha volta. E meu pai acabou sendo proibido de fazer compras!

Também minha avó quer me transmitir o que é importante para ela. E assim ela enfia na cabeça que vai me fazer descobrir a Ópera de Pequim. Para aprofundar minha cultura musical, ela me diz. E também, possivelmente, para fugir de seu cotidiano.

A Ópera de Pequim é o que há de mais completo na arte teatral chinesa. Os atores interpretam, cantam, fazem mímica e executam acrobacias em cenários deslumbrantes. A vida deles é dedicada à carreira e seu talento se apóia em uma tradição milenar que remonta à dinastia Tang.

Para a ocasião, minha avó atravessa um lírio pela lapela de seu casaco. Sentada ao lado dela, aguardando com impaciência, vejo as luzes se apagarem. Da orquestra instalada ao lado do palco surge um rufar de tambores seguido de furiosas batidas de címbalos. Os atores entram, vestidos em fantasias esplêndidas, cintilantes, coloridas, e com maquiagens espetaculares. Começam a cantar, depois a falar, depois a dançar. Alguns minutos se passam. Eu não compreendo nada. Eu me pergunto por que todos eles ficam se movimentando e por que os papéis de mulheres são desempenhados por homens. Eu olho à minha volta; o público tem um ar tão feliz! Aclama os atores ao mesmo tempo que come e bebe. Restos de amendoim se acumulam no chão. "Para o povo, o alimento é o céu", diz um provérbio chinês.

Hoje eu compreendo; emociono-me com essa maneira de amar a arte, que reflete uma antiga tradição de simplicidade e uma arte de viver tão natural. Mas naquela noite, era uma outra coisa. Eu me volto para minha avó:

— Estou com medo. Quero voltar para casa.

— Não é possível! Você não se dá conta da sorte que temos de ter lugares!

Então eu me calo e deixo meu olhar errar pelo espetáculo. Mas nada me prende a ele, nada me atrai. Então eu fecho os olhos sem sequer me dar conta e, alguns instantes mais tarde, mergulho em um sono suave, entrecortado pelas aclamações que o público lança nos momentos cruciais da peça.

Eu sou uma chinesa estranha. Emocionada com a música de Schumann e adormecida com a Ópera de Pequim...

Se minha avó nem sempre me compreende, minha mãe, em compensação, me entende.

Nos momentos em que passamos a tocar juntas, também ela se esquece de tudo à sua volta: a umidade, a poeira, o cansaço. Mas ela tem que parar, recomeçar a lavar, a esfregar, a cerzir nossas roupas, a contar e recontar o dinheiro, o qual faz cada vez mais falta. Chega ao ponto de se ver obrigada a pesar a comida de cada um de nós para limitar as despesas.

Todos os meses, nós vamos ao mercado Dong An, o grande mercado dos artesãos pequineses. Para minhas irmãs e eu é um verdadeiro evento, uma grande felicidade. Nós não sabemos o que olhar primeiro. Os tecidos, as roupas, os brinquedos, nós aspiramos os odores, devoramos com o olhar as guloseimas. O que nós não sabemos é que meus pais aproveitam o pretexto do passeio para vender às escondidas as jóias da minha mãe. Jóias que por sinal perdem valor a cada dia, pois usá-las se tornou suspeito: é preciso ter sido burguês, *chushen buhao*, para ter podido adquiri-las.

Chega o dia em que minha mãe vendeu tudo de valor que ainda possuía. Uma noite, eu escuto meu pai lhe perguntar:

— O que podemos fazer agora? Já nos desfizemos de tudo.

— Resta o piano — responde minha mãe.

Eu sinto o olhar de meus pais se cruzar, depois minha mãe acrescenta:

— Mas nós não podemos vendê-lo. Xiao-Mei toca.

"Xiao-Mei toca." Para mim, naquele ano de 1955, a frase adquiriu um sentido diferente, menos alegre. Foram pelos ares canções infantis e escalas, árias tocadas a quatro mãos misturadas com risos. Acabo de completar 6 anos, e minha mãe, que se subestima, achou que não tinha mais capacidade de continuar sendo minha única professora; por isso quis que eu fizesse o exame para entrar na Escola de Música para crianças, antecâmara do Conservatório.

Eu passei no exame e descobri um outro mundo.

Na Escola de Música para crianças reina uma disciplina de ferro; os professores são muito exigentes, demais para mim. Enquanto eu tenho sede de música, de novidade, eles me fazem trabalhar sem descanso em umas poucas mesmas obras. Não estão errados, mas as conseqüências não se fazem esperar: vou às minhas aulas semanais cada vez com menos prazer e relaxo nos exercícios.

De tal modo, e tanto, que meu professor vai à nossa casa se queixar de mim. Nossos vizinhos, sempre tão curiosos, não perdem nada dessa visita e o rumor corre imediatamente no *si he yuan*: "Vocês viram, o professor de Xiao-Mei veio porque ela trabalha mal na Escola!"

Meus pais ficam mortificados.

— Se você não quer mais estudar, eu fecho o piano, mas você não vai mais poder lamentar! — me diz minha mãe com doçura.

E como eu não respondo nada, ela põe sua ameaça em execução. Durante três semanas, eu faço como se nada tivesse acontecido. Mas minha mãe termina reabrindo-o. Não a contrario mais!

E volto ao trabalho.

* * *

O que minha mãe ignora é o que eu aprendo a mais na Escola de Música, além do piano.

Para começar, que nem todos os alunos são iguais. Há alguns, como eu, que chegam à escola com roupas gastas e remendadas. Há outros que usam roupas novas. Há aqueles que vão de férias para a praia, que tomam avião. E há outros que não conhecem nada que não seja seu *si he yuan* sem horizonte.

Há os "jovens pioneiros", reconhecíveis pelos lenços vermelhos que exibem em volta do pescoço. E os outros, que não têm direito de fazer parte do grupo, por uma razão obscura.

Pouco a pouco descubro que as crianças bem vestidas que tomam avião estão também freqüentemente entre os jovens pioneiros, e que seus pais ocupam um posto elevado no governo ou no exército da China nova. As outras têm pais de que devem sentir vergonha. É o meu caso.

Estamos na época do Grande Salto para a Frente lançado por Mao Tse-tung com o objetivo de recuperar o atraso econômico do país: trata-se de se igualar o mais rápido possível ao Reino Unido! Para ganhar a aposta, nos dizem, é preciso agir em conjunto, esquecer o individualismo burguês e se colocar a serviço do povo. De repente, as aulas param, e eis-nos todos na rua: estamos encarregados de recuperar os utensílios de ferro, o maior número possível, para levá-los às aciarias. Assim, até nós, crianças de 10 anos, teremos contribuído para o esforço coletivo de desenvolvimento industrial. Nossa vida gira em torno desta palavra: a coletividade. Aprendemos dia após dia que ela é mais importante do que tudo, mais do que a família.

Para que a coletividade avance, para que o individualismo recue, para que o espírito do comunismo entre de fato em nossas cabecinhas, todos os sábados de manhã participamos de uma sessão de autocrítica e de denúncia. O princípio é simples: nossos pensamentos não pertencem somente a nós, mas também ao Partido. É preciso entregá-los a ele, mesmo os mais íntimos, e se submeter a seu julgamento, pois só ele sabe o que é bom ou ruim, justo ou falso. Assim se poderão resolver "as contradições no seio do povo".

Para nós, isto significa que é preciso designar quem se comportou bem durante a semana, ou não. Um nome é pronunciado. A opinião é dada: ele agiu corretamente em relação à comunidade? É um bom revolucionário? Os que não estão de acordo intervêm: não, ele não é um bom revolucionário pois foi preguiçoso, trapaceou na sala de aula.

Essas sessões nos são apresentadas como um meio de nos ajudar a progredir. Mas nós somos jovens demais. Mais do que tudo, temos vontade de ser reconhecidos ou medo de ser rejeitados. Se somos criticados por nossos camaradas, sentimos vergonha, não ousamos mais olhá-los, perdemos nossos amigos.

Quanto mais o tempo passa, mais tememos ser vistos como maus revolucionários, mais estamos prontos a fazer tudo que for preciso para sermos amados, admirados, como todas as crianças.

Para mim é ainda mais difícil do que para os outros. Sinto perfeitamente que meus pais não são como os dos outros camaradas. Meu pai e minha mãe não se parecem com os bons revolucionários dos livros, dos cartazes, com os que nos descrevem nossos professores diariamente. Eu gostaria de sentir orgulho de meu pai, mas qualquer coisa me impede. Não é um pai como os outros. Contudo, ele acaba de achar finalmente uma ocupação estável, funcionário administrativo de uma universidade. É uma boa colocação e o presidente da universidade, Lao Xue, deposita nele total confiança. Chega a lhe permitir que exerça seu ofício de origem, confiando-lhe também a responsabilidade do serviço médico da universidade.

Mas a dúvida está lá. Ele deve ser culpado de alguma coisa para que os professores desconfiem dele. Ademais, ele mesmo me diz: minha mãe e ele têm vergonha do que eram antes da Libertação. Sabem que são *chushen buhao*, "de má origem", e que devem se redimir.

Se meus pais são culpados, eu também sou, forçosamente. E depois há o piano. Ele é, também, de má origem.

Contudo, esse piano que me rotula como culpada, ao mesmo tempo me permite ser admirada. Tenho apenas 8 anos e já me pedem para dar concertos! Um dia no rádio. Outro na televisão, que acaba de ser criada. Um prazer: os projetores iluminam o piano, aquecem minhas mãos. Há técnicos trabalhando por todo lado. Eles estão exaltados enquanto eu, inocente, não tenho medo de nada, só tenho vontade de uma coisa: agradar ao público tocando para ele *Maio Vermelho*.

Um dia me pedem para tocar no Palácio Imperial de Pequim. Não fico impressionada, mas uma questão me obceca: o que vou vestir? Dessa vez não vai ser diante de máquinas, microfones e câmeras que vou tocar, mas diante de pessoas, mais de mil. Não posso me apresentar com minhas roupas remendadas. Vêem-se sobre os joelhos e sobre os cotovelos velhos pedaços de tecidos recortados dos vestidos de minha mãe.

Sei perfeitamente que me visto mal. Não faz muito tempo, na escola, quando ensaiávamos uma peça de teatro, o professor me disse:

— Xiao-Mei, você vai fazer o papel de mendiga. Você não vai precisar de figurino.

Não respondi, e voltei em prantos para casa. Meus pais quiseram me fazer acreditar que ele tinha brincado comigo, mas eu não acreditei neles.

Não quero ir ao Palácio Imperial vestida como uma mendiga. Quando peço à minha mãe para me arranjar roupas bonitas ela me responde que não tem como comprar, que eu estou bem daquele jeito, mas eu a importuno, a assedio: com a morte na alma, ela termina pedindo a uma de suas alunas, que é filha de um diplomata: ela poderia me emprestar? Eu uso a roupa. A saia é vermelha, a blusa branca de mangas bufantes foi confeccionada em um tecido tão fino que chega a ser transparente. Quando entrei no palco, naquela noite, não pensava senão nisto: pareço uma borboleta. Nem sei mais o que foi que toquei!

Minha mãe não me faz nenhuma reprimenda, mas na volta do concerto, quando me deitei, minha avó me falou da saia vermelha.

— Você fez sua mãe sofrer, Xiao-Mei. É difícil para ela vestir você adequadamente. Ela passa noites inteiras consertando suas roupas.

Um breve instante de silêncio, depois ela recomeça:

— Vou lhe contar uma velha história chinesa, que vai fazer você compreender. É a de um rei que tinha um escudeiro muito velho. Esse escudeiro, que sempre soubera escolher os melhores cavalos, lhe disse um dia: "Senhor, quero parar de trabalhar. Estou velho demais e não me sinto mais capaz de cuidar dos seus cavalos." Ao que o rei lhe responde "Conhece alguém que possa substituir você?" "Senhor, ouvi falar de um jovem escudeiro notável mas que eu não conheço. Talvez pudéssemos pedir a ele para lhe escolher um cavalo e ver se ele é digno de lhe servir." O rei aceita e encarrega o jovem escudeiro de lhe encontrar uma nova montaria. Três meses mais tarde, o jovem escudeiro se apresenta na corte do rei: "Senhor, encontrei um cavalo maravilhoso. Ele é calmo, de raça, é leve e corta o ar sem nenhum barulho." O jovem escudeiro indica o local onde encontrá-lo e depois hesita ao acrescentar: "Ele é baio, eu creio." E diz o rei: "Que me tragam o cavalo!" Seus servidores partem e voltam dois dias mais tarde, de mãos vazias: "Senhor, nós não achamos o cavalo baio. Havia um, mas era preto." O rei se volta para o velho escudeiro: "Você está brincando comigo. Como poderia seu jovem escudeiro trabalhar para mim? Ele não consegue sequer se lembrar da cor de um cavalo!" O velho escudeiro refletiu então durante alguns instantes e disse ao rei: "Agora estou certo de que este jovem escudeiro é melhor do que eu. Ele vê o essencial e ignora o acessório."

3
Primeiro mestre

Perceber a menor coisa, eis a clarividência.
Manter a doçura, eis a força da alma.
(Lao Tse)

Em 1960, na primavera, fui admitida no Conservatório de Pequim. Como o estabelecimento é um internato, só verei meus pais uma vez por semana e durante as férias, mas isto não me provoca medo. Apesar de meus 11 anos, sei perfeitamente que uma distância se instaurou entre mim e eles.

O ano de 1960 é o momento em que o Grande Salto para a Frente do presidente Mao, lançado três anos antes, resulta em um desastre. Ao proclamá-lo, Mao declarara: "A China é pobre e é uma página em branco, mas sobre uma página branca se podem escrever os mais belos poemas." À guisa de poema, a fome: pelo menos 20 milhões de chineses morrerão de fome nos anos que seguirão. Oficialmente, por causa da seca no norte do país e da inundação no sul — em nenhum caso por causa da loucura de Mao.

Mas disso eu não sou verdadeiramente consciente.

Tenho a impressão de entrar no paraíso quando, naquele mês de setembro, descubro o Conservatório: sua entrada construída no estilo tradicional chinês, o pátio principal, as árvores majestosas e suas fontes, os cinco outros edifícios construídos com tijolo vermelho — eles são muito mais amplos e mais bonitos do que nosso *si he yuan*. Não têm contudo mais do que três andares, que abrigam as salas de aula e de ensaio, a biblioteca, assim como os alojamentos dos professores e dos estudantes. A dez minutos a pé dali se encontra um anexo, uma antiga gráfica convertida em salas de aulas.

Passada a felicidade e a emoção do início, eu perco as ilusões. O ritmo de trabalho é esgotante. Às aulas de música intensivas se acrescentam aulas de conhecimentos gerais, indispensáveis para o caso de necessitarmos ingressar no sistema escolar clássico, se não for possível ingressar em uma carreira musical. Sem contar as sessões de denúncia e de autocrítica, tornadas habituais.

Trabalhamos nosso piano como forçados: dentro de pequenas células fechadas cujas portas dispõem de uma lucarna. Absorta nos meus exercícios, sinto de repente uma presença às minhas costas. Eu me viro: dois olhos por trás de um par de óculos me observam por um momento através da lucarna antes de desaparecerem. Um vigilante.

A direção atiça a rivalidade entre nós. Os melhores alunos têm direito não somente a mais aulas como a uma comida melhor. Só os instrumentistas de sopro se beneficiam dessas refeições melhoradas sem condições prévias: julga-se que eles têm necessidades maiores de energia para trabalhar.

À noite, quarenta de nós dormimos num mesmo dormitório. As camas superpostas, coladas umas às outras, deixam apenas espaço suficiente para nos deslocarmos no cômodo, e a atmosfera ali é abafada. De todas nós, quem mais sofre é Aizhen, "Doce Verdade" em chinês. É uma menina discreta e um pouco solitária, malvestida, em quem ninguém presta verdadeiramente atenção. Uma provinciana. Como seus pais moram longe, no norte, ela quase nunca retorna para vê-los. Um dia, ficamos sabendo que Aizhen teve que ser transferida para o hospital por causa de dificuldades respiratórias. Voltou de lá coberta de piolhos, coçando a cabeça da manhã à noite. Desde então, ninguém mais quer se aproximar dela.

Felizmente há Mamãe Zheng. Este velho senhor é encarregado das questões de intendência e de saúde desde a criação do Conservatório. Mamãe Zheng se dedica a nós por generosidade. Dá a impressão de não ter tempo nem de comer nem de dormir. Vemos sua pequena silhueta redonda sempre atarefada. Ele tem tantos encontros marcados durante o dia que é preciso esperar muito tempo para poder lhe falar. Mas quando finalmente estamos com ele, Mamãe Zheng sabe nos reconfortar, nos ajudar. "A água quente é o melhor dos remédios", não cessa de dizer. Isto nos faz rir, mas todos nós o adoramos. É tão devotado que, mesmo depois de fechada a enfermaria, continua a dar as consultas no seu quartinho mobiliado com um simples leito.

Quando ele me recebeu pela primeira vez, não pude deixar de exclamar:

— Mas, Mamãe Zheng, como você faz para comer? Você não tem mesa!

Uma noite, quando eu estava na fila diante da enfermaria, ousei finalmente fazer a pergunta a meus camaradas:

— Vocês sabem por que ele é apelidado de "Mamãe"?

Então me contaram sua história.

Muito tempo atrás, Mamãe Zheng morava na Indonésia e era muito rico. Quando o Japão invadiu a China, ele abandonou tudo para ajudar seu país de origem e voltou. O Conservatório estava sendo construído. Ele lhe legou toda sua fortuna. Depois se responsabilizou pela primeira orquestra de alunos — na qual o mais jovem músico tinha, parece, 5 anos. Tudo faltava, e ele cuidou da orquestra como teria feito com seus filhos. Pescando peixes, procurando raízes de lótus nas lagoas para alimentá-los. Protegendo-os de todos os perigos. Foi como sinal de reconhecimento, por afeição, que os primeiros alunos do Conservatório o apelidaram de Mamãe, e o nome ficou com ele.

Sempre que posso vou ver Mamãe Zheng. Eu lhe confio as angústias de meus 11 anos: tenho as mãos pequenas demais e tenho medo de não passar para o segundo ano. E além do mais sinto dores permanentes nos punhos. Tocar é um sofrimento. Ele me escuta, massageia minhas mãos, me tranqüiliza.

O exame de fim de ano chegou. Com os punhos enfaixados, eu toco meu programa, e assim que termino me volto para o júri. Silêncio... Expressões severas... Na grande sala do Conservatório, a atmosfera é sufocante.

Os comentários chovem: todos desagradáveis, desaprovadores. Eu, de pé diante do júri, espero que aquilo acabe; quanto mais depressa terminar, melhor será. É então que um professor até então mudo pede a palavra. Ele é muito jovem, tem um ar esportivo, fala com um forte sotaque do sul. Dá a impressão de estar ali por engano.

— Caros colegas, me perdoem, mas eu não estou de acordo com vocês — ele declara. — Eu acho que ela toca muito bem e, sobretudo, que há qualquer coisa por trás das notas. Precisamos falar a respeito.

Eu deixo a sala para dar lugar às deliberações.

Esse professor que acaba de me salvar me aceitando em sua classe se chama Pan Yiming. Tem no máximo 25 anos, mas já obteve há alguns meses seu diploma do Conservatório de Pequim e é ligado, por intermédio de alguns de seus professores, à escola russa de piano. Olhando para ele, nos perguntamos: é de fato um professor de piano? Não usa óculos nem tem cabelos brancos, dizem que é um excelente patinador no gelo. É possível estudar seriamente com um homem como esse?

Logo de início, no dia da primeira aula, mestre Pan me fala das minhas mãos:

— Você sabe, Zhu Xiao-Mei, em todas as coisas há dois lados: um positivo e um negativo. Claro, você tem mãos pequenas e isto não vai lhe facilitar o trabalho em certas peças. Mas as mãos pequenas são as mais velozes. Isto faz maravilhas em certos repertórios. Você vai ver, o negativo se tornará positivo, como o positivo pode, também ele, se tornar negativo. Conheci inúmeros alunos que, por terem mãos grandes, não achavam que precisavam estudar. Para a desgraça deles.

Mestre Pan sabe que acabou de me abrir um mundo? Ele me demonstrou que uma fraqueza pode se transformar em vantagem, devolveu minha confiança, e isto é o essencial.

Já na primeira aula ele diagnostica outro de meus pontos fracos: tudo é tenso em mim.

— Qual é o dedo que comanda os outros? — ele me pergunta.

— Não sei.

— É o seu polegar. Se ele está tenso, todos os outros dedos estarão tensos. Se ele está distendido, acontecerá o mesmo com os outros.

Depois acrescenta:

— Acaricie o teclado, jamais bata nele. Ele não é duro, como você pensa. Não tem que lutar contra ele. Na realidade, o teclado é macio e delicado. Procure esta sensação de maciez e doçura na ponta dos seus dedos. Procure retirar energia do teclado e não apenas transmiti-la a ele. Imagine que você esteja amassando pão. Peça à sua mãe para amassar, para que você veja. É o mesmo movimento das mãos e dos punhos. Você verá, isso vai mudar tudo em sua relação com o instrumento.

E ele me pergunta:

— De onde você pensa que vem a energia quando você toca?

— Dos ombros?

— Não.

— De todo o corpo?

— Não. Ela vem da respiração, de onde procedem o espírito e a vida. Preocupe-se em respirar bem e cuide para que seus pés estejam solidamente plantados no chão, para que seu diafragma fique estável. Você vai ver, vai ficar menos tensa e, mais relaxada, estará na realidade mais forte.

Mestre Pan acaba de me transmitir um ensinamento para o resto da vida.

Passado esse primeiro encontro, mestre Pan decide me dar duas aulas de duas horas por semana e não de uma hora, como estava previsto. No fundo, ele se opõe às idéias comunistas de igualitarismo, segundo as quais nós devemos dividir tudo.

Dois anos de felicidade começam para mim, que me farão esquecer todo o resto: as competições organizadas entre alunos, as sessões de autocrítica e de denúncia, tudo! Vivo somente para as aulas que mestre Pan me dá; a semana inteira eu não penso em outra coisa.

Por outro lado, seu ensinamento vai bem além dessas quatro horas de aulas semanais. Segundo ele, não basta ensinar aos alunos, é preciso também viver com eles. Ele nos leva à montanha, nos convida para jantar na casa dele, nos oferece livros, nos faz ouvir discos e nos estimula a nos desenvolver fora da música.

— É preciso muita cultura — ele me diz —, muita sensibilidade, muita imaginação, Zhu Xiao-Mei, para ser uma boa musicista. Eu posso lhe ensinar a tocar piano, mas eu não posso lhe dar tudo. Leia muito, multiplique suas experiências. Você vai ver, é crucial.

Na mesma hora eu começo a ler todos os livros que chegam ao alcance da minha mão: Tolstoi, Tchekhov, Dostoievski, Balzac, Flaubert e Zola...

Reciprocamente, nós, os alunos de mestre Pan, nos esforçamos para responder à sua generosidade, para oferecer o melhor de nós mesmos: nossa própria generosidade e nossa própria exigência. Temos vontade de tocar, de sermos artistas, vontade que permite a cada um de nós, à sua maneira, resolver as dificuldades técnicas e mover montanhas. Quantas vezes, saindo de uma aula com ele, eu trabalhei seis a sete horas seguidas, embalada pelo entusiasmo!

Mestre Pan faz questão de desenvolver os pontos positivos que detectou na minha maneira de tocar; com isso, ele está na contramão de tantos professores que insistem em querer mudar tudo na maneira de tocar de seus alunos ou, por egoísmo, em moldá-los à sua imagem. Ele determina alguns pontos essenciais para melhorar e se concentra neles. Escolhe os compositores adaptados à minha sensibilidade e à minha técnica. Sua filosofia de vida, tão simples quanto justa, parte do princípio de que não se pode mudar tudo ao mesmo tempo.

— Em uma passagem difícil na qual você tem que tocar rápido e alto, toque primeiro lentamente e alto, depois depressa e suavemente, sinta-se à vontade e toque finalmente rápido e alto.

Também toma o cuidado de jamais interromper um aluno, ao contrário, mais uma vez, da prática de tantos professores. Eu toco uma peça para ele. Nunca me faz parar.

— Você pode recomeçar e tocar outra vez a peça inteira? — pergunta ele, mas só no final.

Eu me interrompo durante um trecho, por ter errado uma passagem difícil.

— Vá até o fim — me diz. — Não é grave, continue. Você tem a responsabilidade de ir até o fim. Pense na sua audiência. Seja generosa!

Mestre Pan tem uma virtude rara: dizer a verdade sem ferir e sem se retrair. Sua delicadeza natural o faz definitivamente compreender o significado de uma palavra ou de uma atitude.

No plano da estrita técnica, mestre Pan é de uma implacável exigência.

— Zhu Xiao-Mei — me diz durante uma das primeiras aulas —, os chineses têm um trunfo formidável, eles são flexíveis por natureza. Isso é essencial para se ter uma excelente técnica pianística e uma bela sonoridade. Você precisa cultivar esta vantagem.

E ele me impõe um trabalho duríssimo. Retomo com ele todas as bases da técnica, tocando o *Hanon* em todas as tonalidades assim como os principais estudos de Czerny, Cramer, Moszkowski ou Brahms. Ele me manda também trabalhar as *Invenções* e O *Cravo bem Temperado* de Johann Sebastian Bach.

— Eu quero que você toque de cor tudo isso. De agora em diante, em cada lição, você terá que tocar sem erros e de memória um trecho de Bach e dois estudos. Procure memorizar cada um deles desde a primeira vez que os decifrar.

Fácil de falar! Bem no começo, nos três dias que me são atribuídos, eu tenho a maior dificuldade para decorar os trechos que ele me dá, notadamente as *Invenções* de Bach. Então, depois de apagadas as luzes, vou me trancar no banheiro, o único lugar onde ainda se acha luz depois das dez horas da noite, e fico lá até cair de sono. No fundo, mestre Pan tem razão: se não fizermos nossa memória jovem trabalhar, depois será tarde demais. Mas que prova difícil!

— Se você não estiver atenta — me diz —, não poderá aprender a se concentrar. Para ajudar, vai ter que redigir uma pequena síntese de cada uma de minhas aulas. Vai me mostrar o que escreveu e veremos assim se você de fato prestou atenção em tudo.

Num outro dia ele me diz:

— Tenho só uns poucos discos, infelizmente. Se eu pudesse, faria você ouvir ópera, pois tocar piano é *dizer* alguma coisa, o que um cantor pode fazê-la compreender melhor do que ninguém. Como não é possível, vá escutar os seus colegas mais velhos, preste atenção na maneira como eles tocam, tome notas.

Eu sigo suas recomendações e, uma semana mais tarde, volto para ele com várias páginas de comentários sobre uma dezena de alunos que se apresentam em concursos internacionais. Na sessão seguinte, ele pronuncia palavras que eu jamais esquecerei:

— Li suas notas, o que você disse sobre a necessidade de ter um som, uma presença, um compromisso. No fundo, você sabe do que gosta e o que deseja ouvir. Isso vai ajudá-la bastante... Você vai ver, vai chegar lá.

É também mestre Pan que, para me ajudar a me concentrar, me faz tocar de olhos fechados, o que eu continuo a fazer hoje em concertos.

Na primeira vez que me fala disso estamos trabalhando no *Concerto nº 23 em lá menor* de Mozart. Quando mestre Pan me anunciou que iríamos nos concentrar nessa obra extraordinária, eu exultei de orgulho e de alegria. Foi só para mim que ele a propôs! Estamos no verão e a janela da sala de aula está aberta. Embaixo, minhas amigas nos escutam: elas fariam qualquer coisa para estar no meu lugar. Nesse dia, estamos ensaiando há duas horas o começo do primeiro compasso do movimento lento: *dó sustenido, ré-dó sustenido*, com a mão direita em ritmo marcado, um pequeno acorde da tônica com a mão esquerda e toda a desolação do mundo em algumas notas. Rápido demais. Lento demais. Forte demais. Fraco demais. Mestre Pan nunca fica satisfeito.

— Não está na cor certa.

Como ele pode falar de cor? Os martelos do piano batem as cordas sempre no mesmo lugar, que eu saiba. Que se possa tocar mais forte ou menos forte, eu aceito, mas que o som possa ter uma cor diferente!

— Relaxe, Zhu Xiao-Mei, e feche os olhos.

Dó sustenido, ré-dó sustenido. Desta vez está melhor, posso sentir. Mestre Pan se cala. Eu reabro lentamente um olho.

— Pronto — ele me diz simplesmente.

Quantas vezes ele irá me repetir: "Feche os olhos. Vai sentir melhor sua mão, vai se ouvir melhor."

Mestre Pan sonha com partituras nas quais as diferenças de tonalidade, de toques possam ser visualizadas com cores diferentes.

— Seria formidável — me diz. — Imagine. Colocariam as passagens de *si* bemol maior em laranja, como eu as ouço!

O trabalho de imaginação é um outro ponto no qual mestre Pan insiste. Recorre com freqüência a imagens poéticas. "Cada nota é uma pérola pousada sobre um estojo de veludo." "Cada nota é uma gota de orvalho sobre uma flor ao nascer o dia." E, sobretudo, ele quer que eu tenha permanentemente na cabeça uma idéia, uma imagem, uma história, um sentimento ao tocar.

— Hoje você não está pensando em nada.

Como pode ele saber o que tenho na minha cabeça? É impossível. Ele deve ser mágico, de algum modo!

— Dá para se sentir, Zhu Xiao-Mei. Dá para se ouvir.

Um dia em que estou tocando para ele uma invenção de Bach com efeitos demais, ele começa a rir. Eu quis agradá-lo, agradecer a ele tudo que tinha feito por mim, e ele adivinhou:

— Preste atenção, está muito ruim. Subimos no palco, queremos agradar ao público e nos pervertemos. A verdade e o erro estão muito próximos!

Quando ele vê minha decepção, acrescenta:

— Um bom pianista é como um bom cozinheiro. Precisa ter o sentido da medida e da dose. Você gosta dos pratos adoçados demais? Ou salgados demais?

— Não, claro.

— Gosta dos pratos sem nenhum tempero?

— Claro que não!

— Veja, no piano é a mesma coisa. Precisa-se de um condimento, mas que não deve ser nem salgado demais nem doce demais. Busque esse equilíbrio, busque... — e ele interrompe a fala por alguns instantes, como faz freqüentemente quando acha que tem algo de essencial a dizer, e termina: — Busque o ponto de equilíbrio.

Outra vez, quando eu tentava impressioná-lo tocando um trecho com um especial brio, como meus colegas mais antigos do Conservatório que levantam os braços ao céu continuamente nas grandes peças de Liszt ou Rachmaninoff, ele se virou para mim:

— Por que estes efeitos hoje, Zhu Xiao-Mei? Tem certeza de que esta música necessita disso? Acha de verdade que é preciso tocar piano assim? Não crê que seja possível ser mais sóbria? — E acrescenta: — Conhece a história de *Hua She Tian Zu*? Ela conta a aventura do pintor que desenhou no chão uma serpente de um realismo tal que se pensou que estivesse viva. Uma pessoa passa na rua e, por descuido, pisa sobre o desenho. Ela começa a berrar: "Eu fui mordida por uma serpente!" Os passantes acorrem, vêem o que aconteceu. Todos caem na gargalhada, depois exclamam: "Nunca tínhamos visto uma serpente assim tão bem desenhada!" Em breve, todo mundo na cidade ficou conhecendo o desenho e o artista. O pintor se pergunta então como poderia tornar sua obra ainda mais bonita. Decide lhe acrescentar patas. Mas quando os passantes descobrem a serpente de patas, zombam dele: "Que animal ridículo!" E o pintor caiu no esquecimento.

Eu compreendi a lição tão bem que, hoje, sempre que subo ao palco, temo que algumas pessoas possam pensar que eu faço espetáculo. E recordo aquele belo pensamento de Pascal: a desgraça quer que aquele que queira se fazer de anjo acabe se fazendo de besta.

Tempos abençoados, esses anos de estudo passados junto de mestre Pan. Penso freqüentemente nele, hoje, ao dar minhas aulas. Maravilhoso professor, na confluência de duas escolas de piano. A escola chinesa de um lado, que privilegia a suavidade, a leveza, a fluidez, um sentido caligráfico da linha melódica, mas também a distância das emoções e seu controle. A escola russa, por outro lado, é a do gesto largo, do romantismo, da imaginação poderosa, do sentimento e da generosidade.

Na primavera de 1963, quando estou perto de completar 14 anos, mestre Pan me diz um dia sorrindo:

— Zhu Xiao-Mei, precisamos agora preparar seu primeiro recital.

Já é uma regra no Conservatório tocar regularmente em público, notadamente na ocasião dos exames semestrais. Mas para mestre Pan, isto não é suficiente.

— Para ter o sentimento do palco, é preciso que você fique nele ao menos uma hora. E uma hora não é muito. Você sabe, certos dançarinos japoneses vivem às vezes vários dias seguidos sobre o palco antes de dar seu espetáculo!

Nós escolhemos juntos o programa: a *Sonata Patética* de Beethoven, o *Concerto nº 23* de Mozart, do qual ele mesmo tocará a redução de orquestra, e o Opus 25 nº 3 de Chopin. Ele me adverte:

— Você deve se preparar 200%. Como diz nosso mestre Sun Tse: "Nossa invencibilidade depende de nós." Se não estamos preparados para fazer a guerra, renunciemos a ela. É a mesma coisa com um recital. Se você não está suficientemente preparada, não toque. Uma má lembrança é longa demais para apagar.

E ele acrescenta de maneira um tanto misteriosa:

— Preste atenção também em você. Obedeça.

O que ele quer dizer? Não ouso lhe perguntar.

Alguns dias antes do concerto, num sábado à noite em que está fazendo muito calor e nosso dormitório está ainda mais abafado do que de hábito, tenho de repente vontade de tomar ar, de dar uma volta pelo recinto do Conservatório. Três camaradas me acompanham. Passeamos durante um tempo fora e dentro dos corredores, e depois decidimos, para nos distrair, galgar às escondidas o telhado de uma construção. A noite está escura. Nós nos aproximamos do vazio e, de brincadeira, eu falo:

— E se eu saltasse?

Passado um tempo, vencidos pela fadiga, voltamos para nos deitar sem saber a tempestade que está sendo preparada.

Pois nossa escapada teve uma testemunha. O guarda escutou o barulho de nossas vozes sobre o telhado. No dia seguinte, ele fez a investigação e descobriu a culpada:

— Foi Zhu Xiao-Mei. Ela queria se suicidar.

Uma camarada me denunciou. Normal.

Mas eu não posso prever até onde irá o caso. Eu ainda não sei que, em um regime totalitário, o suicídio é o pior dos delitos, um ato de rebelião que diz: não, eu não estou feliz no sistema de vocês, ele me faz tão mal que prefiro morrer. Para a hierarquia do Conservatório e a do Partido, o perigo é evidente: eu poderia poluir o espírito de meus camaradas. É preciso, pois, dar o exemplo, extirpar de minha ínfima pessoa qualquer raiz de individualismo.

Nas horas que se seguem, a diretora nos convoca, minhas três camaradas, eu e o professor principal de nossa classe.

— Qual é a origem dela? — ela pergunta.

Duas de minhas camaradas são *chushen hao*, “seres de boa origem”. O terceiro, cujo pai foi considerado opositor ao regime em 1957, e eu mesma entramos na categoria dos *chushen buhao*, “seres de má origem”.

— Está tudo explicado — conclui a diretora.

Ela está com a filha ao lado. Trouxe-a com ela para que compreenda o que é a luta de classes.

Eu tento me defender: foi uma palavra no ar, não tenho absolutamente nenhuma vontade de me suicidar, estou muito feliz no Conservatório e orgulhosa de estudar aqui. Nada adianta. Finalmente, verificam que eu falo no meu diário íntimo de Ana Karenina. Seu suicídio, a bolsinha vermelha, o primeiro vagão, depois o segundo... Uma noite eu escrevi: "Essa mulher é magnífica. Ela é tão diferente das outras, na maneira de ser, e tão corajosa! Se meu piano não funcionar, se meu recital não for um sucesso, eu também vou me suicidar!" Meu caso é grave.

A decisão de me isolar do resto de meus camaradas é tomada. Sou conduzida e trancada em um pequeno escritório administrativo mobiliado somente com uma mesa e uma cadeira. É ali que de agora em diante vou fazer minhas refeições para evitar todo contato com meus camaradas enquanto não decidirem minha sorte. Durante esse tempo, os alunos são convidados a comentar minha atitude: o que ela significa? O que devem pensar a respeito dela?

Quanto mais passam as horas, mais o futuro me parece sombrio. Eu não sou apenas uma *chushen buhao*, pois, ainda por cima, sou culpada de ter maus pensamentos. Mestre Pan vai se recusar a trabalhar comigo, eu vou ser dispensada, não tocarei mais piano, vão pronunciar minha condenação à morte política, me exilar no campo, criticar minha família e meus pais. Eu não sou digna da confiança que o presidente Mao deposita em nós?

Finalmente, sou convocada pela direção do Conservatório, e o veredicto é dado:

— Você tem que escrever sua autocrítica. Vai ficar trancada até terminá-la.

4
A queda

Sacrificaria a criança que se encontra diante de você para pôr em prática um desígnio revolucionário?
(Dostoievski, *Os Irmãos Karamazov*)

"Caros professores e estudantes,

Estou muito triste pois traí a confiança de vocês e os decepcionei. Também enganei Mao Tse-tung, nosso grande dirigente, e o Partido Comunista, que me dão a possibilidade de estudar em uma das melhores escolas da China.
Na noite de 27 de maio cometi um erro. Não segui o regulamento do Conservatório. Depois de apagadas as luzes, às dez e meia da noite, saí do dormitório com três estudantes. Subimos nos telhados do Conservatório, embora não tivéssemos permissão. Pior ainda, uma vez lá em cima, eu disse a eles: "E se eu saltasse no vazio?"
Ajudada por vocês, professores e estudantes, eu compreendo que o que fiz é uma falta muito grave. Para mim, a partir de agora, ficou claro que querer se suicidar é querer protestar contra o regime, agir contra ele, não confiar nele. Envergonho-me de ter tido este pensamento.
Todo mundo na China, soldados, operários, camponeses, trabalham duro para a vitória do comunismo. Os soldados nos protegem do capitalismo. Os operários e os camponeses trabalham para nós e nos alimentam. Já eu, só penso em mim mesma e em meu piano. Sou egoísta e individualista.
Graças a vocês, contudo, professores e estudantes, eu compreendo o porquê.

É culpa de minha família, burguesa e capitalista, que sempre explorou o povo. Como disse Marx, a existência determina a consciência. Os proletários têm uma visão proletária do mundo. Os burgueses uma visão burguesa. Se queremos mudar a consciência deles, é preciso mudar sua existência.
É também culpa de minhas leituras.
Há muito tempo, venho, com efeito, lendo a literatura burguesa, sem espírito crítico: Tolstoi, Tchekhov, Dostoievski, Puchkin, Romain Rolland, Balzac, Flaubert e Zola. Fui pervertida pelo exemplo individualista de Marie Curie.
Quero lhes dizer que, em especial, dois romances, Ana Karenina *de Tolstoi e* Jean-Christophe *de Romain Rolland, tiveram uma má influência sobre mim. Sem suficiente reflexão, cometi o erro de tomar estes dois heróis individualistas e pequeno-burgueses como modelos. Os capitalistas procuram assegurar sua perenidade, moldar o espírito de seus sucessores produzindo essas obras literárias pequeno-burguesas. Os comunistas não têm necessidade de lê-los: basta-lhes imitar os soldados, os camponeses e os operários.*
É também culpa da música ocidental.
Eu perdi o sentido do proletariado e de suas lutas. Fui levada a colocar a arte e a literatura antes do ideal revolucionário. Lamento profundamente meu erro.
Mas hoje decidi estabelecer uma distância da minha família e combater as más influências a fim de me modificar em profundidade. Quero seguir Mao Tse-tung, quero seguir o Partido Comunista e me tornar uma verdadeira musicista do proletariado. Peço perdão a Mao Tse-tung e ao Partido Comunista. Peço perdão a vocês. Também conto com vocês para continuar a me criticar e a me ajudar a mudar.

Zhu Xiao-Mei

Acabo de dar o último toque na minha autocrítica. A diretora do Conservatório entra no pequeno escritório onde vivo reclusa. Durante os últimos três dias, ela veio me ver várias vezes. "Você deve falar mais da sua família." "Cite os livros que você leu." Ela relê uma última vez o texto:

— Está bom. Agora, será necessário que falemos a respeito disto em reunião e que você faça sua autocrítica diante dos outros. A reunião vai ser amanhã às quatro horas no salão. Por sua causa, todas as aulas foram interrompidas.

O salão! Alguns dias antes, eu achava que ia fazer meu primeiro recital lá: Beethoven, Mozart, Chopin. A partitura que me pedem agora é bem diferente.

À noite, tenho pela primeira vez permissão para deixar o pequeno escritório. É a festa anual do Conservatório. Os alunos cantam e dançam em volta de uma fogueira que eles acenderam no meio da quadra de esporte. Como fui proibida de participar dos festejos, eu os observo de longe, sozinha no escuro. Não sei o que fazer. Volto para tentar tocar piano. Mas tenho o espírito em outro lugar, minhas mãos não têm mais força.

No dia seguinte, com um nó na garganta, vou para o salão. Tenho vontade de começar o mais rápido possível, e, ao mesmo tempo, estou apavorada. Vejo uma centena de alunos vindo do anexo do Conservatório: eles andam a passo, em filas cerradas, cantando um hino à glória de Mao. Está todo mundo lá. Nos rostos, leio a incredulidade, a desconfiança, a hostilidade, o medo também. Ela tinha um ar tão bem comportado, essa Zhu Xiao-Mei, ela que Pan Yiming mandara trabalhar o *Concerto nº 23* de Mozart. Como chegou a isso? Os olhares são como lâminas de facas. Eles me fazem mal.

A sessão começa.

— Zhu Xiao-Mei, queremos ouvi-la. O que tem a nos dizer?

De pé, sozinha no palco, eu balbucio algumas explicações diretamente saídas da minha autocrítica escrita. Diante de mim, na primeira fila, vejo mestre Pan, com o olhar ausente. O que estará pensando?

A administração do Conservatório me interroga. Sim, eu avalio a gravidade do meu erro. Sim, a existência determina a consciência. Sim, Ana Karenina é uma personagem burguesa e perigosa.

Ao cabo de uma hora, a diretora vem até mim no palco e se dirige aos presentes:

— Quem tem vontade de falar?

Um silêncio completo reina na sala. Ninguém diz nada. Como se nenhum de meus camaradas tivesse compreendido o que eu acabo de dizer. A diretora retoma a palavra:

— Professores, operários e estudantes, Zhu Xiao-Mei compreende agora que cometeu uma falta muito grave. Mas ela quer mudar e nós a ajudaremos.

Contudo, o pior ainda está por vir. Enquanto a sala se esvazia, mestre Pan se aproxima de mim.

— Você não pode mais tocar piano bem — ele diz — se, no fundo de si mesma, é hostil ao regime. Não quero mais lhe dar aulas. Autocríticas vão ser mais úteis a você do que lições de piano.

O que responder? Caio em prantos e saio da sala, esmagada pelo peso da vergonha, desonrada. Não tenho senão uma idéia na cabeça: me esconder. Em uma semana, tudo se desfez. Eu passei do primeiro para o último lugar.

Vagueio sozinha pelos corredores, pensando no que vai acontecer comigo. Cometi uma falta grave, estou consciente. Como me redimir? Renovar os elos com mestre Pan, com meus professores, com meus camaradas? Viver normalmente? Estou perdida, sozinha diante de uma situação que me esmaga.

Um grupo de alunos brinca no pátio; eu me aproximo deles: todos param de rir. Quero tomar parte na conversa deles: eles se dispersam. Segundo a expressão então em vigor, o regime "matou o galo para provocar medo nos macacos". Lamentavelmente, neste caso, o galo sou eu.

Como não quero ver ninguém, não vou mais à cantina. Faz dois dias que praticamente não como. Espiono de longe a entrada do refeitório, esperando até que todo mundo tenha saído. Eu me esgueiro à procura de qualquer resto de comida: não há mais nada. As forças me faltam.

Eu me obrigo a retomar os cursos de conhecimentos gerais, evitando os olhares. É então que encontro sobre minha carteira um pouco de comida. O que ela está fazendo ali? Não toco nela; não é para mim, deve ser um engano. Mas minha vizinha da direita se inclina na minha direção:

— Você precisa comer — cochicha ela.

Olho para ela. É Aizhen, a que tinha pego piolho no hospital.

Eu lhe pergunto por que correu este risco, um verdadeiro risco.

— Não compreendo por que eles fizeram isso com você — ela responde.

Dentro de mim, eu sinto subir uma onda de calor. Tenho uma amiga, pelo menos.

A questão do telhado não terminou, contudo. Ela não pára de recomeçar. Durante as sessões de autocrítica e de denúncia, devo, permanentemente, voltar ao meu erro. E devo escutar meus camaradas, discuti-lo, comentá-lo, dissecá-lo, expor o quanto eles conseguiram aprender com meu mau exemplo.

E isto não é tudo!

Uma aluna particularmente zelosa decidiu escrever ao presidente Mao. Originária de uma família de dignitários do regime, faz questão de explicar a ele o que se passa no Conservatório. Ela lhe fala dos alunos que fazem observações desdenhosas sobre os operários e camponeses que consideram incapazes de apreciar a música clássica ocidental. Informa-o que um menino corta o cabelo como Beethoven. Que um outro ouve música clássica em uma aparelhagem estereofônica. Que um outro se curva em sinal de respeito ao escutar a *Sinfonia Patética* de Tchaikovski. Finalmente, pior do que tudo, ela lhe revela que uma aluna esteve a ponto de se suicidar por causa da música ocidental.

A carta poderia ter se perdido no meio de todas as que o presidente Mao recebe a cada dia. Mas ela voltou anotada por ele de próprio punho:

> *Esta carta está muito bem escrita. É preciso resolver o problema. A cultura ocidental deve estar a serviço de nosso país. É preciso desenvolver nossa própria cultura.*
>
> *Mao Tse-tung*

E a autora, Jiang Qing, será recebida pela sra. Mao em pessoa. Esta última faz nessa época — detalhe que nos escapa — sua entrada na cena política: é o começo de uma carreira que deixará recordações sinistras.

Quanto a mim, sei apenas de uma coisa: o presidente Mao julgou meus atos e minhas palavras, eu, que mal tenho 14 anos! Como isto é possível? Como, dentre 700 milhões de chineses, ele pôde se interessar por mim?

Em poucas palavras, meu futuro foi abaixo; é uma condenação perpétua. Todas as portas vão se fechar e para sempre: nunca mais ir para um estabelecimento de ensino superior, nunca mais encontrar um emprego normal, nenhum futuro possível. Muitos chineses colocados em situações parecidas vão preferir morrer. Bem perto de mim, o culpado detentor da aparelhagem de som será a primeira vítima. Ele deixa o Conservatório, parte para o campo, alista-se no exército antes de se suicidar, submergido pelo peso do que considera ser uma falta.

Para dizer a verdade, a resposta de Mao inscreve-se em um amplo movimento que, nesse ano de 1963, anuncia a Revolução Cultural. Relatórios iniciais e instruções começam a circular sobre as modificações a serem postas em prática na arte e na literatura a fim de assegurar que ambas sirvam bem à Revolução. Dentro em breve, por instrução de Chu Enlai, o Conservatório vai ser dividido em dois, com, de um lado, um departamento de música chinesa e, do outro, um departamento de música ocidental.

Nos bastidores, Mao — a quem o desastre do Grande Salto para a Frente obrigou, segundo seus próprios termos, a "se retirar do front" — aproveita-se na realidade do relativo restabelecimento da situação econômica para tratar de recuperar o poder. Ele compreendeu que, para fazer isso, precisa isolar seus inimigos políticos e derrubar a burocracia governamental chinesa, apoiando-se diretamente no povo e notadamente nos jovens junto aos quais ele continua sendo um deus vivo.

No meio dessas lutas políticas, sou apenas um brinquedinho, facílimo de manipular. Por que eu? Por causa de minhas más origens? Ou devido a uma seleção arbitrária — uma especialidade dos regimes totalitários, sejam eles quais forem? De todo modo, estou bem longe de imaginar as conseqüências.

5
De Mozart a Mao

Se nossos escritores e artistas vindos dos meios intelectuais querem
que suas obras sejam bem acolhidas pelas massas,
é preciso que seus pensamentos e seus sentimentos mudem,
é preciso que se reeduquem.
Sem essa modificação, sem essa reeducação,
não conseguirão nada de bom e nunca estarão no lugar certo.
(Mao, "Sobre a literatura e a arte")

Os caminhões dentro dos quais professores e estudantes do Conservatório foram amontoados rodam na estrada poeirenta. Não vemos senão terras, a perder de vista.

É o começo do movimento de *shangshan xiaxang*, que tem por objetivo enviar os jovens instruídos para o campo, a fim de mudar em termos de profundidade suas mentalidades.

— Neste verão, durante as férias, vamos ter a oportunidade de ir ajudar os camponeses em seu trabalho e praticar nossa arte a serviço deles — nos anuncia a diretora do conservatório.

Apesar de sacudidos pela estrada, todos estão entusiasmados, sobretudo eu. Entrevejo uma ocasião de me redimir, de recuperar meu lugar no grupo, de resgatar a confiança... Eu me prometi interiormente ter um comportamento exemplar. Não agüento mais ser uma pária.

Chegamos finalmente ao pequeno vilarejo que nos acolhe. Passamos diante de um grande retrato desenhado de Mao, ao lado de um quadro-negro sobre o qual foi traçada com giz uma máxima do Grande Timoneiro. O retrato deve ter sido feito por um autóctone não muito dotado: mal se reconhece o original! Em seguida, os caminhões ingressam na rua principal da cidadezinha. Ela é constituída de um vasto conjunto de *si he yuan*. Os camponeses estão vestidos de andrajos e seus filhos praticamente nus. Por todo lado cacarejam galinhas. Eu nunca tinha visto tamanha sujeira, tamanha miséria.

Para a maior parte de nós, é a primeira experiência no campo, e o choque é imenso. Contudo, em relação aos outros intelectuais mandados para o campo, submetidos à regra do *san t'ung*, ou seja, dos três "com", alimentar-se, instalar-se e trabalhar *com* os camponeses, temos o benefício de um regime especial. Nós os ajudamos nos campos durante o dia inteiro, do nascer ao pôr-do-sol, e dormimos como eles em cima de grandes enxergas de palha infestadas de piolhos, mas fazemos nossas refeições à parte. O trabalho é penoso. Quanto mais os dias passam, mais aumenta minha admiração por aquela gente que consagra sua vida inteira à terra.

À noite, entre nós, durante as sessões de denúncia e autocrítica, tiramos as lições de nossa experiência. Comentamos as *Intervenções durante as conversas sobre a cultura e a arte em Yenan*, um texto famoso do presidente Mao datado de 1942, uma passagem em especial, na qual ele declara:

> Tendo me tornado revolucionário, vivi entre os operários, camponeses e soldados do Exército Revolucionário e pouco a pouco me familiarizei com eles e eles comigo. Foi então, e só então, que uma modificação radical se operou nos sentimentos burgueses e pequeno-burgueses que me inculcaram nas escolas burguesas. Cheguei à conclusão de que, comparados aos operários e aos camponeses, os intelectuais não reeducados não eram limpos; que os mais limpos ainda eram os operários e os camponeses, mais limpos, apesar de suas mãos negras e do excremento grudado em seus pés, do que todos os intelectuais e pequeno-burgueses.

Inspirados por essas linhas que conhecemos de cor, debatemos sobre a melhor maneira de viver por muito tempo ao lado do proletariado, de criar uma arte que possa realmente servir aos operários, camponeses e soldados.

Perto do final de nossa estada, organizou-se uma sessão de *yiku sitian* em nossa intenção. Uma camponesa vem até o nosso grupo "lembrar-se dos sofrimentos do passado e evocar a felicidade de hoje". Essa reunião, que será seguida de muitas outras, permaneceu para sempre gravada em minha memória.

Somos cerca de sessenta, reunidos em volta de uma mesa de madeira toda bamba, em um lugarzinho iluminado por lâmpadas de néon sujas. Uma mulher idosa chega, de rosto marcado, mãos calejadas, com pés minúsculos. Ela sorri para nós: perdeu quase todos os dentes. Nós a cumprimentamos, um a um. Para cada um de nós ela tem uma palavra gentil e um sorriso cheio de humanidade. Tem curiosidade a respeito de todas as novidades que trouxemos conosco. "O que é que você tem aí?" — me pergunta apontando meu rádio de pilha.

Depois passamos à mesa. Enquanto partilhamos sua refeição, uma sopa praticamente incomível, ela nos conta sua história.

Ela nasceu há setenta anos. Muito jovem começou a trabalhar para um proprietário rural que a explorava da manhã à noite sem lhe pagar nenhum salário, não lhe dando senão um pouco de farelo como alimento. No inverno, para se aquecer, não tinha outra solução senão mergulhar as mãos e os pés em excremento de vaca. Um dia sua mãe adoeceu, mas o proprietário exigiu que ela continuasse a ir para as plantações. Estava trabalhando quando viu a mãe cair. Saiu correndo em sua direção: ela estava morta. Um de seus irmãos menores morreu de fome quando ainda não tinha 10 anos. Casada aos 16 anos, viveu com o marido em tamanha pobreza que tiveram que vender uma das filhas como doméstica.

Nesse momento do relato, a mulher começou a chorar. Ela não consegue mais continuar. Ninguém ousa dizer uma palavra. Estamos todos emocionados até as lágrimas. Como tais coisas puderam acontecer? Fazemos o possível para consolá-la. Sua situação melhorou? Sim, diz ela, graças ao presidente Mao sua vida está melhor, hoje. Ela não é mais explorada, recuperou a dignidade. Ela deve tudo ao presidente Grande Timoneiro e ao Partido Comunista. Ela pára de chorar e se levanta, proclamando com uma voz trêmula de emoção:

— Longa vida a Mao!

No dia seguinte, começamos a debater longamente as lições a tirar daquela noite. O relato da mulher tocou-nos profundamente. Ninguém pode aceitar que um ser humano seja explorado assim, ninguém pode contestar que sua condição tenha melhorado.

* * *

Quando o momento de nossa partida se aproxima, organizamos um pequeno concerto de música em homenagem a nossos anfitriões. A notícia se espalha e, espontaneamente, cortejos de camponeses das cercanias vêm de muitas dezenas de quilômetros para nos ouvir. O vilarejo fervilha de gente, e todos, ávidos de música, aplaudem sem parar.

Ao nos despedirmos, estamos todos persuadidos de que fomos transformados por essa estada. Os camponeses choram quando nos vêem subir nos veículos que vão nos levar para Pequim. Nós também estamos emocionados até as lágrimas, e convencidos de que a experiência que acabamos de viver contribui para mudar o mundo, para torná-lo melhor.

No caminho de volta, penso em tudo que aprendi durante o mês de *shangshan xiaxang*, durante a sessão de *yiku sitian*. Penso na dureza do trabalho nos campos, na sua importância para alimentar a China. Na generosidade dos camponeses. Estou perturbada. Digo a mim que estou fora da realidade, eu que não penso senão em tocar música clássica. Ela não representa nada para aqueles camponeses. A prova é que, no nosso concerto de adeus, o único trecho de música clássica que tocamos foi uma pequena peça de Grieg. O resto era composto de obras autenticamente populares.

Algumas semanas mais tarde, as aulas recomeçam; volto para o conservatório. Com um pouco de sorte, a lembrança de meus erros de conduta vai se apagando. As férias de verão e nossa estada no campo contribuíram, e nenhuma notícia catastrófica chegou. Eu dei, é verdade, mostras de um comportamento exemplar.

Essa volta às aulas não se parece com as precedentes. As aulas individuais são substituídas por aulas coletivas nas quais todos os alunos, seja qual for seu nível, devem estudar os mesmos trechos. Meu novo professor, um membro do Partido escolhido pela direção do conservatório, nos faz trabalhar sobretudo música chinesa.

Durante as sessões de denúncia e autocrítica, as discussões se tornam cada vez mais animadas. Duas grandes questões passaram a nos ocupar. Estamos tocando uma música que serve realmente à grande massa do povo ou uma música de classe? Deve-se procurar educar o povo levando-o até a música clássica ou compor e tocar uma música que ele ame espontaneamente?

Com o passar dos dias, minhas idéias começam a se reformar, se modelar. Compreendo melhor o que se espera de nós, me torno uma melhor revolucionária, posso sentir.

E quanto mais eu sinto, mais me vejo pouco à vontade em minha família. Percebo que meus pais jamais poderão ser bons revolucionários. E me ressinto deles. Eu me ressinto de ter uma origem ruim: todos os meus problemas vêm daí. Meu pai está cada vez mais apagado, não diz nada. Sua única reação, depois da minha autocrítica, foi me proibir de ler por recomendação da diretora do conservatório! Não posso me impedir de expressar minha hostilidade, até meu desprezo. Quando chego em casa, no domingo, nenhum sorriso. Minha mãe prepara meus pratos preferidos; eu nunca lhe agradeço. Um dia, ela vem me ver no conservatório para me convidar a acompanhá-la ao teatro; eu recuso. Contudo, enquanto a vejo ir embora, meu coração se aperta. O que eu fiz? Como posso lhe causar sofrimento? Mas o que eu fiz é o que se espera de mim. A China nova não poderá ser construída se as crianças de má origem não renegarem os pais.

Em 1964 tudo vem abaixo.

Estamos de volta de nossas férias de inverno. Dessa vez, foram passadas em uma aciaria, no meio dos operários, e a estada reforçou nosso sentimento de servir a uma má causa com a música. Os debates sobre nosso papel na sociedade foram retomados com mais intensidade ainda. Sim, a música clássica ocidental é reservada a uma elite. E, ademais, quem gosta verdadeiramente dela entre os camponeses, operários e soldados? Uma ínfima minoria. Sim, temos que tocar música, canções populares, as que o povo aprecia e compreende. É assim que contribuiremos para servir ao ideal revolucionário. As discussões são inflamadas. Tomamos a palavra uns depois dos outros:

— A música clássica é burguesa: não foi escrita para o povo!

— Beethoven era um egoísta.

— Bach escreveu a vida inteira para a Igreja. Vocês acreditam na história de Maria, a mãe de Cristo? Não? Pois é, mas ele escreveu obras sobre ela!

— Chopin não é nada, apenas um sentimental.

— E Debussy, um idealista.

Só Mozart escapa dessa bola de fogo de críticas. Eu nunca soube verdadeiramente por quê. Uma nova prova de seu gênio, talvez?

Alguns meses mais tarde, estamos todos convencidos: de agora em diante é preciso tocar música autenticamente proletária, e ir tocá-la nos campos, nas fábricas ou nos acampamentos militares. Eu vou ainda mais longe do que os outros: quero mudar de vida, parar o piano e me tornar soldado. Ser uma verdadeira revolucionária! Mostram-nos como exemplo jovens universitários que partem e vão se instalar no campo. Dentre eles, um de meus primos — ele é o meu ídolo. São numerosos os estudantes *chushen buhao* que rompem os elos com suas famílias. Como uma de minhas camaradas, que renegou sua mãe e foi buscar uma nova, na fábrica ou no campo.

No final da primavera, os acontecimentos se aceleram.

O Pequeno Livro Vermelho acaba de ser publicado. Os expurgos nos meios literários e artísticos começam. Dividimos nosso verão entre um novo *shangshan xiaxang* e algumas semanas de férias antes de voltar ao conservatório. No dia do recomeço das aulas a diretora nos comunica as instruções recebidas do Ministério da Cultura: de agora em diante, não tocaremos mais música clássica ocidental. Somente serão toleradas algumas obras de exercícios técnicos: Czerny, o *Hanon*, nada mais.

Como meus camaradas, não fico nem surpresa nem aflita. É uma decisão lógica. Estávamos preparados para ela. Em um ano, a grande maioria dos quatrocentos alunos do Conservatório de Pequim mudou inteiramente de direção. Estamos todos doravante convencidos de que é preciso fazer tábua rasa de Bach, Mozart e Beethoven, e tocar música autenticamente proletária. Mao pode ficar orgulhoso de si mesmo: conseguiu o que ninguém na História ousou imaginar antes dele.

Em um tal contexto, nossa vida no conservatório não é mais grande coisa. Por falta de partituras, as aulas de música não têm mais razão de ser. Mao inventou um "Conservatório sem música". Permanecem apenas as aulas de conhecimentos gerais bem como as sessões de denúncia e de autocrítica. Discutimos novos heróis que o regime nos dá como exemplo, sendo o primeiro da fila Lei Feng, um jovem soldado morto em 1962 depois de uma vida de devoção à causa revolucionária. Nós mergulhamos com emoção em suas anotações, seguindo assim o slogan lançado pelo presidente Mao: "Aprender com Lei Feng." Todos os dias nos perguntamos como imitá-lo, tentando, na nossa vez, levar ajuda aos próximos. E nos explicam que Lei Feng obtinha sua força da leitura assídua dos escritos de Mao. Antes de agir, ele sempre procurava ali a resposta, e só por isso é que pôde alcançar tanta perfeição. Sou subjugada: Lei Feng invade minha vida.

Novas formas de controle mútuo são instauradas — o regime pressente que a relativa ociosidade de várias centenas de músicos, a maioria de origem burguesa, continua perigosa. Todos nós somos, pois, obrigados a formar "duplas vermelho", e cada um dos dois membros deve criticar o outro para ajudá-lo a progredir. A composição dos binômios é cuidadosamente dosada entre bons e não tão bons revolucionários, e muda freqüentemente para evitar qualquer conluio.

Contudo, a situação criada pela proibição da música ocidental se torna rapidamente insustentável. No outono, os professores decidem escrever coletivamente um determinado número de composições. Pelo menos vamos ter alguma coisa para tocar!

As obras que vêem o dia algumas semanas mais tarde buscam sua inspiração nas cenas da vida dos camponeses, dos operários e dos soldados. Alguns títulos: *O Pastorzinho*, *O Retorno do Treinamento de Tiro*, ou ainda *A Dança dos Trigos*. A obra mais alegre é *O Retorno do Treinamento de Tiro.*

As partituras são de uma dificuldade assustadora: de essência pentatônica, elas nos obrigam a retrabalhar partes inteiras de nossa técnica. Durante meses, o "Conservatório sem música" vai reboar com esse punhado de obras que muitas centenas de alunos tocam ao mesmo tempo.

No mesmo momento, a direção decide nos ensinar a dançar e nos formar em arte teatral a fim de que possamos participar da representação das *yangbanxi*, as "obras-modelo" que a sra. Mao, cujo papel político não pára de crescer, decidiu mandar compor para compensar o vazio deixado pela proibição das grandes obras ocidentais. As *yangbanxi* passam a monopolizar os programas de todos os concertos produzidos na

China, seja onde for, palco de teatro, acampamento de soldado, fábrica ou campo, e os alunos do conservatório devem assegurar que elas sejam promovidas. Para mim, é um suplício: desajeitada com meu corpo, sou apesar de tudo obrigada, quando chega minha vez, a dançar, cantar, declamar e tocar piano. De novo, sou violentamente criticada: se sou incapaz de dançar é porque não possuo o sentimento do proletariado!

Inútil esclarecer que, nessas condições, toda emulação e toda vontade de sucesso desaparecem. A maneira de tocar se tornou uma questão acessória: só o que conta de agora em diante é o comportamento político.

Fim de 1964, a palavra de ordem é a intensificação da luta de classes. Mao nos pede, a nós, os jovens, para não esquecê-la. O termo "Revolução Cultural" faz sua entrada. O ano inteiro de 1965 se passa entre a vida monótona do "Conservatório sem música" e um número crescente de *shangshan xiaxang*, no campo, em fábricas ou em acampamentos militares. Sob a calma aparente, o furacão ameaça.

6

Este piano foi adquirido explorando o povo

Intelectuais, revolucionários,
Está na hora do combate!
Unamo-nos!
Dazibao de 1966

O Oriente é vermelho,
O sol se levanta,
Mao Tse-tung nasceu,
Ele vai nos trazer a felicidade
e nos salvar.

Naquele dia de junho de 1966, a música que nos desperta todos os dias de madrugada soou mais forte do que de hábito. Saio repentinamente de meu sono e me visto na cama, tomada por um mau pressentimento. Mal nos levantamos, somos convocados para o salão do conservatório.

— Professores, operários e estudantes — nos diz a diretora, enquanto nos distribuem um artigo publicado na imprensa do dia —, nós acabamos de receber uma informação muito importante. Tomem conhecimento dela imediatamente. Precisamos falar sobre isso.

O artigo faz referência a um dazibao[1] escrito alguns dias antes por uma certa Nieh Yuanzi, assistente de filosofia da Universidade de Peita, a grande universidade de Pequim. Ela denuncia com violência o reitor

[1] Cartaz em grandes caracteres. Os dazibaos constituirão uma das armas de denúncia mais freqüentes utilizadas durante a Revolução Cultural.

da universidade e a municipalidade de Pequim, acusando-os de serem revisionistas. Para defender a Revolução, convida o povo chinês a pegar em armas.

A estupefação toma conta da assembléia. A Revolução está em perigo! As discussões prosseguem fora do salão. Nós nos reunimos para estudar detalhadamente o artigo de Nieh Yuanzi.

Cada vez que alguém toma a palavra, não consigo evitar de tremer: vou ser acusada, é certo; meu pai escondeu alguma coisa, isso vai aparecer; vou ser jogada no abismo. Depois me acalmo. É preciso confiar em Mao, ele tem razão, ele tem necessariamente razão, não é imaginável que possa ser diferente.

Minha salvação, naquele dia, eu devo a um outro peixe, bem maior do que eu: a diretora do conservatório. Os poucos alunos que manipulam as discussões sugerem que ela poderia ser revisionista e anti-revolucionária. O conservatório se divide imediatamente em dois clãs: defensores da diretora de um lado, opositores do outro. Eu me coloco no campo de seus defensores: como a pessoa que me fez escrever a autocrítica, que nos acompanhou em todos os nossos *shangshan xiaxang*, poderia ser contra o presidente Mao?

Explicam-nos: por causa da orientação do conservatório, nós recebemos uma educação burguesa que nos cortou das forças vivas da nova China: os camponeses, os soldados e os operários. O sentimentalismo das obras que nos ensinaram nos levou a ser egoístas preocupados somente com o elitismo. Esquecemos a luta de classes para nos colocar acima do proletariado, e, com isso, colocamos em perigo aquilo que é o objetivo essencial da Revolução: devolver a dignidade e a felicidade aos oprimidos. Portanto, estão nos formando para sermos inimigos da Revolução e, portanto, para sermos inimigos do povo.

Nós nos interrogamos: eles não têm razão? Volto a pensar naquela velha camponesa que tanto sofrera na juventude e que era grata ao presidente Mao por tudo que ele fizera por ela. É dela que estamos em vias de nos separar por erro de nossos professores, adoradores de compositores estrangeiros. E não é ela que tem mais importância?

A excitação aumenta. Dazibaos, denúncias, insultos, injúrias: pouco a pouco, os alunos extremistas tomam o poder, organizam reunião após reunião, orquestram a agitação. Em sua maior parte, são originários de famílias de dignitários e entraram de favor no Conservatório, menos por seus talentos de músicos do que pelo comportamento político. Sempre se mostraram excelentes em conhecimentos gerais, porém seus dons medíocres de instrumentistas os colocaram em uma situação desconfortável face aos mais eminentes de nossos professores de música.

Professores estes que vão ser o próximo alvo.

Fomos convocados para a quadra de esportes. Quando chego lá, descubro nossos professores de joelhos sobre a pista de atletismo, cercados de guardas vermelhos.[2]

— Camaradas, eis os culpados! — berra um guarda vermelho.

Depois se vira para eles:

— Vocês são intelectuais burgueses. Por causa de vocês, professores, o Conservatório traiu a Revolução. Por causa de vocês, este lugar se tornou um templo do elitismo. Por causa de vocês, uma aluna tentou se suicidar!

Meu coração pára de bater. Ele vai me mandar sair da multidão. Mas não, ele prefere prosseguir com a ladainha de injúrias. Eu recupero o fôlego enquanto os guardas vermelhos mandam cada professor fazer sua autocrítica. Eles os obrigam a se curvar cada vez mais baixo diante de nós; quando os mais idosos tentam esticar as costas, um soco na nuca os arremessa para a frente.

— Isto não é suficiente! Você está sendo superficial! Está escondendo coisas. Nos dê os detalhes — vão gritando para cada um deles, um de cada vez.

Então outro degrau é galgado na escalada da violência: os guardas vermelhos tiram os cintos, brandem-nos e começam a bater. As fivelas arranham, cortam, trabalham...

Eu observo de longe os homens e as mulheres de joelhos. A maior parte está sangrando, agora. Um professor de violão tem o crânio aberto: como ele é calvo e o sangue escorre de seus ferimentos, sua cabeça está inteiramente vermelha, ele parece estar prestes a morrer. Tenho

---

[2] Oficialmente, o movimento nascerá no dia 18 de agosto: trata-se aqui de estudantes extremistas que se tornarão mais tarde guardas vermelhos. Ver o capítulo seguinte. (*N. da A.*)

medo, mas, ao mesmo tempo, tenho vergonha de ter medo. Para adquirir coragem, repenso incansavelmente na velha camponesa marcada pela opressão. É preciso escolher entre as classes, é a lei da Revolução. E eu escolho meu campo: o dos oprimidos, contra o dos burgueses e dos pequeno-burgueses. Este sangue que corre me provoca horror, mas é preciso pagar este preço pelo futuro da nova China.

O banho de sangue continua. Cada autocrítica termina com socos, feridas.

— Ele é culpado — conclui um dos guardas vermelhos.

— Ele é culpado — nós devemos repetir em coro, antes de gritar sem parar agitando os punhos: Longa vida a Mao e à Revolução!

Ao longe, avisto mestre Pan no meio da multidão. Ele é muito jovem para estar na pista de atletismo, mas sua hora vai chegar, ele deve pressentir. A sessão termina. Os guardas vermelhos cobrem todos os professores de tinta, depois de farinha e de água, antes de fazê-los desfilar diante de nós, que bradamos:

— Longa vida a Mao e à Revolução!

Nos dias seguintes, a violência ainda prossegue. Nós investimos contra os professores; escrevemos dazibao sobre dazibao, procuramos a cada dia alguma coisa nova, pouco importa se há provas ou não: "É por causa de nossos professores que tivemos uma má educação!" "O pai de nosso professor de russo era tradutor de Chiang Kai-shek!"

Mestre Pan não é mais poupado. Diversos dazibaos o implicam. "Pan Yiming nos deu uma educação burguesa. Ele nos convidava para a casa dele. Nos levava para viajar." "Pan Yiming nos fez trabalhar a *Balada nº 2* de Chopin, ele nos disse que ela era inspirada em um poema do intelectual burguês polonês Adam Mickiewicz, sem criticá-lo." Escrevemos tantos dazibaos que eles não podem ficar colados mais do que um dia, por faltar lugar nas paredes.

Nossos professores são vistos agora desfilando o dia inteiro pelo pátio da escola ou limpando os banheiros. Os mais antigos, suspeitos de conluio com o antigo regime, sofrem as piores humilhações. Os professores não ousam mais nos falar, fogem assim que avistam um aluno. Quanto a nós, nem os cumprimentamos mais. Quando cruzo com mestre Pan, não falo com ele e finjo não conhecê-lo... Sei agora que o que me transmitiu não é nada em comparação ao mal que me causou me educando como uma intelectual.

Alguns não sobreviverão. Dois professores de piano do Conservatório de Xangai, Gu Shengying e Li Cuizhen, decidem, como muitos grandes intelectuais chineses, dar fim a suas vidas.

Depois de apanhar em público e ser humilhada, Gu Shengying suicidou-se com a mãe e o irmão. Ela abre o gás, vai para o piano e toca a *Sonata Fúnebre* de Chopin. O anúncio de sua morte é para mim um choque terrível. O primeiro concerto a que assisti na minha vida foi dela: uma mulher frágil e muito bonita que interpretou naquela noite com leveza, fluidez e simplicidade os *Scherzos* de Chopin. Ao escutá-la, eu tive um desejo: ser capaz de tocar como ela.

Em seguida é outra lenda que se suicida, Li Cuizhen. Quando eu era bem pequena, me perguntavam freqüentemente: "Você sabia que ela é a única pianista chinesa que tem em seu repertório as 32 sonatas de Beethoven e todo o *Cravo bem Temperado* de Bach?" Era um modelo para todos nós, uma mulher que havia dedicado sua vida à música. Ela veste seus trajes de palco mais bonitos, com os quais deu tantos concertos magníficos, e se mata.

Por que uma artista tão grande se recusou a tomar a via que nos conduzirá ao socialismo? Por que ela desafiou o presidente Mao? Seu gesto é uma marca de covardia. Repetem-nos isto todos os dias, em cada reunião, em cada autocrítica: a Revolução está correndo grande perigo, a luta de classes deve continuar senão os traidores do proletariado restabelecerão a ordem antiga. E eu, nesse ano dos meus 16 anos, não posso fazer outra coisa além de acreditar. Uma questão de sobrevivência, mas também uma questão de ideal: nessa idade, desejamos com veemência nos dedicar de corpo e alma a uma grande causa. E a felicidade do proletariado não é uma grande causa?

O conservatório descamba assim para a anarquia, a ponto de o Comitê Central tomar a decisão de reagir. Eu estou na primeira fila, diante da porta do estabelecimento, quando desembarcam cerca de vinte militares enviados para restabelecer a ordem. Nós os aplaudimos, mostramos para eles, aos gritos, nosso entusiasmo. O Exército é meu modelo, doravante. Venero os soldados, todos eles *chushen hao*, "seres de boa origem", corajosos, dedicados, desinteressados. O uniforme deles me impressiona. Para mim como para muitos de nós, seguidores mais do que condutores, o fato de o Exército assumir a responsabilidade do conservatório é mais do que tranqüilizador; é uma honra.

Somos imediatamente convocados ao salão para uma reunião. Um militar nos exorta à razão:

— É preciso que se tenha ordem aqui! Vocês, estudantes, não são os únicos encarregados da Revolução!

Uma aparência de calma volta. Cada classe foi colocada sob a autoridade de um soldado e, para acalmar os ardores dos extremistas, o Exército os interroga a respeito de suas atividades durante os "17 últimos anos", segundo a expressão então em vigor, que decorreram desde 1949.

Mas a calmaria será curta. Uma nova linha de ruptura se desenha. Desta vez ela separa partidários e opositores dos soldados. Os segundos insinuam que a intervenção do Exército é anti-revolucionária. Eles escrevem à sra. Mao, acusam os militares de querer sufocar a Revolução. O próprio Mao toma o partido dos estudantes proclamando que é preciso fazer com que os jovens desconsiderem a atitude deles durante os "17 últimos anos": só importa a atitude deles hoje, a favor da Revolução. Alguns dias mais tarde, vem a ordem do Comitê Central: os soldados devem deixar o estabelecimento.

Assim, um a um, meus castelos vão se desmoronando: depois da diretora, o Exército... Decididamente, nada compreendo da Revolução, nada compreendo da luta de classes. Já estou farta de estar sempre no campo errado, de sempre perder as batalhas, de fracassar em tudo. Meus amigos repetem que Mao sempre tem razão, e que a melhor das estratégias é segui-lo, mesmo quando não se compreende de imediato aonde ele quer chegar. Então seguimos. É a maneira mais segura, a única, de se tranqüilizar. É preciso seguir adiante, abandonar a música, responder ao apelo do presidente Mao, tomar a iniciativa da Revolução...

A partida dos soldados abre o caminho para a tragédia.

No final de julho uma instrução do Ministério da Cultura dá ordem de parar todos os cursos no conservatório. O "Conservatório sem música" se torna um "Conservatório sem ensino".

Logo em seguida anunciam que Mao fará um pronunciamento capital na praça Tiananmen. Diante de centenas de milhares de jovens em delírio brandindo o Pequeno Livro Vermelho, o presidente Mao recebe de um grupo de estudantes uma braçadeira trazendo os caracteres "guarda vermelho"; ele dá assim, oficialmente, sua bênção ao movimento. Os alunos mais extremistas do Conservatório consideram então que tomaram o poder com o apoio público e sem reservas de Mao.

As primeiras vítimas são *chushen buhao*. No princípio, ando encostada nas paredes, mas, rapidamente, me dou conta de que não interesso aos guardas vermelhos. "Mamãe Zheng", o homem que cuidou de nós como uma mãe, é uma presa mais interessante.

Os estudantes fanáticos vão à enfermaria, lá mesmo onde ele cuidava de nós, de todos nós, e há tanto tempo. Forçam-no a ficar de joelhos e o insultam:

— O que você fazia na Indonésia, seu cão imundo? Por que veio para a China? Por que entregou sua fortuna ao conservatório, burguês imundo? Espião!

O velho homem não sabe o que responder. Ele chora em silêncio, mudo.

Naquela noite, uma tempestade desaba em cima de Pequim; o trovão, os raios, o vento, a chuva nos impedem de dormir, e, no nosso dormitório, passamos um longo tempo escutando o temporal, sem nos falar, juntos, porém tão sozinhos.

De manhã, ficamos sabendo da notícia: Mamãe Zheng se enforcou em uma árvore, no pátio, na frente da enfermaria.

Não ousamos nos olhar, mas nos lembramos da tempestade — o furor do céu. E imagens de Mamãe Zheng me vêm à cabeça, quando ele me massageava as mãos, quando eu tinha 11 anos, de seus copos de água quente que me faziam bem. Eu me lembro do reconforto que ele me trazia. Algo de terrível acaba de acontecer, posso sentir.

Contudo, nesse ponto de minha vida, não sei mais quem é culpado e quem é inocente, quem é vítima e quem é carrasco. No fundo do meu coração, eu pergunto a Mamãe Zheng: por que você não confiou no presidente Mao? Sim, por que, como Gu Shengying, como Li Cuizhen, você perdeu a coragem?

* * *

Um pouco depois, numa outra noite, às duas horas da manhã, a sirene do conservatório começa a soar. Nós acordamos sobressaltados. Dão-nos a ordem de ir imediatamente para o salão. Desta vez, em cima do palco, está um de meus camaradas, Cunzhi, um maravilhoso fagotista. Ele está amarrado e cercado por seis guardas vermelhos — cinco moças e um rapaz — que começaram a surrá-lo com os cintos antes mesmo de nossa chegada. Os guardas vermelhos esperam que a sala se encha. Reina um silêncio absoluto. Depois uma moça toma a palavra.

— Camaradas, está acontecendo uma coisa muito grave. Este Cunzhi miserável tentou combater o regime. Encontramos um fuzil na casa dele e uma bandeira do Kuomintang!

Com essas palavras, os guardas vermelhos começam a enchê-lo de pontapés.

— Eu sou inocente, não entendo nada do que está acontecendo, sou fiel ao presidente Mao — geme Cunzhi.

Cada uma de suas negações é pontuada com novos chutes ou golpes de cinto. Ele não tem mais voz para protestar. Finalmente, os guardas vermelhos o arrastam pelos braços para fora do salão. Felizmente, um estudante de forte legitimidade política, Dapeng, um trombonista, interpõe-se discretamente:

— Deixem-no ou ele vai morrer.

Os guardas vermelhos nos mandam voltar para os dormitórios. Estamos petrificados, incapazes de voltar a dormir. Quem é suspeito? Quem não o é com certeza? Não paro de pensar na minha família, no seu passado.

De madrugada, eu me precipito para a casa de meus pais.

— Mamãe, há um fuzil na nossa casa?

Minha mãe não compreende nada da minha pergunta.

— Está querendo matar alguém?

Eu insisto:

— Mamãe, há alguma coisa comprometedora escondida na casa?

Eu lhe conto finalmente o que acaba de acontecer no conservatório. Tremo ao imaginar que os guardas vermelhos possam ter me seguido. Minha mãe me informa que meu pai está preso na universidade dele sob alta vigilância.

Ficamos as duas silenciosas alguns instantes. Nossos pensamentos se encontram.

— Xiao-Mei — ela diz —, não temos nada de que possam nos incriminar. A única coisa perigosa para nós é o piano — diz minha mãe. — Temos que nos livrar dele.

Concordo com ela: é preciso cortar os elos com esse símbolo do passado. Não há mais sentido em conservá-lo: estaríamos até botando nossa vida em risco por causa dele.

Minha mãe sai para entrar em contato com os primeiros guardas vermelhos que aparecem. Que eles a ajudem a se livrar o mais rápido possível do instrumento! Eles vêm vê-lo.

— De jeito nenhum — dizem. — Não tocamos nele.

Uma porcaria intransportável e sem valor, segundo eles. Há apenas uma coisa a ser feita: reunir todas as velhas coberturas que pudermos encontrar e cobrir o piano para lhe dar a aparência de um móvel comum. Uma cobertura, depois duas, depois três! Quanto mais tentamos escondê-lo mais ele cresce, é a impressão que me dá. Agora ele desapareceu, mas sua presença é mais imponente do que nunca. Por precaução, colamos nele — também nele — um dazibao:

Este piano foi adquirido explorando o povo,
Fazendo-o transpirar e sugando seu sangue.
Queremos devolvê-lo ao povo.

Alguns dias mais tarde, no final do mês de agosto de 1966, a violência alcança um novo clímax. O *Diário do Povo* lançou um apelo aos guardas vermelhos: "Desentoquem um por um todos os velhos parasitas, sugadores do sangue do povo, refugiados em cantos escuros." Desta vez eu tenho certeza: os guardas vermelhos não fizeram nada comigo no conservatório, mas é na minha casa que eles vão me pegar.

7
A fumacinha de Bach

A Revolução não é um jantar de gala.
É um ato de violência através do qual
uma classe derruba a outra.

MAO TSE TUNG

Eu estou em casa, com minha mãe, minha avó e minhas duas irmãs menores quando, no final da tarde, ouvimos barulho do lado de fora. Estão socando a porta. Saltamos de medo. Nós nos olhamos, todas cinco. Vou abrir e me vejo diante de quatro guardas vermelhos:

— Seu pai é um criminoso. Ele está sendo interrogado na universidade e começou a confessar. A partir de agora, ele não tem mais nenhum direito. Vocês têm alguma coisa escondida?

— Não — responde minha mãe.

— Não é verdade.

Os guardas vermelhos entram, olham-nos uma por uma, e depois, sem uma palavra, começam a circular pelo apartamento. Nós ficamos ali, mudas, petrificadas, à espera.

— É de vocês, isto?

Como estas cartas e estes papéis de família poderiam não ser nossos? Os guardas vermelhos recolhem-nos: vão servir para a investigação. Encorajados com aquela primeira investida, apanham nosso livro de poupança bancária: confiscado.

— E isto, o que é?

Um dos guardas mostra o pequeno frasco que tem na mão. Minha mãe guarda dentro dele desde sua juventude, sem tocar, um pouco de perfume de Paris. Ele ficou tão velho que se tornou marrom escuro.

— Eu perguntei a você o que era! — insiste o guarda vermelho.

Minha mãe continua sem responder. O guarda vermelho despeja o conteúdo do frasco que atira, depois de vazio, contra a parede. Ele se quebra em pedaços antes de cair no chão, deixando flutuar em sua volta um odor refinado.

— Vocês têm livros?

Não, não temos. Por precaução, já tínhamos nos livrado deles, com exceção da coletânea da minha infância *Piano Music Masterpieces* que minha mãe escondeu no banquinho do piano. Um dos guardas vermelhos se dirige então à minha irmã Xiaoyen:

— Você, vá preparar cola! Vão precisar para colar isto — diz, designando um dazibao que trouxeram com eles. — É sobre seu pai miserável.

É demais para minha mãe; ela perde a consciência. Antes de partir, os guardas vermelhos nos lançam:

— Vamos voltar amanhã. O dazibao é para ser colado na parede do edifício!

Quando a noite cai, eu desço com minhas irmãs para colar o cartaz infamante, que acusa nosso pai. Ao subir, encontramos nossos vizinhos, os Guan, falando com minha mãe e minha avó. Eles são gente simples, trabalham como operários em uma fábrica de calçados. Não perderam nada da visita dos guardas vermelhos, mas estão apavorados e esperaram o cair da noite para vir nos ver.

— Não é possível que o sr. Zhu seja um espião — dizem à minha mãe. — Depois se viram para nós, incapazes de compreender o que se passa: — O pai de vocês é uma pessoa de bem. Como podem acusá-lo de uma coisa dessas?

A conversa se estende por boa parte da noite. Sinto, quando eles vão embora, o quanto essa visita fez bem à minha mãe. Doravante, os Guan virão vê-la todos os dias, para lhe dizer umas poucas palavras, para lhe oferecer os sorrisos que a salvam do desespero. Não fossem eles, hoje me dou conta de que minha mãe provavelmente teria feito como Mamãe Zheng.

O dia seguinte começa para nós com humilhação. Durante todo o dia, da nossa janela, vemos uma aglomeração se formar diante de nosso *si he yuan* para ler o dazibao que nós afixamos. Os olhos se voltam para nossas janelas, por vezes um dedo aponta para elas, depois as pessoas vão embora. Nós não ousamos mais sair. É de tarde e nós estamos em plena discussão com minhas irmãs sobre a maneira de fazer desaparecer o dazibao, quando escutamos novamente um barulho do lado de fora. Os guardas vermelhos estão de volta. Eles se dirigem desta vez à minha avó:

— Você aí, qual é a sua origem?

— Burguesa — ela responde sem se abalar.

— De onde você é?

— De Xangai.

— Vai ter que voltar para lá. Os *chushen buhao* não devem permanecer em Pequim. Eles são perigosos para o presidente Mao. Não queremos mais ver você aqui amanhã de manhã!

Tento interceder utilizando todos os argumentos possíveis, explico que não temos dinheiro para comprar uma passagem de trem, uma vez que os guardas vermelhos confiscaram nossa caderneta de poupança bancária.

— Vire-se! Vamos voltar amanhã de manhã. Ela que trate de partir.

Fechada a porta, ainda ficamos um bom tempo em silêncio. Depois minha avó toma a palavra:

— É melhor que eu deixe vocês. Vou retornar a Xangai e voltarei mais tarde. Senão amanhã vai ser terrível. Xiao-Mei, Xiaoyin, tentem me conseguir uma passagem de trem.

A passagem de trem para Xangai custa 12 iuanes. Passo grande parte da noite na bicicleta, com Xiaoyin, indo de amigo em amigo, tentando conseguir que nos emprestem o dinheiro necessário para comprá-la. Finalmente, quem nos empresta é a estudante do conservatório que escreveu a Mao a meu respeito. Ela coloca uma condição:

— Você deve confiar em Mao. Somos jovens demais para saber se sua avó e sua família são ou não culpadas, mas ele sabe.

Por volta de meia-noite, volto finalmente para casa. Meu pai está lá. Conseguiu voltar para casa, tarde da noite. Encerrado no silêncio, ele nos diz apenas estas palavras:

— Não se pode fazer nada.

No dia seguinte, ao acordar, vejo que minha avó se penteou com cuidado e colocou suas roupas mais bonitas. Ela repara meu olhar espantado. É preciso dizer que há três meses, como boa revolucionária, eu quase não me lavo, visto um velho blusão e uma calça frouxa, solto palavrões cujo sentido o mais das vezes ignoro.

— Você sabe, Xiao-Mei — diz minha avó com um meio-sorriso —, se as pessoas não me respeitam, eu mesma me respeito. Ela acrescenta: — Não se preocupe comigo. Olhe, eles não me bateram e não me penduraram um rótulo para eu viajar. Tenho sorte. Conheço um monte de gente em Xangai. Não estarei sozinha. Vai ser fácil para mim. E fiquem tranqüilas, tenho certeza de que vamos nos rever.

Eu a acompanho à estação. Sua força de caráter me impressiona. Ao lado dela, eu me sinto muito fraca, incapaz de protegê-la. Ao chegarmos na plataforma, ela me sorri:

— Eu vivi bastante. Tive uma bela vida. É sobretudo por causa de você que estou inquieta.

Depois ela sobe no vagão lotado. Não nos beijamos na China e, mesmo nos momentos mais dolorosos, procuramos não deixar transparecer nossas emoções. Dizemos adeus, simplesmente. O trem parte e eu a vejo desaparecer à distância.

De volta à casa, noto que o vergonhoso dazibao desapareceu. Em nosso apartamento, encontro os Guan discutindo com minha mãe. Eles tiveram uma idéia para fazer desaparecer o cartaz e nós ficamos surpresos. Um menininho de 6 anos que eles conhecem bem foi arrancá-lo sem mais nem menos. Na idade dele ninguém iria repreendê-lo e, no pior dos casos, se o pegassem, nós não o conhecíamos e ninguém poderia alegar uma ligação entre nós e ele. No dia seguinte minha mãe já estava mais serena.

Reina a violência em Pequim. Os guardas vermelhos combatem todos os que representam a ordem antiga, de perto ou de longe. O menor ex-pequeno comerciante é apontado como capitalista sugador de sangue. Famílias inteiras são mandadas de volta para suas cidades de origem. Outras são obrigadas a viver com um rótulo “De má origem” pendurado no pescoço. Outras, ainda, têm a metade da cabeça raspada, como um estigma. Há mulheres que apanham, não dos guardas vermelhos, mas dos próprios filhos, obrigados a obedecer. E pior ainda...[1]

Mal cheguei ao Conservatório, naquele recomeço das aulas de 1966, e uma ordem era lançada pelos guardas vermelhos:

— Tragam seus discos e suas partituras. Tudo que vocês ainda têm.

Um de meus camaradas pergunta-lhes o que vão fazer com eles.

— Queimá-los.

Eu me lembro de repente de ter deixado meus pertences no anexo do Conservatório, a antiga gráfica transformada em salas de aula. Corri para lá. Ao transpor a soleira, encontrei Dapeng, meu camarada trombonista. Ele me fez parar.

— O que você está fazendo? Então não sabe o que está acontecendo? Faz uma semana que cadáveres estão sendo depositados aqui.

Nesse exato momento, o cheiro chega até mim, tão forte que quase me sinto mal. Fico olhando para ele, incapaz de articular uma palavra sequer.

— Vai olhar, se você não está acreditando em mim — ele me diz.

Eu permaneço imóvel, petrificada.

Dapeng me explica que os estúdios de ensaio estão todos cheios de cadáveres. Como o crematório só queima os corpos às terças-feiras, dado o afluxo de cadáveres em Pequim, os guardas vermelhos transformaram o anexo do Conservatório em um gigantesco necrotério.

— Tem até alguns lá dentro que ainda não estão mortos, que estão agonizando — acrescenta. — E outros que os guardas vermelhos mandaram vestir suas roupas de pele antes de executá-los. É por isso que está cheirando tão mal.

---

[1] "Pior ainda": o balanço da Revolução Cultural totalizará milhões de mortos (mas nenhuma cifra precisa pôde até hoje ser estabelecida). Em toda a China acontecimentos semelhantes aos de Pequim se repetirão, orquestrados secretamente por Mao Tsetung, que teme perder o poder em favor de seus rivais políticos, Liu Xaoqi, o "Kruschev chinês", e Deng Xiaoping, que o acusam de ser responsável pelos resultados catastróficos do "Grande Salto para a Frente", bem como pela fome subseqüente, que fez de 20 a 30 milhões de mortos. *Cf.* John Fairbank, *La Grande Révolution Chinoise, 1800-1989*, Flammarion, Paris, 1989. Ver também Simon Leys, *Essais sur la Chine*, Robert Laffont, Paris, 1998. (*N. da E.*)

É mais do que eu posso suportar. Saio correndo.

Tudo queima, os corpos hoje, o espírito amanhã.

Eu imagino a fogueira que os guardas vermelhos estão fazendo para derreter nossos discos, queimar nossas partituras... Uma fumaça leve sobe em direção ao céu. Bach, Mozart e Beethoven voam pelos ares.

Mas, apesar de tudo, os guardas vermelhos estão certos. É preciso fazê-lo. Mao falou: “A Revolução não é um jantar de gala. É um ato de violência com o qual uma classe derruba a outra.”

8
Revolucionária

Se você compreendeu, deve pôr em prática.
Se você não compreendeu, deve pôr em prática mesmo assim.
É praticando que então vai compreender.
(Lin Biao)

Desordem. Vazio. Nada. Naquele final de ano de 1966, as aulas no "Conservatório sem música" deram lugar à ação política. Estudo integral do Pequeno Livro Vermelho, discussões entre facções estudantis: cada um quer provar que é capaz de interpretar o pensamento de Mao melhor do que os outros. Uma ordem estranha reina no estabelecimento: de um lado, uma limpeza até então desconhecida é assegurada por nossos professores que se tornaram faxineiros e faxineiras a nosso serviço; de outro, toda educação foi abandonada: não há mais deveres, nem livros, nenhum outro objetivo além de abater a ordem antiga.

É o momento que o regime escolheu para lançar o movimento de *da chuanlian*, ou seja, de "estabelecimento de contato". O objetivo é estender a Revolução Cultural a todo o país, procedendo a trocas de guardas vermelhos e estudantes entre cidades e universidades. Os melhores elementos do conservatório são convidados a participar ativamente do movimento. Não faço parte desse grupo por causa de minha origem, mas, naquele outono de 1966, sou autorizada a ir para a Universidade de Peita, onde nasceu a Revolução Cultural. Vejo nisso um sinal precursor de minha reabilitação: a possibilidade de me tornar uma verdadeira revolucionária continua aberta para mim.

O aprendizado do pensamento de Mao Tse-tung é doravante imposto à população inteira, das crianças aos velhos. Na subida no ônibus, os guardas vermelhos se interpõem e perguntam: onde no Pequeno Livro Vermelho se encontra tal passagem? Tal outra? Se não conseguimos responder, o acesso ao ônibus é recusado. Evidentemente, as pessoas de idade têm com freqüência falhas de memória; elas são logo afastadas, sem consideração, pelos guardas vermelhos.

As confissões públicas se multiplicam. De uma delas guardo imagens indeléveis, que ainda hoje me perseguem. Ela se desenrola em um estádio de Pequim, diante de 8 mil pessoas. A vítima é um rapaz de 27 anos que ousou sustentar que se pode muito bem ser um bom revolucionário mesmo que seus pais não o sejam. Ele mesmo se considera um deles, não obstante sua má origem. Apesar de nossas convicções revolucionárias, tenho dificuldade em reprimir o reflexo burguês que me leva a admirar a coragem desse jovem que não renega os pais. Durante uma hora, ele resiste a todas as humilhações, a todos os socos que lhe dão. Terminada a sessão, levam-no para uma volta pela cidade, a fim de mostrá-lo à população. Depois ele é executado. "Pai reacionário, filho canalha" é um slogan em voga.

No começo de 1967, tenho finalmente autorização para deixar Pequim para proceder ao "estabelecimento de contato" no interior. Sou advertida sobre a seriedade dessas viagens. Que eu não me aproveite delas para ver minha família. Uma camarada me acompanha, pois ainda não tenho autorização para viajar sozinha, mas a medida é um encorajamento e eu a recebo como tal.

Minha primeira visita é a Xangai. Tenho uma averiguação para realizar nesta cidade que é a de meu nascimento, um mistério a elucidar: meu pai é ou não esse espião que está sendo denunciado hoje? Esteve a serviço do imperialismo capitalista? Se os guardas vermelhos têm razão, quem sabe terei a coragem de renegá-lo? E assim me sentirei menos dividida entre minha fé revolucionária e minha ligação à família, menos esmagada pelo peso de minha má origem — quarenta anos mais tarde, eu me revejo tal como eu era naquele ano, tal como me haviam modelado: uma criatura sem cérebro, concebida para um único objetivo, ser como as outras.

Em Xangai, supõe-se que as reuniões políticas ocupem todo o meu tempo, mas a realidade é diferente: fico ociosa durante horas. O que me convém.

É mais forte do que eu. Contrariando a recomendação, não posso me impedir de ir ver minha avó. A rua onde ela mora, na periferia da cidade, é sórdida. Os moradores transformaram-na numa estreita galeria de tanto erguer construções de todo tipo, cozinhas, garagens, destinadas a aumentar o tamanho de suas habitações. A de minha avó é uma antiga cozinha de 15 metros quadrados, sem luz, mobiliada apenas com uma cama e uma mesa, com um penico em um canto.

— Xiao-Mei! O que está fazendo aqui? O que aconteceu?

Ela fala com uma voz lenta e fraca, e não pára de tossir. Vendo-a tão fraca, tão pequena, ela me lembra uma vela prestes a se apagar. Eu lhe explico as razões de minha vinda a Xangai. E também minhas boas resoluções: vou me tornar uma verdadeira revolucionária. Desta vez, tenho chance de chegar lá, mas para isso é preciso que meu comportamento seja exemplar. Minha avó me pede notícias da família. Noto nossas fotografias em um canto do cômodo.

— Fico olhando para elas — ela me diz. — E releio sem parar as cartas que sua mãe me manda.

Lembro de repente que não lhe trouxe nada, que deveria ter lhe comprado brioches de Chenghuang Miao, os templos budistas de Xangai, que ela adora. De repente, eu me sinto pouco à vontade. Quando me preparo para partir, leio a decepção no rosto dela. Minha avó, que dizia conhecer muita gente em Xangai, está muito sozinha, visivelmente. Freqüentar um exilado é um risco para seus amigos.

Ela insiste para que eu fique.

— Não posso, não tenho o direito. Tenho medo de que me encontrem aqui.

— Então tente voltar antes de ir embora. Vai ficar quanto tempo? Volte para almoçar comigo. Eu não posso cozinhar, mas pedirei aos vizinhos para preparar brotos de bambu e soja.

Ela sabe bem que é meu prato preferido; contudo, eu não voltarei. Por medo. E também porque eu tenho que realizar minha investigação.

Para começar, faço uma visita a uma irmã mais velha de meu pai:

— Xiao-Mei, você sabe, seu pai é um homem de bem. Durante anos, sem que sua mãe soubesse, ele nos mandou dinheiro. Sem ele, nós sequer teríamos tido o que comer.

Não vai ser através dela que ficarei sabendo a verdade sobre as atividades de meu pai espião...

Em seguida, vou ver o lugar onde nasci. Olho o prédio burguês, o parque Fuxing, a avenida tão larga... Como não se sentir culpada?

Interrogo antigos amigos de meu pai. Eles nem chegam a compreender o sentido de minhas questões:

— Entenda, seu pai é a honestidade em pessoa! Ele nunca foi espião!

Mas um deles toma o cuidado de acrescentar:

— Se você não entende do que o Partido acusa seu pai, confie no Partido. Vai compreender mais tarde.

É uma paráfrase do que ouvimos permanentemente repetido: "Se você compreendeu, deve pôr em prática. Se você não compreendeu, deve pôr em prática mesmo assim. É praticando que então vai compreender."

Eu volto a Pequim ao mesmo tempo satisfeita e frustrada. Satisfeita porque venci minha primeira prova de boa revolucionária, porém frustrada porque não consegui descobrir a verdade sobre meu pai; vou ter que continuar a viver com essa dúvida.

Neste ínterim, minha mãe recebeu uma carta de minha avó.

— Ela está muito triste porque você não voltou para vê-la — diz ela apenas.

A imagem de minha avó pertence ao mundo da infância; e eu devo olhar para a frente, para o futuro luminoso da China comunista.

Depois de Xangai, propõem-me uma peregrinação com a qual todos os chineses sonham: ir a Shaoshan, o local de nascimento de Mao Tse-tung. Três mil e quinhentos quilômetros de viagem em trens lotados, mas uma verdadeira felicidade. A mim, que nunca vi o presidente Mao, finalmente foi concedida a possibilidade de chegar mais perto dele, de ir buscar a força nos seus passos.

Shaoshan é um vilarejo de montanha de umas poucas centenas de almas, situado a cerca de 50 quilômetros da sede do distrito. A casa natal de Mao é um pouco maior do que suas vizinhas e mais bonita, com seu telhado de telhas cinzentas. A partir de 1949, foi transformada em uma espécie de santuário. Nós fazemos fila durante duas boas horas antes de poder entrar. Eu vou também até a escolinha do vilarejo, onde o presidente Mao estudou. A maior emoção que senti foi dentro de seu quarto. Como este homem fez para chegar ao topo do Estado? Ele, que nasceu em um meio modesto, em um vilarejo tão pequeno nos confins da China e sem jamais ter ido à universidade? Como não admirar sua inteligência, sua coragem e sua vontade? Vagueio pela cidadezinha durante horas, repisando estas mesmas perguntas. No final do dia, o objetivo foi alcançado: minha devoção está próxima da exaltação.

De volta a Pequim, recebo a autorização para empreender uma nova viagem, desta vez a Chendu, na província de Sichuan. A situação lá, me dizem, é particularmente grave. Embates violentos se desenrolam entre facções de estudantes, e cada dia fornece seu lote de mortos. Antes de partir, redijo um bilhete para meus pais:

> *Estou partindo para Chendu, onde a Revolução está em perigo. Se eu morrer não precisam me lamentar. Dei minha vida a Mao. O que estou fazendo é a coisa mais bela que poderia fazer na vida.*
>
> *Xiao-Mei*

Como o regime decretou há alguns meses a gratuidade dos transportes a fim de facilitar o movimento de *da chuanlian*, o trem no qual eu subo está lotado a ponto de eu ter de viajar dentro do banheiro durante grande parte do trajeto.

No dia seguinte, chegando a Chendu, corro para a universidade, ao escritório encarregado da acolhida dos visitantes:

— Nós viemos de Pequim.

Nossa interlocutora está impressionada: ela imagina que foi o próprio Mao que nos enviou! Não passa de ingenuidade da sua parte, mas eu experimento um profundo prazer: finalmente não me criticam, me enaltecem, me respeitam... Eu também sou ingênua, mas de uma outra maneira.

Ela nos informa sobre a situação:

— É a desordem total. A universidade está dividida entre dois grandes clãs, eles mesmos divididos em facções. Há de um lado o "Movimento de 26 de agosto" e de outro o "Movimento da Chendu vermelha". Fiquem atentos. Já há muitos mortos. Os estudantes têm fuzis.

Nos dias seguintes, eu ouço com atenção os argumentos das facções presentes; trata-se de escolher qual delas defender. Quem defende melhor a Revolução? Hoje, quarenta anos mais tarde, eu seria incapaz de responder, assim como não saberia dizer por que aquelas facções se opunham uma à outra. Mas, na época, eu faço minha escolha: será a da universidade de medicina.

Minha primeira missão é escrever dazibaos. Criticar o adversário, recapitular nossas convicções... Tudo se transforma em slogans, meticulosamente inscritos nos cartazes que colamos por todo lado na cidade. Eu tomo parte em todos os tipos de debates, entrecortados de fuzilarias entre os diferentes prédios da universidade.

No final de um dia particularmente sangrento, a facção à qual aderi conta uma dezena de mortos. Uma reunião é organizada para decidir que continuidade dar a esse massacre. Não se cogita de que os camaradas tenham perdido suas vidas por nada! Por que não expor os cadáveres para convencer os indecisos da justeza de nossa causa? A preparação do acontecimento dura vários dias. É preciso tratar da conservação dos corpos e instalá-los a fim de obter o máximo de efeito — o que é mais fácil para os estudantes de medicina do que para os outros. E encontrar fotos a fim de que cada cadáver possa dispor, como em um museu, de sua ficha de identificação. E colocar o visitante no clima apropriado por intermédio de uma música adaptada. A escolha recai sobre a *Marcha Fúnebre* da *Sinfonia Heróica* de Beethoven — que, para a ocasião, não é censurada.

São os primeiros mortos que vejo de perto.

Alguns dias mais tarde, o governo decide finalmente parar o massacre. Ele confisca as armas e lança uma outra palavra de ordem: "Lutar usando a palavra, não as armas." Volto então a Pequim para tornar a partir em seguida; faço questão de aproveitar minha autorização de viajar para "estabelecer contato e atiçar o fogo da Revolução".

Marx distingue três tipos de escravos: o que obedece, o que quer se tornar senhor e o revolucionário que quer mudar a condição dos escravos. Estou evoluindo de agora em diante para a segunda categoria: também eu tenho vontade de dar ordens. Seja a quem for, mas dar.

No outono de 1968, o governo chinês prossegue na sua retomada do controle de uma situação que se tornou inteiramente anárquica. O presidente Mao se envolve pessoalmente na questão, publicando uma instrução. "Continuar a Revolução mas recomeçar as aulas", "Conduzir a Revolução com ensino" são suas últimas palavras de ordem. Um certo número de cursos é então restabelecido.

Mas não se recoloca de pé uma instituição como o Conservatório de Pequim em três dias. Nós não temos mais partituras, nem livros de aula. Nas livrarias, agora só se acha o Livro Vermelho — em diversas edições, é verdade: encadernado, em brochura, em formato pequeno, médio, grande. Fora isto, tudo mais desapareceu, mesmo os dicionários.

Em matéria artística, só permanecem as *yangbanxi*, as "obras-modelo" compostas sob a égide da sra. Mao, assim como um pouco de música albanesa, conseqüência da amizade que une então a China e a Albânia.

Naquele fim de ano de 1968, oito *yangbanxi* foram criadas: quatro óperas, dentre elas *A Lanterna Vermelha* e *A Tomada da Montanha do Tigre pela Estratégia*; dois balés, dentre eles *O Destacamento Feminino Vermelho*; um concerto para piano, o *Concerto do Rio Amarelo*; e uma peça de teatro, *O Pátio de onde se Avistam as Fazendas*. Estas obras não são desprovidas de qualidades, todas elas compostas por artistas dotados de sólida competência. Detalhe divertido: algumas delas retomam passagens inteiras de grandes obras-primas da música ocidental, de resto radicalmente condenada. Assim, por exemplo, o *Concerto do Rio Amarelo* transcreve um trecho inteiro da *Polonesa Heróica* de Chopin.

Como as *yangbanxi* passaram a ser muito demandadas por toda a China, um pianista protegido da sra. Mao, cercado de um pequeno grupo de músicos, teve a idéia de realizar suas transcrições para piano a fim de facilitar a difusão. Em especial, ele transcreveu oito trechos extraídos da ópera *A Lanterna Vermelha*. Isso me deu uma idéia; eu me lembrei de ter encontrado pessoas na Universidade de Peita interessadas na organização de turnês de espetáculos teatrais. Volto para vê-los e para perguntar se ainda estão dispostos. Ainda estão. Volto ao meu piano. As transcrições são de uma dificuldade assustadora e eu trabalho nelas dia e noite com um grande prazer, pois elas chegam a um ótimo resultado. E tê-las no meu repertório é a perspectiva de fazer turnês por toda a China.

Os primeiros concertos têm lugar no outono. Instalações militares, fábricas, universidades, administrações, vilarejos no campo... Em alguns meses, chega a sessenta o número de espetáculos de que vou participar com meus extratos de *A Lanterna Vermelha*, chegando a uma média de dois o número de apresentações por dia.

Fora dos extratos de *A Lanterna Vermelha*, meu horizonte musical é dos mais reduzidos, uma vez que se limita aos coros do Exército Vermelho — que tenho a possibilidade de ouvir na casa de Yukuan, um dos professores do conservatório. Estamos os dois no mesmo grupo político e eu gosto muito dele. É um eminente musicólogo especialista em música russa, que fez parte da primeira promoção do conservatório. Seu conhecimento de russo lhe permitiu ser também intérprete do célebre violinista David Oïstrakh, quando ele veio dar concertos na China. Nos primeiros dias da Revolução Cultural, entregou como todo mundo sua discoteca aos guardas vermelhos, que se apressaram a derretê-la. Salvo o disco dos coros do Exército Vermelho que nós escutamos incansavelmente por falta de coisa melhor.

É ainda nesse final do ano de 1968, enquanto eu estou em turnê com minhas *yangbanxi*, que Mao decide, para virar definitivamente a página da Revolução Cultural, relançar o movimento de *sangshan xiaxang* e mandar para o campo milhões de citadinos, "jovens instruídos" assim como adultos, quase sempre para os *laogaichang*, ou seja, "campos de reeducação pelo trabalho".

Ao todo se estima em cerca de 17 milhões o número de chineses que serão dessa forma exilados. No espaço de alguns meses, os sete membros da minha família vão se encontrar dispersos pelos quatro cantos da China.

9
Partidas

Não tenho medo, pois passei pelas tempestades e pelos desertos.
Não tenho medo, pois tenho que passar pelos desertos e pelas tempestades.
(I Men, *Não tenha medo*)

Minha irmã Xiaoyin é a primeira a partir.

Uma escolha feita com total liberdade, da parte dela. Excelente calígrafa, tinha sido escolhida para imitar a escrita do presidente Mao na braçadeira com as duas palavras mágicas: "guarda vermelho", entregue a ele durante a cerimônia da praça Tiananmen no dia 18 de agosto de 1966. Mas, mesmo assim, ela não fora autorizada a participar da manifestação por ser de má origem, *chushen buhao*. Mais tarde ela me contará como, depois da cerimônia, todos os seus camaradas se aglomeraram para ir apertar a mão da moça que teve a sorte de entregar sua braçadeira para o presidente Mao. A moça era sua amiga — ao menos tinha sido, antes. Desde então, Xiaoyin passara a ter a impressão de que havia uma parede de vidro erguida entre ela e o resto dos jovens. Um outro efeito de sua má origem.

Por isso ela está entre os primeiros a se apresentar como voluntários para um *shangshan xiaxiang*. O destino que ela propõe fica próximo da fronteira russa: suspeitam imediatamente que ela queira se evadir. Ela decide então pela Mongólia Interior.

Embora sempre sob severa vigilância na universidade, meu pai adere aos ideais do *shangshan xiaxiang*. Ele acha que o movimento é benéfico para suas filhas, que elas devem ser enviadas para o grande largo, "o alto-mar", como ele mesmo diz, para crescerem e se transformarem.

Minha mãe, em compensação, me preocupa. Ela acaba de receber a notícia do falecimento de minha avó em Xangai. Os vizinhos só descobriram seu corpo dois dias depois da morte. Minha mãe ficou muito abalada. Eu também. Apesar de todos os meus esforços para apagar qualquer sentimento familiar pequeno-burguês, não consigo deixar de me roer de remorsos pensando na minha visita, na minha fuga.

A partida de Xiaoyin corta mais uma vez o coração de minha mãe: minha irmã sai de casa e sobe a pequena ruela onde moramos sem se voltar para lhe dizer adeus. Por medo das lágrimas, decerto, mas a dor de minha mãe só ficou pior.

No final do ano de 1968, é a vez da minha irmã Xiaoyu ter de partir. Seu destino: uma região longínqua do Yunnan conhecida por seus costumes bárbaros — dizem que os homens raptam as moças enrolando-as em cobertas, como animais. É um novo choque: eu olho para minha irmãzinha com um olhar novo; ela, com quem eu tinha até então uma condescendência de mais velha, que eu considerava, de forma negligente, como a menos dotada de nós, eis que começa a existir para mim.

Nós esperamos com ansiedade notícias suas. A cada dia que passa, vejo aumentar a angústia de minha mãe. Aconteceu alguma coisa com sua filha, com certeza. Finalmente chega uma carta; nela, Xiaoyu explica que viajou durante dez dias e dez noites, uma metade de trem, a outra de ônibus, antes de alcançar seu destino. Ela está esgotada. Suas pernas estão de tal maneira sem forças que praticamente não consegue mais andar. Ao menos está viva.

Estamos na véspera do ano-novo chinês, quando uma noite batem na porta. Minha mãe vai abrir:

— Xiaoyin!

Minha irmã está de pé, suja, magra, irreconhecível.

— Eu queria ver vocês — ela diz, simplesmente.

No final de alguns meses passados na Mongólia Interior, não agüentando mais, Xiaoyin e três amigas se lançaram em uma aventura louca: voltar a Pequim para rever suas famílias. Elas atravessaram as estepes desertas, sozinhas, sem mapas, sem víveres, alimentadas por autóctones assombrados. Recorreram a todos os meios de transporte imagináveis, charretes, caminhões. A viagem delas durou 18 dias.

Xiaoyin passa um mês conosco antes de voltar para a Mongólia, sempre por espontânea vontade. Antes de partir, pede à minha mãe que lhe consiga um acordeão, pois lá ela sofre com a ausência total de música. Ela não sabe que, desta vez, sua ausência vai durar 21 anos: depois do final da era Mao, ela mudará diversas vezes de local de residência, em diversas províncias da China, e depois se casará por convicção política tanto quanto por amor com um operário a quem permanecerá sempre fiel, fundando um lar longe de sua família.

Minha irmã Xiaoyin ainda está conosco quando chega a vez de meu pai partir para o campo.

Um dia, quando estou entrando em casa, encontro-o preparando seus pertences. Os guardas vermelhos acabam de revelar um item de seu dossiê pessoal, remontando aos últimos meses de nossa estada em Xangai. Aos olhos deles, ele prova definitivamente sua qualidade de espião. Meu pai tinha sido, na época, solicitado por um personagem duvidoso, que lhe propusera trabalho: "Não entre novamente em contato conosco. Nós mesmos vamos chamá-lo", lhe dissera o indivíduo ao deixá-lo. Meu pai, inquieto, tinha ido declarar o incidente às autoridades, um gesto que nada o obrigava a fazer. Essa história, acrescentada à da partida de seu irmão Qiwen para Taiwan, já nos custara caro, pois impedira minhas irmãs mais velhas de entrar na faculdade. Eis que agora ela envia meu pai para o campo. Cruel lição para a jovem revolucionária que sou: se queremos sobreviver neste país, é preciso não ser honesto.

Ao nos deixar, meu pai se lembra de minha irmã Xiaoru. Casada, ela vai dentro em breve dar à luz seu primeiro filho.

— Escrevam-me para dizer se é menino ou menina — ele diz à minha mãe.

É uma menina, mas meu pai não vai ficar sabendo. Naquele momento, ele está de passagem numa prisão nos arredores de Pequim, de onde deve ser enviado para o campo. A administração penitenciária nos pede que lhe enviemos mudas de roupa. Minha irmã Xiaoyin e eu nos encarregamos: quatro horas de bicicleta para ir e quatro para voltar.

Mal entra no parlatório, meu pai nos faz a pergunta que lhe queima os lábios:

— É menina ou menino?

Imediatamente, minha irmã cai em prantos. Ela pensa no meu pai, que tanto esperava esse nascimento, e que sequer pode ver a neta. Mas ele interpreta as lágrimas dela de um outro modo, imagina que o bebê nasceu morto... e também começa a chorar, repetindo simplesmente:

— Era menina ou menino?

Alertado pelo barulho, um guarda surge, examina-o e berra:

— Está chorando por quê? Está se fazendo de vítima? Volte para sua célula e para o trabalho!

Eu me dirijo a meu pai:

— Você deve dizer o que fez de errado contra o país. Deve ter a coragem! Vai compreender mais tarde. Reflita!

Mas a entrevista terminou. Não chegou a durar cinco minutos. Somos empurradas para a saída enquanto eu ouço meu pai gritar:

— Se eu morrer, saibam que sou inocente! Vou escrever ao presidente Mao. Ele vai me fazer justiça!

No caminho de volta, enfrentando um vento glacial, Xiaoyin e eu pedalamos em silêncio, incapazes de trocar uma palavra. A voz de nosso pai, seus gritos, ressoam em nós; eles ficarão para sempre gravados na nossa memória.

Naquele ano de 1969, em que três membros da minha família já tinham ido embora, minha irmã mais velha Xiaoru recebeu por sua vez uma instrução: ela deve ficar em Pequim. Por quê? Nós não sabemos. Jamais sabemos por que uns devem partir e outros não.

Depois é a minha vez. A ordem da sra. Mao é dada: todas as escolas artísticas de Pequim devem ir para o campo. Sou enviada a Zhangjiako, ao norte da província de Hebei, praticamente na Mongólia, uma vez que, até a criação da República Popular da China, a região de Zhangjiako fazia parte da província de Chahar e pertencia portanto à Mongólia Interior. Eu me sinto privilegiada: diferentemente dos outros, vou para um acampamento militar e não para o campo. Imagino uma estada de um ano, dois no máximo, e uma experiência enriquecedora. A partida é marcada para 16 de março.

Naquela triste manhã de fim de inverno, estamos as duas, minha mãe e eu, no apartamento. Eu a olho terminando de preparar minha bolsa, enchendo-a de objetos diversos, lanterna, papel higiênico...

— Talvez você precise. Prefiro que tenha com você.

Dentro de alguns instantes teremos que nos separar. Depois da minha partida, ela vai ficar sozinha com a minha irmã menor Xiaoyen. O que as duas vão fazer? Será que agüentarão? Seguramente, elas também vão ter de partir um dia.

Chegou o momento. Ela me entrega a bolsa e nós duas saímos para a rua. O céu está cinzento, um vento glacial sopra sobre Pequim. Nem um adeus, nós estamos na China.

— Está na hora. Estou indo, mamãe.

Subo a pequena ruela onde moramos. Chegando na esquina da rua, eu me volto. Vejo-a pálida, com o olhar perdido no vazio.

10

Campo 4619

Se Deus não existe, tudo é permitido.
(DOSTOIEVSKI, *Os Irmãos Karamazov*)

Que contraste entre as ruas desertas de Pequim, esvaziadas pela partida de seus habitantes, e a estação fervilhando de gente, coberta de bandeirolas para glorificar a Revolução!

Abro caminho no meio da multidão compacta, tentando me localizar, e, finalmente, avisto a plataforma designada para ser nosso ponto de reunião. Meus futuros companheiros vão chegando um após o outro. Todas as escolas artísticas de Pequim estão representadas: Conservatório, Escola de Belas-Artes, Escola de Cinema, Escola de Dança, Escola da Ópera de Pequim. Um soldado confere cada uma das chegadas e nos destina uma seção. Dois vagões especiais foram reservados para nós em um trem de passageiros com destino a Zhangjiako.

Enquanto aguardo nossa partida, eu olho à minha volta. Famílias se separam, casais se dizem as últimas palavras carinhosas, avós sussurram adeuses aos netos. As pessoas se olham, algumas delas achando que não vão mais se rever. De longe, vejo mães jovens confiando seus bebês às famílias. Diante dessa visão, eu sinto um enorme desgosto e minha coragem vacila. Depois raciocino. É ridículo. Uma verdadeira revolucionária se desprende de qualquer sentimentalismo.

O grupo está completo, somos aproximadamente uma centena. Os soldados nos fazem subir nos vagões. Um primeiro solavanco, e o trem se mexe. A estação de Pequim vai se afastando, lentamente, tranqüilamente. Pouco depois da partida, nossa *jijifenzi*, a ativista encarregada de nossa seção, nos convida a entoar cantos revolucionários glorificando o presidente Mao e a ler em voz alta extratos do Pequeno Livro Vermelho. No meio de nossa viagem o céu escurece. Eu olho pela janela. As nuvens são tão ameaçadoras que se tem a impressão de já ser noite. Não se distingue mais nada da paisagem, salvo algumas luzes, de tempos em tempos.

Chegamos a Zhangjiako no final do dia. Os soldados nos fazem descer do trem, e, depois de nos reunirem na praça da estação, nos amontoam em dois caminhões militares descobertos, cinqüenta estudantes por veículo. Nosso destino: o campo 4619, em Yaozhanpu.

Atravessamos a cidade de Zhangjiako. Só estamos a 500 quilômetros de Pequim e mesmo assim temos a sensação de estar no fim do mundo. As ruas de terra batida estão vazias; só o barulho dos motores perturba o silêncio. Eu olho as construções, todas modernas, todas feias. Zhangjiako está na passagem de uma eventual invasão soviética. Deve ser por isso que a cidade conservou seu aspecto de grande vilarejo. Impossível imaginar que ela conheceu uma idade de ouro, no século XVII, sob a dinastia manchu dos Qing; ela era então o centro do comércio de chá e de ópio entre a China e a Rússia. Hoje tudo respira pobreza e tristeza.

Ao sair da cidade, pegamos uma estrada desmantelada. Duas horas mais tarde chegamos finalmente ao destino, com o rosto coberto por uma máscara de poeira. Parecemos tão pouco com seres humanos que somos incapazes de nos reconhecer uns aos outros. Uma prefiguração dos anos que virão.

O campo de Yaozhanpu, situado numa área de grande altitude, é constituído de três construções baixas de tijolo vermelho, típicas dos edifícios do exército, cercando uma ampla praça.

— Reunião!

Ficamos todos de pé, no escuro e no frio.

— Estudantes, vocês vão ser distribuídos entre seções. Depois vão para os seus quartos.

Eu entro junto com minhas companheiras no quarto que nos foi atribuído. É uma peça de uns 20 metros quadrados, com uma dezena de enxergas dispostas diretamente no chão, tão estreitas que eu me pergunto como vamos dormir ali. Coloco minhas coisas em cima da minha cama; está coberta de baratas. Neste momento, um soldado entra:

— Estudantes, para o refeitório!

Na entrada do local, entregam-nos uma velha tigela suja que parece ter servido mais para toalete do que para comer uma refeição. Com o estômago apertado, sou incapaz de engolir o que quer que seja.

Na primeira noite o sono não vem. Penso nas baratas. Elas vão entrar nas minhas orelhas e me estourar os tímpanos, tenho certeza. Minha vizinha é Ouyan, também pianista. Cada vez que ela se mexe eu acordo. Finalmente, nós nos ajeitamos em sentido inverso para poder dormir.

No dia seguinte às seis horas um soldado vem nos acordar e em seguida nos reúnem na praça de armas. Um homem de uns 50 anos, de olhos muito doces, vem até nós. É Tian, o chefe do campo. Ele nos olha longamente e depois se dirige a nós com uma voz grave:

— Há entre vocês tigres e dragões (uma expressão chinesa que significa "personalidades notáveis"), mas seus espíritos continuam burgueses; é por isso que é preciso reeducá-los.

Terminada a homilia de Tian, outros soldados tomam a palavra, nos explicam nosso programa de atividades e nos comunicam o regulamento do acampamento. O menor detalhe está previsto: proibidas roupas que não sejam de cor preta, cinza ou azul, os cabelos devem ser curtos, um mesmo tipo de chapéu para todo mundo, as mulheres não podem usar saia.

Em muito poucos dias, a esperança que eu tinha de aprender e de me transformar em verdadeira revolucionária se dissipou. A vida no campo não é feita para nos educar; ela é feita para nos embrutecer. De agora em diante, todos os dias vão se parecer, ritmados pelos mesmos trabalhos forçados. E isso — eu ainda não sei — vai durar cinco anos!

Todas as manhãs, despertar às seis horas.

— De pé! — berra o soldado encarregado de nosso dormitório, acendendo a luz.

A jornada começa com um exercício de corrida e de passo cadenciado. Depois nós estudamos durante uma hora o Pequeno Livro Vermelho de Mao. Sempre as mesmas passagens. Trabalhamos particularmente dois tratados fundamentais: *Da prática* e *Da contradição*; e três artigos: "Servir o povo", "Homenagem ao pobre Chang Szu-teh", um soldado que morreu pelo povo, e "Como Yukong deslocou as montanhas", a história de um ancião que decidiu retirar a golpes de pá três grandes montanhas que impediam os acessos de sua casa. O vizinho zombava dele, mas não o Céu, que terminou lhe enviando dois gênios para levar os obstáculos em cima das costas. As três montanhas de Mao são o imperialismo, o capitalismo e o feudalismo.

Quando termina o estudo do Pequeno Livro Vermelho, por volta das oito horas, nós partimos para os campos. Nossa missão: cultivar arroz em um dos locais da China que menos se presta para esta cultura. Terras secas e estéreis, batidas por ventos glaciais, cercadas de paisagens amarelas e negras, deprimentes. Primeira coisa a fazer: cavar canais de irrigação com pás o mais das vezes quebradas. Em seguida vamos recolher a merda nos banheiros do acampamento para espalhar pelo campo. Depois transportamos água, que despejamos dentro dos canais.

Depois de alguns minutos dentro da água gelada, eu não sinto mais os pés. Freqüentemente tenho febre, o que me faz transpirar. Bem depressa deixo de ter minhas menstruações e minha barriga me faz sofrer, mas não há médico nem enfermaria no acampamento: são camaradas que possuem conhecimentos rudimentares de acupuntura que acalmam um pouco minhas dores. No verão, ficamos cobertos de picadas de insetos e as sanguessugas colam em nossas pernas. Apesar de muito refletir, a coragem está me abandonando.

Para nos estimular, nossa *jijifenzi*, ajudada pelos soldados, organiza uma competição entre nós. Em quanto tempo seremos capazes de cavar este canal? Quem será mais rápido para ir buscar a água? Quem trará a maior quantidade de merda dos banheiros do acampamento? Ela mesma dá o exemplo trabalhando mais rápido que todos nós. Eu faço o melhor que posso, angustiada com a perspectiva das críticas que me aguardam, à noite, na sessão de denúncia pública. Mas com meu corpo miúdo, não tenho a mínima chance de ganhar.

Ao meio-dia almoçamos ali mesmo, no campo. Um de nós é encarregado de ir buscar água quente e comida, o mais das vezes batatas, que cortamos cada dia de um jeito diferente, em pequenos dados, em bastõezinhos, em fatias, ou que misturamos com alguns repolhos e cenouras para variar o paladar. Às vezes temos direito a carne de porco.

Mais ainda do que as manhãs, as tardes são intermináveis, e eu olho o relógio a cada cinco minutos. Nós trabalhamos até o pôr-do-sol.

Depois voltamos para o acampamento. Após um dia inteiro transpirando, com os pés dentro da água, estamos numa sujeira repugnante, mas é preciso ir direto para a sessão de autocrítica e de denúncia sem tempo de se lavar — este detalhe não é neutro, ele tem o seu papel na "reeducação": impedir de tomar banho é uma maneira entre outras de minar nosso sentimento de dignidade.

Reunidos em pequenos grupos de dez, somos colocados sob a autoridade de um soldado formado na arte de nos indispor uns com os outros. Eu já venho praticando os exercícios de autocrítica há muito tempo, mas, feitos a portas fechadas, no fim do mundo, eles adquirem uma cor particular. De fato, compreendemos bem depressa o que está em jogo e que é essencial, se bem que tácito: os que derem prova de melhor comportamento irão embora primeiro. A luta está aberta. A liberdade, nós o sentimos, tem este preço.

Quando a existência foi reduzida a tarefas embrutecedoras, quando nenhuma consciência superior, cultural ou religiosa está presente para canalizar os instintos, ninguém encontra um meio de se defender que não seja agredindo. "Zhang não trabalhou o suficiente, lança um camarada; ele ficou vinte minutos dentro do banheiro..." E Zhang responde atacando por sua vez: "Eu escutei Li se queixar da vida no acampamento, duas vezes!" Nós saímos dessas sessões esgotados. Qualquer conversa é impossível. Nós não conseguimos sequer nos olhar nos olhos. Contudo, temos que continuar a viver juntos.

Voltamos para os quartos para jantar, instalados sobre nossas enxergas diante das batatas com repolhos acompanhados de arroz amarelo. Somente depois de terminada a refeição é que temos o direito de nos lavar. Agachados em cima de um buraco cavado em um canto do quarto, um de cada vez, nós aspergimos um pouco de água no corpo. Diante dos outros. Não há nenhum lugar para qualquer espécie de intimidade aqui. A própria idéia decorre de sentimentos burgueses.

Terminada a toalete, ousamos finalmente nos dirigir algumas palavras. Mas o único lugar onde podemos falar livremente entre nós é um pequeno cômodo adjacente, onde vamos buscar água quente.

Trabalha lá uma personalidade excepcional, Guo Baochang. Ele será um dia um dos maiores cineastas chineses. É o mais velho de todos nós, e por ter sido considerado desde que chegou um adversário muito ativo da Revolução, foi designado para a caldeira do acampamento. Todos os dias tem que transportar quantidades enormes de água e de carvão, suportar o frio glacial do lado de fora e o calor úmido da caldeira. O que não diminui seu bom humor.

Há alguns dias ele se apaixonou por uma de nós, uma cantora muito bonita do conservatório. Para lhe declarar sua paixão na mais pura tradição chinesa, encarrega um mensageiro de transmitir uma carta de amor. Sua escolha é, ele acredita, judiciosa: um jovem aluno da Ópera de Pequim, que estudou tão pouco que tem dificuldade de redigir suas próprias autocríticas. Desse modo, Guo Baochang acredita estar protegido de qualquer indiscrição. Azar, o jovem artista não é apenas inculto; ele é também curioso. Ele abre a carta, descobre um texto difícil, que apenas um dicionário não basta para lhe permitir decifrar. Então ele consulta os camaradas... E eis o acampamento inteiro a par, antes mesmo de a bela receber a carta!

A jornada terminou. Mas não chegamos ao final de nossas penas. Freqüentemente, exercícios de alerta nos acordam em plena noite para nos preparar para uma invasão de soviéticos. Escutamos uma sirene urrar e depois uma ordem de reunião.

— Alerta! Alerta!

Então temos que deixar o acampamento com urgência levando nossa bagagem. A primeira prova é juntar nossos pertences na escuridão total do quarto, por isso passei a dormir vestida, para maior segurança. Em seguida somos obrigados a correr várias horas seguidas, em plena noite, pela montanha. Depois voltamos para o acampamento de madrugada sem ter podido dormir.

Quando não é um alerta que nos desperta, é uma voz que se eleva no meio da noite. Misteriosa, vinda não se sabe de onde, cantando a glória da Revolução. Nossa *jijifenzi* fala durante o sono... No começo, nós ficamos impressionados: tamanha fidelidade, tamanha lealdade, expressas enquanto a consciência está adormecida, não é admirável? Pouco a pouco, entretanto, a dúvida se instala. Todas as noites, não é muito? Será que ela não estaria querendo verificar se escutamos perfeitamente sua profissão de fé, dado que, de manhã, ela se preocupa em nos ter incomodado? Mas nós encerramos a questão: cada vez que ela apresenta suas desculpas, nós a tranqüilizamos:

— Claro que não, isso não nos incomodou, não ouvimos nada.

O domingo é dedicado à limpeza. Enquanto lavamos nossos lençóis, olhamos o céu na esperança de que um mínimo de sol permita que sequem. Com muita freqüência, menos de uma hora mais tarde, surge um vento trazendo areia e nossos lençóis ficam todos cinzentos e amarelos como a paisagem, ainda mais sujos do que antes.

Às vezes, no domingo, temos direito a sessões de cinema: filmes albaneses, em geral. Sua qualidade deixa a desejar, mas não perdemos nenhum, por causa de suas poucas cenas de amor — inimagináveis em um filme chinês da época. Cada vez que uma cena tórrida se anuncia, o soldado responsável pela projeção se precipita para a frente da tela para nos esconder a inconveniência. Mas freqüentemente ele chega tarde demais, para o nosso maior prazer. É preciso lembrar que, nessa época, nós temos entre 19 e 30 anos?

No meio daquela miséria cotidiana, um raio de sol permanece: a chegada da correspondência. Quando ela não é censurada e quando aquele que a recebeu não é obrigado a ler publicamente o conteúdo. O que aconteceu a uma amiga, em um outro campo: ela teve que revelar a todos os camaradas reunidos os detalhes das cartas recebidas do noivo.

Eu me correspondo regularmente com minha mãe, que permaneceu em Pequim, e com Xiaoyen. Pouco tempo depois, minha irmã caçula, que então tem 15 anos, será mandada para Beidahuang Anlun, no Grande Norte selvagem da Manchúria, de onde ela continuará a me escrever.

Suas primeiras cartas são assustadoras. Durante as colheitas, tem que trabalhar das duas horas da manhã até às 11 da noite. Para poder almoçar, ao meio-dia, é preciso ir correndo até o final do campo, onde foi posta a comida. Os primeiros a chegar comem tanto quanto podem. Como ela é a mais jovem do acampamento, corre mais devagar do que os outros e freqüentemente se vê sem nada.

Entre outras tarefas, ela tem que cuidar de uma criação de gamos — na China os gamos são criados por causa de seus cornos, com os quais se fazem remédios. Um dia em que perseguia um de seus animais que havia escapado, quase morreu enterrada dentro de um pântano. Uma outra vez, enquanto ceifava, viu sua melhor amiga morrer eletrocutada por ter tocado em um cabo caído no chão. Ela se encarregou de velar os restos mortais até a chegada dos pais da moça, mas cochilou e, ao acordar, teve sob os olhos o espetáculo do corpo roído pelos ratos. O pai da moça enlouqueceu. Morreu pouco tempo depois.

Como responder às cartas de Xiaoyen? Só posso tentar lhe recomendar coragem. Mais tarde, para apoiá-la, eu lhe remeterei um exemplar do *Manifesto do Partido Comunista* de Karl Marx.

Um dia eu recebi uma carta de minha mãe. Também ela está a partir de agora em um campo.

11
Um porquinho e cinco gatinhos

A noite está bem avançada,
Me dê um fósforo...
(LU YUAN, *Mélancolie*)

Em poucos meses o regime do acampamento acabou com a minha saúde. Muito enfraquecida, sofro de intermináveis diarréias que me obrigam a me arrastar dez vezes por dia até as latrinas, na extremidade do campo, de onde não tenho mais forças para voltar. No caminho de volta, eu desabo, me levanto, me arrasto para chegar ao dormitório.

Depois que perdi 10 quilos, resolveram me transferir para o hospital de Zhangjiako. Encontro lá um amigo, Like, um maravilhoso violoncelista. Conheço Like desde a Escola de Música para crianças, onde ele estudava piano. No Conservatório de Pequim, nós compartilhamos por muito tempo a mesma carteira escolar: é um menino de olhar vivo, franco, generoso e muito humano. Ele é alto e tem uma constituição sólida, o que não o impediu de pegar uma septicemia aguda. Para mim fizeram o mesmo diagnóstico. Nada de surpreendente. A água que nós bebemos é turva; a comida trazida ao meio-dia, disposta no fundo do campo, está coberta de uma película de areia suja por causa do vento, ao chegarmos lá depois de caminhar várias centenas de metros.

Deitada no meu leito de hospital, eu me sinto sozinha no mundo. Eu me pergunto o que estou fazendo ali, como fui parar naquele quarto triste e imundo. Vou morrer, posso sentir, longe de meus pais, abandonada por todos. Minha morte não terá nenhum sentido, minha vida também não. Penso na minha família e nas lembranças que temos juntos. Tudo acabou. Nunca mais os reverei, nunca mais, não conhecerei a liberdade. Em meus pesadelos, vejo meu pai; ele está trabalhando nos campos, e, subitamente, está caído no chão, esmagado pelas cargas que sua dor nas costas não lhe permite carregar. Está morto?

Durante vários dias, afundo em meu delírio, oscilando entre a vida e a morte sem que os médicos me digam uma só palavra. Mas minha hora ainda não chegou. Um dia, eu me sinto melhor. A febre cede. Pouco a pouco, eu me restabeleço. Sou mandada de volta para o campo, para minha convalescença.

Uma tarde, pouco depois do meu retorno, deitada na minha enxerga, ouço ao longe o eco de uma música. Presto mais atenção. Quem poderia estar tocando no acampamento em plena jornada? Paro de respirar para escutar melhor: é o som de um acordeão. Saio para ver o que está acontecendo. Tian, nosso chefe, está em um canto do pátio, cercado de artistas.

— Está tudo certo. Então até de noite — está dizendo a eles.

Parecia Hamlet saudando os atores chegando a Elseneur com "Vocês são bem-vindos, meus senhores; boas-vindas a todos!".

Antigo professor, Tian, no fundo, é um intelectual. Ele decidiu aproveitar a presença de alunos artistas de Pequim na região para organizar turnês pelos acampamentos em torno de Zhangjiako. Selecionou para isso alguns cantores, dançarinos e instrumentistas. Vai lhe custar caro, mais tarde: será denunciado por alguns, como eu, por exemplo, que não o julgarão suficientemente revolucionário, e obrigado a abandonar suas responsabilidades.

No dia seguinte, enquanto todo mundo está nos campos e eu vagueio pelo acampamento, avisto de longe, depositado sobre uma mesa, o acordeão que serviu para a representação da véspera. Eu me aproximo dele: é velho, suas teclas estão sujas, a correia gasta. Mas o instrumento sozinho no meio daquelas construções sinistras é um sinal que está sendo enviado a mim: é preciso aproveitar.

Eu olho à minha volta. Ninguém. Apanho o instrumento, tento tocar algumas notas. Nada ainda. E se eu tentasse tocar uma peça de verdade? Depois da doença, depois de todas as frustrações, tenho tanta vontade! Mas qual? Tem que ser uma peça essencialmente para a mão direita. Eu procuro no meu repertório. Achei! O *Opus 10 nº 2* de

Chopin. É um estudo para a mão direita, bastante simples para a mão esquerda: um estudo ideal para acordeão mesmo que me faltem oitavas. Eu o toco sem parar, durante grande parte da tarde e nos dias seguintes, até os artistas irem embora. Eu havia me esquecido do poder da música: ele se fez lembrar.

No começo do outono nós deixamos o campo. Fomos transferidos para Qingshuire, a uns 50 quilômetros de Yaozhanpu. Oficialmente, porque as construções que ocupamos devem ser devolvidas aos militares. É verdade que Yaozhanpu, situado em local alto, constitui um excelente ponto de observação, ao passo que Qingshuire, instalado na planície, à beira de um rio, não apresenta o mesmo interesse estratégico. Porém mais seguramente porque os soldados não desejam nos manter por tempo demais no mesmo lugar, por medo de que estabeleçamos contatos com a população vizinha.

Em Qingshuire a vida é mais dura ainda do que em Yaozhanpu. Dois dormitórios somente, um para os homens e outro para as mulheres. O chefe de campo, Cui, é rigoroso, rígido, pouco à vontade; com ele, o respeito à regra jamais deixa espaço para um sorriso.

Pouco depois de nossa chegada, somos convidados a meditar sobre o exemplo da universitária de um campo vizinho que deu uma prova excepcional de fidelidade a Mao. Dois telegramas sucessivos informaram-na de que seu filho pequeno estava gravemente doente e que ela precisava voltar urgentemente a Pequim. Nas duas vezes ela respondeu que precisava cuidar de um porquinho, também ele doente, do qual ela era encarregada. Um terceiro telegrama lhe anunciou o falecimento do filho. Ela não derramou uma lágrima. Alguns dias mais tarde o porquinho morreu. Ela chorou por ele.

Nós ficamos perplexos. É *verdadeiramente* necessário ir assim tão longe para ser fiel ao pensamento do presidente Mao? Mas, passado o primeiro momento de espanto, nós nos habituamos com a idéia e em pouco tempo a maior parte de nós passou a considerá-la uma mulher admirável: um porco nutre a coletividade, o apego que se tem a um filho é um sentimento individualista e burguês. As jovens mães em volta de mim manifestaram algumas reservas mas acabaram aprovando. Estão de fato convencidas? Ainda vou precisar de cinco anos para me tornar capaz de fazer a mim mesma, com total lucidez, a mesma questão. Cinco longos anos de campo antes de aceitar a dúvida, antes de deixar nascer em mim alguma coisa que se pareça com lucidez.

O inverno chegou. A paisagem se cobriu de neve e as temperaturas se tornaram glaciais. Como nós não podemos mais ir para os campos, somos alojados dentro de imensas granjas para extrair grãos de espigas de milho. O ano de 1970 começou. Depois a primavera voltou. De agora em diante, as estações dão o ritmo de nossa vida. Eu acreditava ter partido por um ano ou dois. Mas três anos se passaram e nada mudou. A dureza física dos trabalhos nos campos, a hostilidade da natureza circundante, a promiscuidade com os mesmos companheiros... E também, sobretudo, o tédio, a monotonia de nossas jornadas, de que eu conto cada minuto que passa, a ausência de perspectivas. Compreendo cada vez menos meu cativeiro, fico me perguntando por que estou ali.

Chega um tempo em que alguns de nós recebem a autorização de partir. Eles voltam para casa. Os outros ficam. Então, pela primeira vez desde que cheguei ao campo, experimento um sentimento de revolta. A injustiça é flagrante demais. Não consigo esquecer o acordeão, a seleção que foi feita entre nós no momento de ir tocar música para os soldados: por que uns tiveram o privilégio e os outros não? Conservei um rancor sem cura, estou me dando conta.

Foi então que um acontecimento fez tudo se modificar. Um de meus companheiros, recém-casado, tomou a decisão de fugir — ele queria ver a mulher, a qualquer preço. Foi capturado rapidamente e obrigado a proceder a uma longa autocrítica pública, que de resto não apagará o erro: mais tarde, no momento de sua *fenpai*, de sua "alocação" na saída do campo, ele vai pagar caro.

Isso me faz refletir... Fugir! Uma autocrítica pública? Já me acostumei... Uma a mais, uma a menos, não importa, na verdade. Um risco para minha alocação na saída do campo? É mais grave. Mas a perspectiva é tão longínqua, tão abstrata. Quem está falando de liberdade, a essa altura? E minha mãe acaba de me escrever que está de volta a Pequim: sua saúde estava muito ruim para suportar a vida no campo; as autoridades preferiram mandá-la de volta para casa.

Falo sobre isso com duas camaradas que sei que compartilham dos meus sentimentos. Eu identifiquei uma saída: as latrinas são desprovidas de teto e contíguas ao muro exterior. Pergunto a elas se querem me seguir na minha aventura. Sim? Muito bem, na semana que vem, a tempo de acertar os últimos detalhes de nossa evasão, nós partiremos.

No dia combinado, às cinco horas da manhã, nós nos esgueiramos até as latrinas. Ninguém à vista. Pulamos o muro nos ajudando umas às outras e corremos para a estação. Algumas horas mais tarde, dentro do trem para Pequim, saboreamos nossos primeiros instantes de liberdade há mais de um ano.

Enquanto a paisagem desfila, discutimos nosso grande projeto: escrever à sra. Mao, que nos enviou para aqueles campos de reeducação, para lhe descrever a situação real em Zhangjiako. As partidas, as injustiças, as transigências, a ausência de verdadeiro espírito revolucionário: ela não deve estar sabendo de tudo isso, e não vai aceitar. O empreendimento foi pervertido por executantes incapazes, é preciso que ela intervenha. Como os *zeks* russos descritos por Soljenitsin que, do fundo dos campos da Sibéria, estavam persuadidos de que Stalin ignorava tudo sobre o gulag, confiamos nela e combinamos de nos encontrarmos no dia seguinte para escrever a carta que finalmente abrirá seus olhos.

Depois de atravessar uma Pequim ainda mais deserta do que na ocasião de minha partida, eu chego à nossa ruela. Nada mudou.

— Xiao-Mei, o que está fazendo aqui?

Minha mãe está magra, fraca, enrolada em bandagens destinadas a aliviar as dores que teve na barriga. Vegetariana, era incapaz de consumir a gordura de porco que constituía a dieta dos detentos de seu campo. Uma manhã, devido ao cansaço, ela caiu no campo onde trabalhava e ficou ali o dia inteiro, desmaiada, até que vieram buscá-la. Foi então que decidiram mandá-la embora.

Ela se cala. Não me dirá nada mais sobre o assunto, e eu também não lhe falarei de minha experiência no campo. São nossos vizinhos, os Guan, que eu passei a chamar de Shushu (Tio) e Dama (Tia) Guan, que me darão mais informações. Eles me contam a história da gatinha que minha mãe achou no seu campo, da qual tinham tirado os cinco filhotes recém-nascidos. Todas as noites, na volta dos campos, a gata vinha procurar minha mãe. Roçava-se nela, deixava-se acariciar chorando a perda dos cinco bebês. Minha mãe chorava também, sonhando com seus próprios cinco bebês. A gata não sabia por quê, mas minha mãe a compreendia.

Como os dias se sucedem sem que ninguém venha me procurar, termino por me arriscar a ir até o conservatório. A primeira pessoa que encontro lá é um professor de violino. Ele faz parte dos poucos professores julgados inaptos para serem enviados a um campo por razão de saúde. Nós começamos a conversar e, de repente, uma idéia me vem à cabeça:

— O senhor sabe onde eu poderia encontrar partituras?

É mais forte do que eu; estou consciente do perigo, mas o velho acordeão revelou em mim um desejo de música que eu julgava enterrado sob minha nova personalidade de boa revolucionária.

Ele tem o ar espantado, me olha furtivamente nos olhos para estimar meu grau de sinceridade — ele teme, eu compreendo, que eu esteja lhe preparando uma armadilha. Depois de alguns instantes de hesitação, ele me responde em voz baixa:

— Sei que há um quartinho, no terceiro andar, cheio de partituras. No começo da Revolução Cultural, professores esconderam lá tudo o que puderam. Creio que ninguém jamais ousou ir lá desde então. Na minha opinião, é onde você vai achar o que está procurando.

Ele dá uma rápida olhada circular à própria volta para verificar que ninguém está nos escutando e acrescenta:

— Se você quiser, podemos tentar ir lá esta noite. Venha por volta das dez horas. Estaremos sozinhos.

Eu agradeço e, chegada a noite, vou ao seu encontro. Está tudo vazio e estranhamente silencioso dentro dos prédios: derradeiro estágio de sua metamorfose, o "Conservatório sem música" se tornou "Conservatório sem alunos".

O professor de violino apanha uma lanterna e subimos os dois até o terceiro andar de um dos prédios. Chegando ao quarto com as partituras, ele ilumina a janela localizada acima da porta.

— Vou ajudá-la a subir. Você vai passar por ali.

Eu me insinuo no cômodo dos tesouros, com a lanterna na mão. Está cheio de partituras, com efeito. Vasculho à minha volta, apanho uma, viro as páginas, depois uma outra, mais outra ainda...

— Então? Encontrou sua felicidade?

Como não respondo na mesma hora, do outro lado da porta, o professor de violino se impacienta:

— Está me ouvindo? O que você encontrou?

O que eu encontrei? Música cubana! Nada além de música cubana! Correr todos estes riscos por causa de árias de dança! Torno a passar pela janela com algumas partituras sob o braço. Não é o caso de ir embora de mãos vazias.

De volta à casa, livro o piano das coberturas que o escondem há anos.

— Meu pobre piano, é tudo o que eu tenho a lhe oferecer dos nossos achados.

Não estou segura de que ele aprecie de verdade, mas durante dias inteiros nosso apartamento vai ressoar música cubana enquanto minha mãe, temendo que isto atraia a atenção dos vizinhos, fica de sentinela, no frio, diante de nossa casa. Ela passa as tardes ali, pronta a dar o alarme ao menor sinal.

Alguns dias mais tarde, nós avistamos dois soldados pela janela. Dominando o medo, minha mãe vai lhes abrir a porta.

— Estamos procurando a estudante Zhu Xiao-Mei. Ela está aqui?

— Está.

Eles me interrogam, bem como a minha mãe, sobre as razões de minha fuga. Explico-lhes que estou consciente de ter cometido uma falta, mas que eu queria rever minha mãe. Parecem dispostos a me compreender. Se eu voltar com eles não serei punida, eles me garantem.

Assim termina minha escapada. De volta a Qingshuire, é preciso proceder à minha autocrítica. Sem surpresas. Estou preparada. Mas depois disso, quando estamos entre nós, meus camaradas me fazem perguntas e eu conto com mais detalhes minha estada em Pequim. Alguns permanecem silenciosos, mas outros me aprovam, me invejam. Os tempos estão mudando — lentamente, mas estão mudando... E eu volto para os campos.

* * *

Durante aquele verão, nós mudamos de campo pela segunda vez. Desta vez, somos acantonados em um vilarejo, Quijiazhuang, no meio dos camponeses. O campo é composto de alguns estábulos transudando umidade, requisitados de habitantes que têm apenas a roupa do corpo e que se alimentam diariamente de um pouco de arroz diluído em muita água. Arroz que recebem em função de um sistema de pontos baseado em sua produtividade nos campos. Quanto mais produzem, mais ganham pontos!

Quanto à nossa alimentação, ela é medíocre, mas servida à vontade. Por isso tivemos a idéia de pedir aos soldados duas vezes mais do que conseguimos comer, a fim de dar aos camponeses a sobra. Os soldados não se importam: alguns por sequer notarem, outros por nos aprovarem. Muito jovens, a maior parte filhos de camponeses pobres, sentem-se espontaneamente solidários com as pessoas de Quijiazhuang.

As condições de vida são um pouco melhores e o ritmo de trabalho se suavizou um pouco; logo passamos a ter mais tempo livre e a escolha das leituras se ampliou. Depois de todos aqueles anos em que não tínhamos nada para ler a não ser o Pequeno Livro Vermelho, agora temos à disposição dois outros autores: Lenin e Marx! *O Capital* se torna nossa bíblia, mas por falta de estudo, quantas idéias, até mesmo quantas palavras nos escapam! Karl Marx menciona um certo Napoleão... Eu nunca ouvi falar dele. Contudo, a sede de aprender é imensa e eu me esforço ao máximo.

Então uma amiga se propõe a me ajudar. Seu pai, Zho Henli, trabalha no Banco da China, em Hong Kong: bom comunista, respeitado pelo regime por suas competências e sua fidelidade, ele tem mais poder de ação e cultura para se expressar do que os que nos cercam. Ela me assegura de que ele poderá me explicar os pontos difíceis de Marx. Dou início então a uma estranha correspondência com um homem que não conheço e que vive muito longe dali, em Hong Kong. Minhas cartas têm às vezes dez páginas, mas ele sempre me responde com paciência e gentileza.

Novo sinal de abrandamento: a ópera de Zhangjiako solicita nossa ajuda para montar uma *yangbangxi*. Por ser pianista, sou convocada, assim como Huang Anlun, filho de um célebre regente chinês que estudou em Yale, nos Estados Unidos, e grande musicista.

Assim, posso novamente estudar meu piano. Chego até a dispor de várias horas seguidas sem ser incomodada. É uma alegria, mesmo não dispondo de partituras. Curiosamente, eu me descubro perfeitamente capaz de tocar de memória trechos aprendidos quando era criança, mas o repertório estudado com mestre Pan, após tantos anos de interrupção, me escapa. Mesmo me lembrando de grandes linhas, quantos detalhes esqueci! Enfim... estou feliz por tocar de novo. Tão feliz que, ao ter de parar para voltar a trabalhar nos campos, me sinto carente de música, presa em um sentimento de frustração bem pior do que antes.

Mais ou menos nessa época sobreveio o episódio da minha vida mais penoso de relatar, a derradeira etapa da desumanização orquestrada pelo sistema.

Uma noite, na volta do trabalho, sou convocada pelo chefe do campo.

— Nós precisamos de você. Temos informações de que uma sociedade secreta, o Movimento dos Quinhentos e Dezesseis, está conspirando contra o regime. Ela é muito ativa dentro dos meios da cultura. A violoncelista Shaohua foi denunciada como membro. Contamos com você para vigiá-la e fazê-la confessar.

Evidentemente, é impensável recusar. De resto, eu sequer penso sobre isso. Tal atitude é o resultado lógico de tantos anos de sessões de autocrítica e denúncia. Estou sinceramente convencida de que esse homem não teria feito a acusação sem uma séria razão.

Começo, pois, minha vigilância discreta, à procura de indícios, mesmo os mais ínfimos. Chega o dia em que, através de uma porta entreaberta, eu surpreendo minha camarada remexendo em dossiês aos quais supostamente ela não deve ter acesso. De fato, ela está procurando as cartas de denúncia que a incriminam, mas eu não sei; é ela que me dirá, mais tarde, quando finalmente eu for capaz de entender e julgar. Naquele momento eu desejo desmascarar a espiã, apenas.

Vou relatar o caso a um soldado e sugiro a ele aproveitar nossa próxima sessão de denúncia para confundir Shaohua, com o apoio das provas: ela foi surpreendida enquanto remexia em dossiês confidenciais.

O soldado me aprova, a sessão começa... O campo inteiro está reunido para a ocasião. Os ataques são disparados de todos os lados. Shaohua, pálida, enfrenta e refuta tudo. Depois, de repente, uma moça se levanta e a esbofeteia. É demais para mim. Sinto minha respiração parar. É como se eu despertasse de um pesadelo: me dou conta de que sou a causa daquela cena cuja violência eu não suporto. Em conseqüência dos socos recebidos naquela noite, Shaohua ficará surda durante uma semana.

Nós duas ainda vamos viver juntas durante um ano sem nos dirigirmos uma palavra, como estranhas, e estaremos entre os últimos a serem liberados. Acaso ou destino, nós nos encontraremos depois dentro do mesmo trem para Pequim.

12

O retorno de um amigo

Sentado sozinho no meio dos bambus,
Eu toco cítara e solto a voz.
No fundo da floresta, onde os homens me esquecem,
Apenas um raio de lua veio me iluminar.
(Wang Wei, *La Gloriette aux bambous*)

No começo do ano de 1971, somos transferidos para um quarto campo. É uma verdadeira prisão, desta vez, chamada Dayu, ou seja, a "grande prisão", em chinês. Os muros são altos, coroados de arame farpado, e se tem a impressão de que nem pássaros conseguiriam se evadir do local. Uma porta única comanda o acesso a ele, o que torna o controle de nossas idas e vindas particularmente fácil.

Nossos dias e noites se sucedem e são de uma tristeza mortal. Estou obcecada por uma música, a do *Concerto nº 2* que Rachmaninoff escreveu ao sair de uma profunda depressão; ela combina muito bem com a imensidão desolada das paisagens que cercam Zhangjiako.

A música me obceca. É o resultado de uma redescoberta: Chopin tocado um dia num acordeão improvisado, as árias de Cuba na melancolia de nosso *si he yuan*, a ópera de Zhangjiako... Tudo se junta em um desejo de música cada vez mais invasivo. Sonho com ela de dia, de noite. A ponto de um louco projeto começar a brotar em meu âmago: mandar buscar meu piano em Pequim.

Falo sobre isso em segredo aos meus amigos mais chegados, especialmente a Huang Anlun, que também sonha em ter um instrumento. Todos me advertem. É pura loucura. Poderia me valer anos de campo suplementares: não iria se constituir numa prova de que minha reeducação ainda estava por ser feita? E, além do mais, eu correria o risco, na hora da minha libertação, de ter uma *fenpai*, uma alocação, que eu lamentaria pelo resto da vida. Iam me fazer pagar, com certeza.

Eu os escuto sem parar de ruminar meus planos. Pergunto a eles: e se eu explicasse que estou mandando buscar meu piano para trabalhar nas *yangbanxi*? Afinal de contas, é uma música que temos mais do que o direito, temos o dever de tocar. Meus amigos continuam a me dissuadir e se preocupam. É perigoso demais.

Contudo, um dia, um deles chega com uma idéia. Ele conheceu He, um antigo ator de cinema que mora perto do campo, em um pequeno casebre isolado. Por causa das posições políticas que defendeu nos anos 1950, foi preso e separado de sua família. Com o tempo, os termos de seu aprisionamento se abrandaram e ele pôde passar a viver sozinho: só o vigiam de longe. Meu amigo o pôs a par: ele está disposto a acolher meu piano em casa.

Não há como hesitar. Escrevo imediatamente a minha mãe:

Estou realmente com muita vontade de ter meu piano aqui em Zhangjiako. Você acha que seria possível enviá-lo para mim? Já organizei tudo para recebê-lo. Conto com você e confio em você. Me responda rápido!

Xiao-Mei

Eu não organizei nada e eis que, na maior inocência, peço o impossível a minha mãe! Ela me responde que está pronta para tudo por mim, mas que, neste caso, convenhamos, eu fui longe demais. Eu insisto, mando carta após carta. Tenho uma vontade enorme de ter o piano, preciso dele. Incito-a a tentar todos os procedimentos imagináveis. Embora sozinha e doente, minha mãe cede. Vai até a estação de trem de Pequim para se informar discretamente a respeito dos meios de se enviar uma encomenda tão incômoda dessas até Zhangjiako. As estradas de ferro chinesas estão preparadas, por um determinado preço, para transportar qualquer objeto, para qualquer lugar da China, mas não há nenhuma garantia nem sobre o estado do material, nem sobre o atraso na entrega. Como enviar um piano, e mesmo bem mais do que um piano, todo um pedaço de nossa história familiar, correndo tal risco?

Minha mãe me escreve que ela não pode fazê-lo. É demais pedir-lhe uma coisa dessas.

Mas eu quero o piano, eu quero recomeçar a tocar. Mais uma vez suplico à minha mãe, que acaba cedendo. Sim, correremos o risco, e paciência se uma desgraça acontecer. Ela encara as dificuldades decorrentes da realização de um tal projeto, chama quatro operários conhecidos seus e, com a ajuda deles, embala o piano até deixá-lo irreconhecível. Ela já tem experiência! Depois a equipe vai à estação de Pequim para entregar a encomenda aos empregados da estrada de ferro.

A pequena estação de Sha Lingzi está situada no caminho que vai de Dayu aos campos nos quais nós trabalhamos. É lá que a encomenda deve chegar, em meu nome. Eu aproveito nossos trajetos diários para fazer a pergunta cada vez que passo por lá: receberam alguma coisa em meu nome? Não, nada. Mas, afinal, é normal. É preciso deixar ao piano o tempo de chegar, mas à medida que se passam os dias minhas esperanças vão se desfazendo... O piano parece ter se perdido em algum lugar dentro do labirinto das estradas de ferro chinesas, sozinho para sempre, condenado a apodrecer dentro de um entreposto da Mongólia Interior ou pior. A perspectiva de dar a notícia à minha mãe me faz doente. Três semanas já se escoaram.

E o milagre se produz.

— Sim, tem algo que chegou para você — me responde o empregado da estrada de ferro. — Vá olhar no terreno atrás da estação.

Meu coração começa a bater muito forte. Meu piano está aqui! Dentro de alguns minutos eu vou revê-lo. Corro à procura do famoso terreno. Vou dar em uma espécie de terreno baldio onde distingo ao longe um montinho preto, informe, miserável... Isto? Meu piano — pequeno demais, preto demais... Impossível. Eu me aproximo, contudo, com a garganta apertada, desfaço a primeira cobertura, depois a segunda, e as outras, e entrevejo finalmente madeira, é ele! Viajou misturado com o carvão do trem, visivelmente, mas está ali, inteiro.

Eu me apoio contra ele e lhe falo baixinho:

— Não vou mais te abandonar! Eu lhe juro. Nunca mais!

Sozinha naquele terreno baldio, olho para ele, ando em volta, acaricio-o... Como ele pode ser tão pequeno, ele que me parecera imenso na primeira vez que o vi, naquele dia de meus 3 anos, quando os carregadores o colocaram no quarto dos meus pais? Eu fico ali, como se estivesse imantada, incapaz de me afastar. A vida não será mais como antes, a partir de agora, eu sei.

Mas é preciso agir depressa, agora. Tomar as providências necessárias e transportá-lo antes que se estrague. Escondo o instrumento sob suas coberturas e vou a Dayu procurar ajuda. Na mesma hora, meus companheiros se precipitam. Ver um piano, aqui, neste fim de mundo, instalado assim, no meio de lugar nenhum... Eu tiro suas coberturas mais uma vez. Ele aparece, fulgurante no meio da paisagem fosca e sem cor da Mongólia; nós nos calamos na mesma hora. O espetáculo é bizarro, é verdade, mas também encantador. Dá a impressão de ter acabado de cair do céu. Minha emoção contagia meus amigos; nós o contemplamos em silêncio por um momento.

Depois, todos juntos, nós o carregamos para cima da carroça a cavalo que serve habitualmente para o abastecimento do campo e que um amigo que trabalha nas cozinhas me deixou usar. Direção: o casebre de He, o ator de cinema, onde nós o desembalamos e instalamos com cuidado. Ando em torno dele com mais atenção. A madeira não está quebrada, mas e a mecânica? Há um maneira rápida de verificar. Eu me sento. Durante um instante, minha perturbação é tamanha que eu não sei mais o que tocar. Tento penosamente o movimento lento do *Concerto nº 23* de Mozart. Estranho... Não reconheço mais a voz do meu piano, é como se ele estivesse gripado, doente. É bem o que eu temia: suspendo a tampa do piano: umas vinte cordas estão quebradas.

Todos aqueles esforços para ter que renunciar no exato momento da vitória? De jeito nenhum. Retiro as cordas uma por uma e já no dia seguinte aproveito um instante de lazer para ir correndo a Zhangjiako e percorrer as lojas da cidade. Este tipo de fio de ferro? Não, não vai achá-lo por aqui, me dizem. Minha única chance é ir diretamente às fábricas das vizinhanças. Corro então de fábrica em fábrica, onde experimento um fracasso atrás do outro, até que, um dia, a sorte me sorri.

— Este fio de ferro? Sim, temos. Que quantidade você quer?

Difícil ser menos curioso do que meu interlocutor, que me dá de graça fios de todos os tipos, de todos os tamanhos e de todos os diâmetros. Volto de coração leve e substituo conscienciosamente as cordas quebradas. O resultado é medíocre e até, no agudo do piano, terrível. Mas estou feliz: eu ouço um som onde não havia senão um barulho de martelo. Mesmo ferido, meu piano está aqui comigo. Vou poder retomar minha estrada com ele.

De agora em diante, assim que a vigilância relaxa, vou à casa de He às escondidas, passando pelas latrinas do campo, o mais das vezes no final do dia. E então eu posso tocar sem temor a música que amo.

— Os camponeses que vivem em volta da minha casa são analfabetos — me garantiu He. — São incapazes de compreender qual música você toca; eles não a denunciarão.

Ninguém, com efeito, me denunciará. Eu renovo os laços com meu piano. Ele é muito mais do que um instrumento de música, é um amigo de sempre que veio ficar comigo. Penso mais uma vez no que já vivemos juntos, em *Devaneios* de Schumann, no conservatório, no dazibao, na música cubana. Com ele, retorna uma parte de mim que eu acreditava desaparecida. Quanto mais olho para ele, mais sinto que ele me reconforta. Sim, há esperança, sim, minha vida não vai parar em Zhangjiako.

Durante esse tempo, um novo chefe chegou no campo. Nós o chamamos de Mil Gotas — nós damos apelido a todos os chefes. Quando assumiu o cargo, seu primeiro cuidado foi nos contar a história edificante do camponês que trabalhara tão bem na sua terra que mil gotas de suor haviam formado uma poça em volta dele.

Mil Gotas não é um intelectual como Tian, o chefe de nosso primeiro campo, nem um hipocritazinho como cheguei a conhecer nos outros campos. É um homem simples, espontâneo, que dá a impressão de nunca ser capaz de perceber segundas intenções nos seus interlocutores. De tal maneira que a tentação se torna fortíssima. Alguns de nós lhe apresentam um projeto acima de qualquer suspeita, ao que parece:

— Nós gostaríamos muito de trabalhar as *yangbanxi*, mas nos faltam instrumentos. O senhor poderia consegui-los para nós?

Tocar as *yangbanxi*? Mil Gotas não recusa. Está preparando uma armadilha ou é realmente tolo? O mistério nunca será revelado. O fato é que alguns instrumentos surgem em Dayu. Like tem agora um violoncelo. Leva-o com ele a toda parte e toca até nos campos, sob as árvores! Outros companheiros, como o meu amigo Huang Anlun, conseguiram que fossem adquiridos dois pianos. Todos esses procedimentos intrigam nosso comando, mas ele continua não reprimindo, e isto é o essencial.

Decido então repatriar meu instrumento em Dayu. Se meus companheiros tocam dentro do recinto do campo, por que não eu? Localizei um quartinho isolado onde acho que posso ficar em paz. Alguns amigos me ajudam a transportar o instrumento.

Nessa mesma noite, vou para lá depois do jantar: má surpresa! A temperatura não passa de alguns graus e a peça se parece mais com uma geladeira do que com um estúdio de ensaio. Só há uma coisa a fazer: encontrar combustível o mais rápido possível para alimentar o pequeno fogão que está lá, em um canto. E eu que nunca na vida apanhei algo que não me pertencesse, eis que me vejo, depois de três anos de reeducação, transformada em ladra de carvão. Quando aquele que consigo recuperar sobre os trilhos da estrada de ferro não basta, vou me abastecer na frente das casas dos soldados, que não compreendem por que seus montes de carvão derretem como neve ao sol. Camuflo minha pilhagem dentro do esconderijo que cavei debaixo do assoalho do quartinho.

Oficialmente, portanto, estamos trabalhando as *yangbanxi*. E dispomos também da *Sonata Appassionata* de Beethoven, pois se acabou de descobrir que era a peça favorita de Lênin. Não basta para nós. Como encontrar outras? Nossas partituras se transformaram todas em fumaça no pátio do Conservatório de Pequim.

Tenho uma idéia. Vou ver minha amiga, a filha de Zho Henli, que me explicou *O Capital* de Karl Marx. Quem sabe seu pai poderia nos enviar partituras?

Minha amiga lhe escreve. A operação é bem mais comprometedora e mais perigosa do que enviar comentários sobre a luta de classes e a ditadura do proletariado, decerto. A música ocidental continua proibida, e a censura ativa. Mas Zho Henli não recusa. É até de uma eficácia admirável; sua estratégia é a de multiplicar os envios, incansavelmente. A maior parte não chega a nós, evidentemente, mas algumas passam em meio às tesouradas da censura, por milagre. Para nós é um renascimento. Nós nos juntamos em volta das partituras como em volta de um tesouro perdido, e as contemplamos longamente antes de escondê-las. O que aconteceria se fôssemos descobertos? Preferimos nem pensar.

No meio do que não se perdeu, encontramos o *Livro nº 1 do Cravo bem Temperado* de Johann Sebastian Bach, os *Scherzos e Baladas* de Frédéric Chopin, as *Sonatas para Violoncelo e Piano* de Beethoven, o *Concerto* de Grieg e o *Concerto nº 1* de Tchaikovski. E depois o *Concerto nº 2* de Rachmaninoff, aquele mesmo cujos temas lancinantes acompanharam meus dias mais sombrios. Tão logo chega uma partitura, meu primeiro gesto é tocá-la sobre a primeira mesa que encontro, cantando o acompanhamento da orquestra se for preciso.

Nós arrancamos as partituras das mãos uns dos outros. São tão poucas! O justo é organizar um calendário de trocas, mas seria muito melhor se cada um de nós tivesse todas. Desta vez é minha mãe que será solicitada: ela precisa me conseguir papel de música. Mais uma vez ela se sai bem, não sei como. Às escondidas, tremendo de medo, eu recopio as peças uma por uma, com uma escrita no limite do visível para economizar ao máximo o precioso papel. É o *Livro nº 1 do Cravo bem Temperado* de Johann Sebastian Bach que reproduzo com o maior cuidado: quero que cada voz da polifonia se distinga com clareza.

E assim, um belo dia, o campo e suas imediações ressoam com a música de Bach, Chopin e Rachmaninoff. Alguns soldados começam a perguntar. Nós os tranqüilizamos: trata-se de fato das *yangbanxi*. E também música albanesa! Nota-se que estão em dúvida, mas ninguém exprime claramente suas suspeitas.

Huang Anlun, por sua vez, conseguiu obter os tratados de escrita do americano Piston, um aluno de Nadia Boulanger que ensinou durante muito tempo em Yale. Há muito tempo esses livros são míticos para nós. Graças a Huang Anlun, mais uma vez, volto a trabalhar conscienciosamente harmonia, contraponto, assim como análise musical. Ele me ensina a escrever fugas. Comparo o resultado de minhas tentativas com as fugas do *Cravo bem Temperado*. A conclusão se impõe: o melhor a fazer é interromper o mais rápido possível a carreira de compositora e voltar a trabalhar meu piano dentro da minha geladeira!

13
Na "Villa Medici"

Pegue três homens ao acaso nas ruas:
eles terão necessariamente alguma coisa a lhe ensinar.
(Confúcio)

A partir de agora a geladeira é o meu refúgio. Apesar dos riscos, apesar do frio, estou bem lá. Pela primeira vez posso tocar o que quiser, para meu exclusivo prazer, sem pensar no futuro. Minha relação com o piano é pura, minha sede de tocar e minha curiosidade sobre o repertório são insaciáveis. Estou serena, flutuante, com um sentimento de equilíbrio e plenitude que só o desligamento da finalidade e da utilidade do que se faz pode proporcionar.

Eu me dedico muito à técnica. No Conservatório de Pequim, eu trabalhara sem descanso, graças a mestre Pan. Mas o ensino lá era muito cheio de regras e havia sempre alguém para me aconselhar ou me desaconselhar a tocar esta ou aquela obra, supondo que ela era ou não "feita" para mim. Agora, eu forjo minha própria técnica, procuro eu mesma as soluções para superar as dificuldades de Bach, Chopin, Liszt ou Rachmaninoff. Em especial, na *Rapsódia Húngara nº 6* de Liszt, conhecida por suas temíveis passagens em oitavas, eu me proponho a desenvolver um toque mais próximo do teclado possível, com a idéia de tornar menos audível o ataque do som. Eu a trabalho intensamente, um pouco por desafio, pois no Conservatório de Pequim sempre me disseram que, com mãos pequenas, seria para mim impossível tocar bem Liszt. Huang Anlun e eu nos divertimos tocando as passagens de oitavas dessa rapsódia o mais rápido possível.

Por volta do final de 1971, alguns amigos e eu decidimos dar um concerto — o primeiro! O programa oficial: *yangbanxi* e música albanesa. Sem enxergar mais longe, Mil Gotas nos deixa fazer.

Chegada a noite, uns vinte companheiros selecionados se apertam dentro da minha geladeira para assistir ao que, alguns meses antes, estaria além do imaginável. Huang Anlun apresenta o programa verdadeiro: o *Trio* de Tchaikovski, o *Concerto para Violoncelo* de Dvorak, além dos *Concertos para Piano* de Rachmaninoff e de Tchaikovski. Uma música inacreditavelmente romântica, típica do repertório que nós adoramos. Soado o último acorde, eu olho em volta de mim. Os rostos exprimem uma emoção mal contida. Em cada um deles se lêem as mesmas perguntas: por que estamos privados de futuro? O que fizemos para ficar encerrados aqui sem ter o direito de exercer nossa profissão? Somos incapazes de falar, mas da mesma forma incapazes de nos separar — passamos aquela noite bebendo, mergulhando no álcool nossos sentimentos misturados: felicidade com a música reencontrada, angústia da impotência, desespero de uma juventude destroçada. Assim, Mil Gotas, ao nos deixar entrever uma luz que continua inacessível, fez nascer em nós uma raiva de que ele não suspeita. Nossa situação é agora insuportável.

No dia seguinte a vida retoma seu curso, o trabalho nos campos continua, sempre muito extenuante, sempre muito monótono. Nós plantamos, nós colhemos. O tempo que passa não é realmente perceptível a não ser pela sucessão de mortes e nascimentos dos animais que nos cercam. Um cachorro morreu, cinco filhotes nasceram... Quanto a nós, continuamos aqui.

Acreditamos cada vez menos no que fazemos. Durante as sessões de estudo coletivo do Pequeno Livro Vermelho de Mao, passamos a fingir ler os textos impostos enquanto estudamos as partituras escondidas debaixo das túnicas. A liberdade se torna para nós uma obsessão. Pensamos somente na *fenpai*, na "alocação" que nos fará sair do campo. Uma cadela pariu dois cachorrinhos na casa de camponeses que vivem na proximidade do campo. Nós os batizamos de Fen e Pai.

De um campo vizinho nos vem a notícia de uma tentativa de suicídio. Um pintor por duas vezes abriu as veias. Depois, uma de minhas camaradas de quarto, Lidi, ficou grávida. Visto que as relações sexuais nos são estritamente proibidas, ela é obrigada a abortar e todo o campo se reúne para ouvir sua autocrítica. Mas isso não adianta mais; não é mais possível nos enganar tão facilmente; nós não somos homens e mulheres como os outros? Seres humanos chegados à idade em que os casais se formam? Depois da sessão, nós encontramos Lidi em um dos cantos do campo. Filha de revolucionário, foi por muito tempo um modelo para nós, e eis que ela não é mais do que uma pobre moça abatida, aniquilada, doente. Numa desajeitada tentativa de consolo, nós nos cotizamos para lhe comprar uma galinha, presente tradicional para as mães recentes, na China. Nós nos damos conta tarde demais de nossa bobagem. Pobre Lidi. Vai se casar mais tarde com o pai da criança que não teve, mas nunca será mãe.

As partidas prosseguem, a conta-gotas, como se fosse preciso ter certeza de que os que ficam estagnados em Dayu estão bem conscientes de seu infortúnio. Like vai embora no começo do ano de 1972, pouco tempo depois daquele concerto que demos juntos. Ele me promete lutar pela minha causa em Pequim, mas, no fundo, pressinto que serei a última que deixarão partir.

No dia seguinte ao da partida dele, apesar do acabrunhamento que toma conta de mim, eu me obrigo, com um passo pesado, a ir até à geladeira trabalhar meu piano. Empurro a porta... e descubro enormes sacos sobre o assoalho. Like fez questão de me deixar provisões de carvão, que ele roubou antes de ir embora de Dayu. Evito pensar demais no meu amigo, em nossos momentos de cumplicidade, nas obras tocadas juntos. Contra o desespero, só tenho um remédio: trabalhar meu piano, mais e mais.

Minha mãe me apóia, como sempre. Escrevi para ela dizendo que tenho dificuldade para compreender, nas partituras que toco, certas indicações de nuances mencionadas em língua estrangeira. Pouco tempo depois recebo um caderninho, escrito com a sua letra tão bonita e tão digna. Ela conseguiu emprestado, não sei como, um dos raros léxicos de termos musicais que circulam ainda em Pequim — clandestinamente — e copiou-o para mim, ela que não fala italiano, nem alemão, nem francês, nem russo.

* * *

No mês de novembro, me pedem subitamente para eu me mudar. O novo quarto para onde transporto meu piano, orientado totalmente para o norte, é ainda mais frio do que o precedente. Nele, a temperatura não passa de zero grau. Desta vez é um autêntico frigorífico! As teclas me parecem feitas de gelo. Tento tocar assim mesmo. Muito forte, muito rápido: seguramente vai ajudar a me aquecer. Porém, ao cabo de alguns instantes, preciso interromper, transida de frio. Nada adianta. Eu me lembro então do que mestre Pan me disse um dia: "A melhor maneira de esquentar os dedos é trabalhando as fugas do *Cravo bem Temperado* de Bach, de tal forma que consiga escutar claramente cada uma das vozes da polifonia."

Como fugas lentas poderiam produzir tais efeitos? Mais uma vez meu primeiro mestre tem razão. Sem parar, começo a tocar a *Fuga nº 4 em Dó Sustenido Menor* e a *Fuga nº 22 em Si Bemol Menor*. As duas únicas fugas a cinco vozes do primeiro livro, a primeira com três temas. Músicas meditativas cuja polifonia alcança uma espécie de densidade mineral. Que exigem, para que se revele todo seu poder e beleza, que as mãos, freqüentemente obrigadas a uma espécie de imobilismo, comandem aos dedos prodígios de sustentação, de maleabilidade, de independência e respiração. Bem depressa sinto o efeito benéfico desse trabalho: meu espírito se acalma, a energia circula melhor em cada um de meus dedos, depois no resto do meu corpo. A música nasce de uma espécie de não-agir, como no tai-chi-chuan, a arte marcial cujo equilíbrio repousa no equilíbrio e na concentração, no "agir-sem-agir". Uma força interior desperta pouco a pouco dentro de mim. Naquele dia, compreendi que a ação dos dedos está mais freqüentemente relacionada com o espírito do que com a matéria.

Eu não me dou mais somente com os músicos, em Dayu. Fiz amizade também com Fu, um pintor brilhante. Quando chegou em nosso primeiro campo de Yaozhanpu, Fu pintava grandes afrescos à glória de Mao e da Revolução cuja beleza nos deixava de boca aberta. Ele me fala de Rembrandt, de Van Gogh, enquanto eu o inicio na música. Ele passa todas as noites me ouvindo tocar a *Sonata Appassionata* de Beethoven e peças de Johann Sebastian Bach.

Uma noite, saindo da minha geladeira, quando atravessávamos o pátio do campo, ele parou subitamente.

— Quantas cores você está vendo no céu?

Eu olho atentamente, franzo os olhos: só vejo uma. É a vez dele de escrutar o céu.

— Pois eu vejo sete.

Como eu continuo desesperadamente só vendo uma, ele me dá então um conselho que vai me servir a vida inteira:

— Todas as noites, levante os olhos, observe, e você também acabará vendo as sete cores do céu.

Eu faço o que ele me diz. E, pela primeira vez na vida, começo a contemplar com consciência. Até então, para mim, de uma certa maneira, tudo era claro. Uma pessoa, uma coisa, um fato era bom ou ruim, preto ou branco. Através da contemplação do céu, compreendo pouco a pouco que não é assim. Descubro algo que se chama nuance. Há certas noites em que nada consigo distinguir. Eu me armo então de paciência, volto no dia seguinte e percebo o que estava escondido de mim na véspera.

E também compreendi o que Fu quis me dizer: a cor do céu muda de acordo com meus sentimentos.

Um outro de meus grandes amigos do campo é Teng Wenji. Ele era aluno da Escola de Cinema. Como Guo Baochang, o homem da caldeira em Yaozhanpu, ele vai se tornar um dos maiores cineastas chineses contemporâneos.

De pequena estatura, inacreditavelmente animado, Teng Wenji é também um maravilhoso comediante, consegue até nos fazer rir, ali, na nossa prisão do fim do mundo. Ele me inicia no cinema. Ele me fala com paixão da querela entre Stanislavski e Meyerhold, os dois grandes homens de teatro russos do começo do século XX. Stanislavski, inspirador do *Actor's Studio*, preconiza que o ator deve tornar suas as emoções dos personagens que interpreta para melhor levá-los à cena. Meyerhold, ao contrário, combate o naturalismo, prefere a estilização; sobre ele, Anton Tchekhov dizia que o russo "dava livre curso à sua imaginação a fim de não imitar a vida: qualquer coisa salvo a realidade". Teng Wenji procura me convencer:

— Como não ficar do lado de Stanislavski? Quando se interpreta, é preciso estar *dentro*. *Dentro*, entenda!

Ele me conta também os filmes de que gosta. *Aleksandr Nevski* de Eisenstein, por exemplo. De pé na minha frente, me faz reviver a famosa batalha sobre o lago de Tchoudsk. Fala-me do enquadramento, do céu que esmaga os guerreiros no começo da seqüência, do virtuosismo da montagem, do sentimento de epopéia que se manifesta. Ele é tão convincente que a cena aparece sob meus olhos; vejo cair sobre nós os cavaleiros teutônicos, com seus capacetes com fendas. Aterrador.

Teng Wenji é um dos que vêm me ouvir tocar. Ele me diz:

— É tarde demais para eu me dedicar à música. Mas um dia, eu acho, nós sairemos daqui e, quando eu tiver um filho, você vai ter que ensinar a ele.

Teng Wenji, que se casou na véspera de sua partida, é obrigado a viver longe da esposa, enviada para um outro campo.

Pouco a pouco, contra tudo e contra todos, nosso grupo se transformou em uma espécie de Villa Medici. Formamos uma comunidade de artistas perdida no fundo da China, colocando em prática o preceito de Confúcio: "Pegue três homens ao acaso nas ruas: eles terão necessariamente alguma coisa a lhe ensinar."

Por volta do final do verão de 1973, recebi uma carta alarmante de minha mãe: seus males de ventre pioraram, e ela teme não mais nos rever. Minha decisão foi rapidamente tomada: eu fugi uma primeira vez, vou fazer a mesma coisa de novo.

Um dia de manhã, eu escapo pelas latrinas do campo e me precipito rumo à estação para pegar o trem para Pequim.

É a primeira vez nos últimos cinco anos que nós nos revemos, minhas irmãs e eu. Mas a Revolução Cultural não mudou tudo: não exprimimos mais do que antes nossas emoções. Nem celebrações de reencontros, nem queixas, nem compaixão. De todo modo, há urgência. Nossa mãe deve ser operada e, na ausência de nosso pai, que está no campo sob estrita vigilância, é preciso tomar uma decisão. O cirurgião não nos deixa muita esperança: é um câncer; ele dá à minha mãe um ano de vida, no máximo. Ela, sem que tenhamos percebido, ouviu tudo.

— Paciência — ela me diz. — Não vou me curar. Não quero tratamento pesado, somente que me deixem em paz. A única coisa de que tenho vontade é rever Xangai.

* * *

Enquanto minha mãe está em convalescença em casa, antes de partir para Xangai, sobrevém um acontecimento que marcará época. Convidada pela sra. Mao, a Sinfônica da Filadélfia, sob a direção de seu regente Eugene Ormandy, efetua a primeira turnê à China de uma orquestra americana desde o começo da Revolução Cultural. Ela escolheu pessoalmente o programa do concerto que a orquestra dará três noites seguidas: a *Sinfonia Pastoral* de Beethoven vai ser a peça principal.

Ouvir a Sinfônica da Filadélfia é um sonho. Ela tem a reputação, na China, de ser a melhor do mundo. E eu tenho muita vontade de alargar meus conhecimentos, de não mais trabalhar a música apenas para mim mesma, mas também aprender com músicos ocidentais como se deve interpretar. Evidentemente, o acesso ao concerto é reservado a um público selecionado de soldados, operários e camponeses, e é impensável comprar um ingresso em algum mercado livre. Decido tentar a sorte apesar de tudo. Uma oportunidade dessas não se apresentará de novo tão cedo.

Na noite do primeiro concerto, encontro uma multidão imensa diante da sala. Eu me meto na fila de espera, tentando manter a atitude de uma espectadora certa de entrar. O fluxo vai se desfazendo, a entrada se aproxima. Vejo os espectadores entregarem suas entradas à pessoa da porta. Só me resta deixar a fila às pressas! Uma vez do lado de fora, dou a volta no edifício à procura de outras portas, mas todas estão guardadas. Duas horas mais tarde, o barulho longínquo dos aplausos anuncia o final de minhas esperanças.

Volto no dia seguinte mais determinada do que nunca, como Tamino à entrada do templo de Sarastro, na *Flauta Mágica*; pela segunda vez, as portas estão fechadas para mim. Enquanto olho os espectadores saindo, noto que alguns deles jogam suas entradas usadas no chão e, de repente, uma idéia me vem. Tenho um amigo pintor. Se eu recolher um desses pedaços de papel, será fácil para ele falsificá-lo, colocando a data do dia seguinte.

Enquanto ele apronta a falsificação da entrada, meu amigo faz novamente a mesma pergunta:

— Tem certeza de que quer correr o risco?

— É que tenho muita vontade. Sei o que estou fazendo.

— Bom. Mas se for apanhada, não diga que fui eu — conclui, brincando.

Chegada a noite, vou de novo ao concerto, excitada, porém inquieta. Pois meu estratagema só pode funcionar com uma condição: que haja ao menos um espectador ausente! Passo pelo controle e me dirijo imediatamente para o banheiro — o melhor local para aguardar. Depois, quando ouço pelo barulho que diminui que todos os espectadores entraram, volto para a sala antes que as portas se fechem. Uma olhada rápida: há um lugar livre na última fila. Corro para lá. Eugene Ormandy entra, saúda o público, ergue a batuta. É a primeira vez na minha vida que ouço de verdade um som de orquestra. Que emoção, que timbres, que beleza milagrosa das cordas e dos sopros! Mas o medo me invade de novo. Olho furtivamente à minha volta. E se vierem me prender, o que contar à polícia? O que iria acontecer com meus pais? Estas perguntas me preocupam demais para que eu possa apreciar o concerto. Vou embora frustrada, mas também com o sentimento de ter recebido uma aula de música. Que orquestra! Que esplendor!

A estada em Pequim é também a oportunidade de reencontros. Fico sabendo que mestre Pan passa alguns dias de permissão na capital antes de voltar para seu campo. Vou até o conservatório e bato na porta de seu alojamento. Ninguém. A porta da lavanderia coletiva, ao lado, está aberta. Passo a cabeça pela porta entreaberta e reconheço uma silhueta familiar debruçada sobre a roupa para lavar:

— Mestre Pan!

A silhueta continua atarefada. Ele não me escutou. Eu o chamo outra vez, um pouco mais alto. Ele se vira, me vê, fica surpreso, abalado. Um instante depois, um grande sorriso ilumina seu rosto:

— Zhu Xiao-Mei!

— Vim cumprimentá-lo.

Ele se aproxima de mim, me observa.

— Você sabe — diz finalmente —, é a primeira vez desde o começo da Revolução Cultural que um de meus alunos vem falar comigo.

Passamos a tarde juntos. Ele tem agora dois filhos. Fala de sua permanência no campo e me explica que também foi acusado de fazer parte do Movimento dos Quinhentos e Dezesseis e privado de sono até fazer confissões — falsas, evidentemente. Eu lhe conto que levei meu piano para Zhangjiako. Ele fica preocupado comigo.

— Sou muito reconhecida ao senhor — digo. — Cada vez que toco, penso no senhor.

Quer saber que peças estou tocando. Podemos confiar um no outro, posso sentir, então eu lhe falo da minha autocrítica, a que tive que fazer no conservatório, já faz tanto tempo, agora.

— O senhor se lembra?

— Como pode querer que eu esqueça? — Eu era obrigado a estar ali, e não me orgulho disso. Mas, ao mesmo tempo, naquele dia, observando você, bem no fundo, eu disse a mim mesmo: um dia, talvez ela venha a se tornar uma verdadeira artista. Ela pode.

Nós nos despedimos.

— Preste atenção no que faz — me diz em voz baixa quando estou indo embora.

Minha mãe voltou de Xangai transformada. A permanência na sua cidade natal a acalmou. Chega a dar a impressão de estar curada. Decido então voltar para o campo de Dayu. Desta vez ninguém veio me procurar, mas eu temo por meu futuro. Fui com efeito advertida de que, se meu comportamento fosse satisfatório, teria a possibilidade de sair do campo e obter um emprego. Tenho medo, se não voltar pela minha vontade, de ser obrigada a acabar meus dias em Zhangjiako.

De volta ao campo, percebo que a disciplina derreteu como neve ao sol. Nos meses seguintes, o ritmo das partidas se acelera. Sinal da evolução advinda nas nossas relações, não sentimos mais nenhuma inveja quando um de nós tem a sorte de ser libertado. Ao mesmo tempo, ver partir um a um todos os meus companheiros me desanima. Eu me sinto perdida, sem vontade e cada vez mais sozinha. Tínhamos acabado por lutar todos juntos e por desenvolver entre nós relações de amizade profundas: cada partida destrói um pouco desse edifício tão pacientemente construído. No final, de uma centena que nós éramos, não somos agora mais do que uma dezena em Dayu e eu infelizmente me incluo entre estes últimos.

Nenhuma explicação me é dada, mas eu vejo bem o porquê desses anos de campo suplementares: meu status de *chushen buhao*, minhas fugas para Pequim, minhas idas e vindas da casa do antigo ator que não passaram despercebidas e, é claro, minha atitude em relação à música. Eles me deixaram tocar, oficialmente, as *yangbanxi*, mas nossos guardas não foram assim tão bobos quanto quisemos acreditar.

Finalmente, um dia, durante o inverno de 1974, a administração do campo me anuncia que encontraram uma alocação para o recomeço das aulas em setembro: professora na escola normal de Shijiazhuang, uma cidade sem grande interesse nas proximidades de Pequim, onde terei o encargo de ensinar piano a calouros, como matéria facultativa. Like foi nomeado para o Conservatório de Pequim. Huang Anlun trabalha na Ópera de Pequim — como a sra. Mao protege esta instituição, ele tem direito a roupas chiques, a uma comida melhorada, e até a brioches. Mas para mim propõem um dos piores postos imagináveis. Tento protestar. O que vou fazer em Shijiazhuang?

— Já estamos sendo bem gentis lhe dando isto! — me respondem. — Você fugiu duas vezes. E saiba que se recusar ir para lá, vamos cortar seu salário e você não terá mais tíquetes de racionamento para comer.

Em Pequim, para onde voltei para cuidar da minha mãe, cuja saúde continua ruim, eu peço conselho.

— Recuse — me diz minha mãe. — Eu divido meus tíquetes com você.

Passo três meses em Pequim e depois volto a Zhangjiako para apanhar minhas coisas. Apenas sete pessoas ainda estão detidas lá.

Estamos no final do inverno de 1974. Eu passei cinco anos da minha vida em um campo.

Eu deveria estar feliz por deixar Zhangjiako, mas meu futuro não o permite. Durante anos, não tive senão um objetivo: recuperar a liberdade. Hoje eu a tenho, mas o que vou fazer com ela? Não tenho profissão, não tenho salário, sequer tenho tíquetes para me alimentar. Dependo de minha mãe, cujo estado de saúde frágil me faz ficar em Pequim.

Em Zhangjiako, nós estávamos todos em um mesmo plano, éramos todos iguais. Hoje, isto não é mais verdade. Há de um lado os que têm a sorte de terem tido uma *fenpai* — uma "alocação" — interessante, e de ocuparem um verdadeiro posto. Há aqueles cuja carreira artística foi destruída pelo campo, como os dançarinos e dançarinas que mudaram de estrutura física a ponto de não poderem mais subir no palco. E por fim os que, como eu, têm a impressão de serem rejeitados por seu país.

Sim, eu estou livre, mas cheia de angústia e amargura. Olho para trás. Penso nos anos perdidos, na música que não toquei, nos livros que não li, na afeição que não pude dar aos meus, na minha avó que morreu sozinha, no meu pai que eu suspeitei ser um espião. Penso também na dignidade de que fui privada. Nos atos que cometi.

14

De Mao a Mozart

Há somente uma única beleza, a da verdade que se revela.
(Rodin, *A Arte*)

— Você não está cansada? Então continue.

Eu acabo de tocar a *Sonata Appassionata* e continuo com o *Concerto nº 2* de Rachmaninoff.

— Eu sei por que você não está cansada — fala mestre Pan, rindo, assim que eu termino. — É porque você não está dentro. Não está emocionada, não está tocando com o coração. Não está mais fazendo trabalhar sua imaginação como eu ensinei a você. Lembra-se?

Eu encontrei meu antigo professor alguns dias antes. Ele também voltou definitivamente do campo.

— Gostaria de revê-lo, de lhe mostrar o que eu trabalhei em Zhangjiako. Será que poderia passar na sua casa? — eu lhe perguntei.

Nós nos encontramos agora, os dois, 11 anos depois de eu ter tocado para ele pela última vez.

— Nós vamos trabalhar de novo juntos — me diz mestre Pan. — Mas vamos fazê-lo em um local discreto. Não quero complicações. Há um pequeno estúdio em um dos edifícios do Conservatório onde estaremos tranqüilos. Vou mostrá-lo a você. É lá que deveremos nos encontrar. Será necessário guardar segredo.

Mesmo que esteja satisfeito com todo o trabalho realizado em Zhangjiako, mestre Pan acha que eu desenvolvi um toque mecânico, que estou tocando mais alto e mais depressa do que antes de partir.

— Zhu Xiao Mei — me diz —, Rachmaninoff está bem, mas nós vamos voltar a coisas ao mesmo tempo mais simples e mais difíceis. Bach, sua *Fantasia Cromática e Fuga*, e sobretudo Scarlatti.

Corrigir sem ferir: o tato de mestre Pan resistiu à Revolução Cultural.

Que felicidade trabalhar novamente com ele! Que felicidade também reencontrar meu piano, que uma amiga me enviou de Zhangjiako e eu mandei restaurar, tanto quanto possível! Por outro lado, minha vida cotidiana em Pequim é sombria. Minhas irmãs não voltaram de seus exílios. Meu pai também não, mesmo que tenha a partir de agora a possibilidade de voltar uma vez por mês para uma breve visita — durante a qual ele quase não fala: ele parece ter se colocado entre parênteses na vida. Mesmo quando receber finalmente autorização para permanecer em Pequim, permanecerá sob vigilância.

Só sobrevivo graças aos tíquetes de racionamento de minha mãe.

Mas eu tomei uma decisão, a de trabalhar, trabalhar sempre, a cada dia, a cada hora, a cada minuto para recuperar o tempo perdido, aprender tudo que nunca me ensinaram durante os dez últimos anos. Cansei de ver companheiros meus que foram para o interior renunciarem para sempre a seus estudos. Digo a mim mesma que, ficando em Pequim mesmo em condições tão miseráveis quanto as minhas, tenho pelo menos esta oportunidade: descobrir, aprofundar, vasculhar tudo de que me privaram, da teoria musical ao inglês. Estudar, me preparar para hipotéticos concursos, não tenho senão esta idéia na cabeça.

Neste louco empreendimento, todo mundo me apóia, mestre Pan, é claro, mas também meus amigos fiéis: Huang Anlun, a mulher dele, Ouyan, Like.

Ouyan, que trabalha na Escola do Balé de Pequim, esforça-se para me fazer entrar lá como acompanhadora:

— Xiao-Mei, você não pode ficar sem nenhum meio de subsistência — ela não pára de me repetir.

Tão boa lobista quanto talentosa pianista, ela fala em meu nome. Lao Xue, o presidente da universidade de meu pai, que já fez tanto por ele, intervém também a meu favor com toda sua autoridade. E, graças a eles, num belo dia de 1975, eu recebo uma alocação na Escola do Balé de Pequim. Eu sou acompanhadora; o que quer dizer que, durante várias horas seguidas, vou acompanhar ao piano dançarinos muito jovens, alguns ainda não adolescentes, para os quais devo compor a cada dia músicas e programas novos que repito indefinidamente. Enfim... ao menos de agora em diante tenho do que viver.

Estou trabalhando há alguns meses na Escola do Balé de Pequim quando encontro lá uma de minhas amigas, Weizhao. Ela tem uma novidade para me anunciar: seu irmão e sua irmã acabam de fugir para Hong Kong atravessando o mar a nado. É a primeira vez que ouço falar deste tipo de evasão — ficarei sabendo mais tarde que a cada dia são centenas que tentam deste modo a aventura. Essa história me obceca. Eles conseguiram. Devo pensar nisso. Eu me informo discretamente: são necessárias seis horas para um nadador muito treinado atravessar o estreito que separa a China de Hong Kong. Passado esse período, a maré sobe e a distância a percorrer aumenta também. Eu sou ruim em esportes; sei disso desde minhas aulas de dança no conservatório, mas quem sabe se com um bom treinamento eu não poderia conseguir?

Um projeto como este requer preparação. Todas as manhãs às seis horas eu vou nadar, faço aulas, nado distâncias. Estudo também inglês cada vez com mais afinco. Compro um quadro-negro no qual escrevo todos os dias as vinte novas palavras que devo aprender. Pois não vou passar a minha vida inteira acompanhando os exercícios de dança de crianças. De uma maneira ou de outra, eu partirei.

Enquanto maquino meus planos de evasão, mestre Pan tem uma outra idéia na cabeça. Num dia em que estamos trabalhando juntos, ele me diz:

— Você se lembra quando nós preparávamos seu primeiro recital no conservatório? Nós não pudemos chegar até o fim. Vamos fazê-lo agora. Na Escola do Balé de Pequim você tem uma grande sala, um piano de cauda. Lá vai ser possível.

Fico atônita. Aquele primeiro recital era para ter acontecido há 13 anos, se as circunstâncias tivessem permitido. Penso outra vez no programa que tínhamos então na cabeça: a *Sonata Patética* de Beethoven, o *Concerto nº 23* de Mozart, que eu tanto trabalhara com ele, o *Opus 25 nº 3* de Chopin. A música ocidental não continua proibida? Mas eu confio nele. Trabalho meu programa: algumas sonatas de Scarlatti, a *Sonata nº 18* de Beethoven, estudos de Liszt e as *Variações Sinfônicas* de Franck. E falo aos meus amigos:

— Vamos fazer às quatro horas, discretamente. Guardem bem o segredo.

Naquela tarde da primavera de 1976, a sala do Balé de Pequim está estourando de gente. Como se fosse um segredo, o boca a boca funcionou a todo vapor: um concerto foi organizado em Pequim, dizem os iniciados, um dos primeiros, possivelmente o primeiro desde a Revolução Cultural. Cheguei a ter alguma vez na vida um público assim tão ávido de música?

Tocar música, ouvi-la, transforma-se para mim, para nós, em obsessão. Nem todos os discos foram destruídos durante a Revolução Cultural, dizem. Endereços circulam, notadamente o de um professor da universidade de Peita, de pessoas que conseguiram salvar alguns tesouros. Huang Anlun transformou-se em colecionador, comprando tudo que pôde. Quanto a mim, investi todas as minhas economias na compra de um toca-discos, e corro Pequim à procura das tais poucas gravações que foram salvas da destruição, particularmente as do maravilhoso Emil Guilels, pianista tão poderoso e tão sensível ao mesmo tempo que padece um pouco à sombra de Richter.

O mundo da arte começa a fervilhar depois de ter ficado tanto tempo prisioneiro sob uma tampa de chumbo. Foi por isso que meu piano me acordou em plena noite, naquele 28 de julho? Ou foi para nos alertar? Emana dele um som esquisito, surdo e grave. Eu me levanto; ele se deslocou sozinho até o meio do cômodo. Meus pais também acordaram. Um clamor sobe progressivamente da rua. Um terremoto! Enquanto corremos para fora de casa, penso no piano que estou abandonando atrás de mim.

Mas, por felicidade, nossa casa vai resistir ao sismo.

O terremoto de Tangshan, que fez centenas de milhares de mortos, parece a muitos chineses o sinal anunciador de um acontecimento importante, de uma mudança de dinastia iminente. De fato, na tarde do dia 9 de setembro, quando estou chegando na Escola do Balé, transmitem-nos um comunicado:

"Grande líder, estimado e adorado, de nosso Partido, de nosso exército e dos povos de todas as nacionalidades de nosso país, o camarada Mao Tse-tung, o mestre do proletariado internacional, dos povos e das nações oprimidas, morreu..."

Ao entrar em casa, no final do dia, encontro meu pai de cama, o rosto pálido, a respiração ofegante, como se tivesse tido um mal-estar cardíaco.

— Xiao-Mei, estou com medo. Tudo vai recomeçar como antes.

Acabaram de alertá-lo: o presidente Mao morreu, sim, mas que ele não procure se aproveitar da situação! Estou tentando tranqüilizá-lo quando batem na porta. Meu pai tem um sobressalto. Vieram buscá-lo, com certeza. Apago a luz do quarto dele e vou discretamente até a entrada; quem poderia estar nos visitando uma hora daquelas? Não estamos esperando ninguém. Ouço uma voz fraca atrás da porta:

— É Huang Anlun.

Eu abro. Huang Anlun está lá, com Ouyan.

— Você tem vinho para a gente festejar? — cochicha.

Eu lhes abro um grande sorriso.

— Entrem!

Após a morte de Mao, as tensões políticas estão vivas: uma luta política se trava entre Hua Guofeng, de um lado, e o bando dos Quatro e especialmente a sra. Mao, do outro, luta que termina com a prisão destes últimos. Mas esse período de tensão é também um período de abertura e de reformas.

Em 1977, as universidades recuperam um funcionamento há muito tempo esquecido: os exames de admissão voltam a se basear nas aptidões e conhecimentos e não mais nas origens familiares ou em critérios políticos. O Conservatório de Pequim reabre as portas e anuncia-se a organização dos primeiros concursos de admissão normais depois de mais de uma década.

Eu não hesito um único segundo: tenho que voltar para lá, tenho que concluir meus estudos! Aguardo esse momento há muito tempo. Todas as frustrações acumuladas nos últimos anos explodem. A inexistência de partituras em Zhangjiako, a necessidade de recopiá-las ou de organizar tabelas para compartilhar seu uso. A obrigação de me esconder para estudar com mestre Pan ou para tocar em público. A inexistência de discos e concertos: nestes últimos anos, não pude assistir senão a uma única verdadeira manifestação, a da Orquestra Sinfônica da Filadélfia, e ainda assim em que condições! No conservatório tudo será diferente

Xiao-Mei aos nove meses, nos braços de sua mãe. A família acaba de deixar Xangai para ir morar em Pequim.

Os pais de Xiao-Mei em Xangai, na época em que se casaram.

A avó materna de Xiao-Mei. "Alegre, espontânea, generosa, ela sempre foi o pilar da família."

O avô paterno de Xiao-Mei, um homem fascinado pela cultura ocidental.

Uma família que o regime rotula como sendo de "má origem": Xiao-Mei no meio de suas quatro irmãs. A mudança no vestuário dos pais é notável: à elegância dos anos passados em Xangai sucede a austeridade da era Mao.

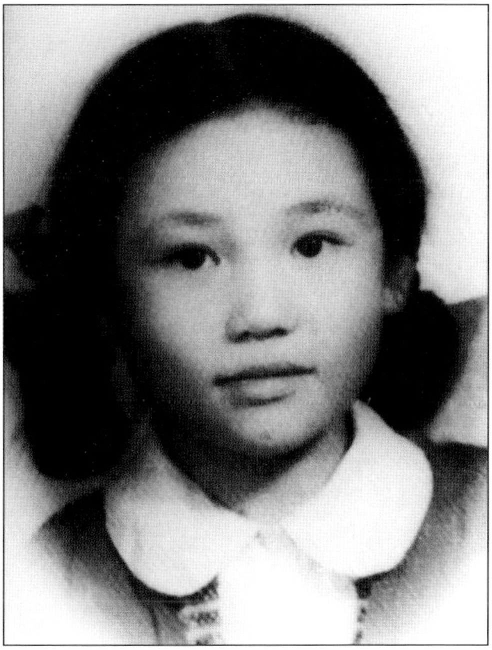

Xiao-Mei tem 5 anos e começa a tocar piano. Seus dotes de pianista serão logo percebidos: ela fará muitas participações em programas de rádio e televisão...

Xiao-Mei tem 19 anos. A Revolução Cultural arruinou sua carreira de pianista. Ela não tem nenhum sonho maior do que se transformar em uma boa revolucionária e, como seus companheiros, despreza a música clássica ocidental.

Hua Bing Zheng, apelidado de "Mamãe Zheng", por ter dedicado sua vida ao bem-estar dos alunos do Conservatório de Pequim. Ele se suicidará durante a Revolução Cultural, após ter sido denunciado publicamente por possuir origens burguesas.

Pan Yiming, "mestre Pan", professor do conservatório e primeiro mestre da jovem pianista. Xiao-Mei o reencontrará ao voltar para a China, em 1992.

Aizhen no meio de um grupo de alunos do conservatório (no centro, com óculos, durante uma viagem para "estabelecer contato com o proletariado"). Quando Xiao-Mei foi condenada ao ostracismo por comportamento anti-revolucionário, Aizhen foi a única que não a abandonou.

Xiao-Mei chega ao campo de reeducação, nas fronteiras da Mongólia Interior, em Zhangjiako. Ela acredita estar lá para completar, em alguns meses, sua formação de revolucionária. Não sabe ainda que será vítima de uma obra de destruição mental que durará cinco anos.

Em 1973, a disciplina no campo fica mais branda. Tendo convencido o chefe do campo de que ela ensaiava óperas revolucionárias da sra. Mao, Xiao-Mei pode voltar a tocar piano: na foto, ela toca um concerto de Rachmaninoff.

Uma partitura do *Cravo bem Temperado* de Bach. Como as obras dos compositores ocidentais eram proibidas, Xiao-Mei copiou-a clandestinamente durante as aulas de estudo do Pequeno Livro Vermelho de Mao, escondendo-a nas pregas de seu casaco.

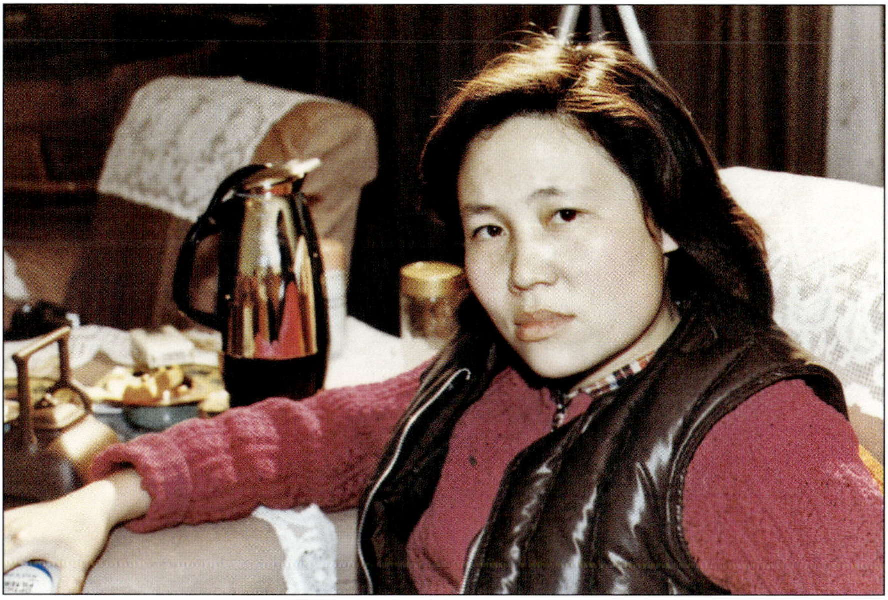

O último dia na China comunista: Xiao-Mei vai deixar seu país no dia seguinte para encarar o mundo desconhecido. Ela está com o pulôver rosa que sua mãe tricotou – pulôver que sua prima irá jogar no lixo imediatamente após a chegada de Xiao-Mei a Hong Kong. "Isto é comunista demais", ela lhe diz.

Tom e Greg, dois amigos de Xiao-Mei de Brattleboro (Vermont, Estados Unidos). Eles lhe darão um presente precioso: um casamento arranjado, graças ao qual ela não será expatriada para a China com a expiração de seu visto.

A peregrinação que põe Xiao-Mei à beira das lágrimas: a igreja de São Tomás, em Leipzig, onde Johann Sebastian Bach era *Kantor* (2002).

Xiao-Mei, em Praga, ao piano que foi tocado por Mozart.

Em Varsóvia, Xiao-Mei toca, em um concerto público, uma mazurca de Chopin (1986).

As mãos de Xiao-Mei sobre o piano. Mãos "pequenas demais", ela pensava, "para tocar piano". "As mãos pequenas são as mais velozes", respondia seu mestre Pan Yiming.

e os anos de trabalho penoso que estou vivendo desde meu retorno de Zhangjiako encontrarão finalmente sua razão de ser.

Corro para o conservatório para retirar um formulário de inscrição. Impossível: a idade limite para entrar lá está fixada em 25 anos. A decepção é atroz. Trabalhei tão duramente estes últimos anos, fiz tantos sacrifícios, sem muitas vezes sequer ter o que comer... E dizem que não me querem sem mesmo me deixarem fazer o exame de admissão. Corro à casa de mestre Pan, que me encoraja com vigor:

— Vá ao Ministério da Cultura. Insista, não vá embora enquanto não tiver ganho de causa.

Com quatro camaradas que se encontram na mesma situação que eu, vou fazer o cerco ao ministério, organizando uma greve branca cujo slogan é simples:

"Se tivermos o mesmo nível que os mais jovens, que eles sejam admitidos, mas se nós formos melhores, admitam-nos!"

Estamos prontos para tudo, e é tão óbvio que terminam nos escutando. Recebemos a autorização para prestar o concurso de admissão aos cursos superiores. Eu revivo.

Tenho três meses para me preparar. Três meses para recuperar o tempo perdido — dez anos! Todas as faixas de idade estão concorrendo, em uma horrível competição. Harmonia, contraponto, análise musical, mas também chinês, chinês antigo, inglês, ciências políticas: eu trabalho dia e noite.

Faltam livros, mas os professores do Conservatório, os mesmos que alguns anos antes tinham sido condenados a limpar banheiros, nos dão gratuitamente todas as aulas que queremos, fazem o impossível por nós. Eu analiso todas as sonatas de Beethoven, detalhadamente, com uma das raras professoras do Conservatório que se formou na Alemanha.

— Você vai passar — ela me diz um dia.

Eu me sinto estimulada por seu encorajamento. Na Escola do Balé, eu acompanho os jovens bailarinos ao mesmo tempo que leio livros de inglês ou de ciências políticas. Minha mãe me leva o almoço para que eu perca o menos tempo possível, a ponto de um professor terminar compreendendo minha situação e me mandar para casa:

— Vá trabalhar. Nós treinaremos sem música.

Mestre Pan me dá uma aula todos os dias. Todos os meus amigos, cuja maior parte desistiu de retomar os estudos, me apóiam.

O dia do concurso chega. Eu não quis dizer a data a meus pais. No meu programa estão incluídas a *Fantasia* de Schumann e *Prelúdio*, uma peça composta por Huang Anlun em homenagem a um de seus amigos, *chushen buhao*, "ser de má origem" que a Revolução Cultural destruiu. Quando me deu sua composição pela primeira vez, Huang Anlun me disse:

— É uma música que descreve a revolta de um animal enjaulado.

Conseguir inscrevê-la no meu programa de concurso me dá a impressão de ser invencível. Por intermédio desta peça, minha geração inteira grita sua revolta. Eu a toco com tamanha energia que, pela primeira vez na minha vida, parto, tocando, uma das cordas do Steinway do conservatório. Desafiando o regulamento que proíbe qualquer manifestação, os espectadores do segundo balcão aplaudem. Todos os meus amigos estão lá. Eles compreenderam a emoção que eu queria exprimir, em nome de todos nós.

No dia seguinte, chega o anúncio dos resultados. Quatro nomes estão escritos em um papelzinho vermelho preso na parede, na entrada do conservatório. Eu me aproximo. Meu nome está lá, no meio dos três outros. Vitória! Afinal eu estava certa ao não aceitar a *fenpai*, a "alocação", quando voltei de Zhangjiako. Estava certa ao preferir a miséria, a recusa, o trabalho obscuro. Graças à minha obstinação, vou poder retomar meus estudos! Corro para casa para anunciar a novidade a meus pais. Mas eles, que não se deixaram enganar pela minha atitude dos últimos dias, já sabiam: tinham ido às escondidas até o conservatório. Minha mãe preparou uma refeição de festa.

— Estou muito orgulhoso de você — me diz meu pai.

Finalmente, uma de suas filhas consegue chegar aos estudos superiores, encontrar um lugar honroso em seu país. Para ele é uma magnífica desforra.

Enquanto a situação se normaliza progressivamente no ensino, os domínios cultural e artístico se beneficiam também da política de abertura.

Os intelectuais, de volta de seus *shangshan xiaxang*, se reúnem e publicam textos freqüentemente de duplo sentido. Huang Anlun me introduz nos meios editoriais, onde fico conhecendo Xiaoqin, uma jovem editora com a qual simpatizo imediatamente. Ela escreve poesia, lê para mim suas obras, vem me ouvir tocar, me apresenta intelectuais que militam a favor da democracia. Ela está muito apaixonada por um francês com quem quer se casar e partir para a França.

Alguns livros ocidentais reaparecem. A conselho de um amigo pintor que me falou dele com entusiasmo, troco uma tradução de *A Arte* de Rodin por dois anos de aulas de piano gratuitas. Rodin fala apenas das artes plásticas, mas o que ele exprime corresponde perfeitamente à minha experiência musical. Posso transpor suas reflexões para a música e me nutrir delas; esta aqui, por exemplo: "O desenho e o estilo verdadeiramente belos são os que sequer pensamos em exaltar, de tanto que somos subjugados pelo interesse por aquilo que exprimem. Dá-se o mesmo com a cor. Não há realmente nem belo estilo, nem belo desenho, nem bela cor: há apenas uma única beleza, a da verdade que se revela."

Teng Wenji prepara seu primeiro filme, *Os Tremolos da Vida*, que vai testemunhar corajosamente a catástrofe cultural a que foi submetida a música na China sob a influência da sra. Mao. Nós nos vemos com muita freqüência porque ele tem um filho agora, um menininho muito doce a quem eu ensino piano, como ele desejara em Zhangjiako. Eu me abro muitas vezes com Teng Wenji sobre meus sonhos de partida.

— Não vá embora — ele me diz. — Há tanta coisa para fazer aqui.

Meus outros amigos me dizem a mesma coisa:

— Você precisa amar o seu país. Precisa ficar.

Eu amo meu país, mas tenho a impressão de que ele não me ama.

Em conseqüência da visita de Richard Nixon, a influência americana é reforçada. Dentre os poucos filmes que é possível se ver, dois marcaram profundamente os jovens de minha geração: *Love Story* e *Fernão Capelo Gaivota*. O amor, o idealismo! Não são obras-primas, mas nos fazem sonhar. Como os roteiros são escritos baseados em livros que também estão disponíveis, depois de vermos e revermos os filmes podemos ler e reler os livros. A história de Fernão Capelo Gaivota, do pássaro que não quer viver como todo mundo, que sonha em voar mais alto do que todos os outros mesmo que venha a morrer, me perturba particularmente. Os Estados Unidos evocam para mim apenas belos sentimentos, belas idéias. Que sorte têm os que vivem nesse país!

Depois da Orquestra da Filadélfia, é a vez da Orquestra Sinfônica de Boston efetuar uma turnê pela China. Ela é dirigida por Seiji Ozawa, japonês, certo, mas considerado chinês pelo público, pois nasceu na Manchúria. Ele vai deslumbrar a todos regendo de memória obras contemporâneas chinesas, e começa a chorar quando descobre a surpresa que lhe foi reservada no final do concerto: instrumentos tradicionais chineses tocam em sua homenagem.

No domínio musical, a influência cultural americana chega ao auge com a visita à China, em 1979, do célebre violinista Isaac Stern. Ele veio dar *masterclasses* no conservatório. Um filme resultará dessa experiência, *De Mao a Mozart*, que fará um grande sucesso no Ocidente. Isaac Stern se mostra muito severo com os estudantes chineses que tocam para ele; critica duramente sua maneira de fazer música ocidental, não compreende o sentido de suas interpretações, não detecta nelas os sentimentos corretos. A razão? A Revolução Cultural destruiu tudo — a prova é que apenas alguns estudantes muito jovens, que foram preservados, escapam às críticas. Quando ele mesmo faz uma apresentação, em que toca um dos concertos para violino de Mozart, o abismo que separa sua interpretação das dos estudantes chineses aparece em sua ofuscante claridade. Ele dá a impressão de falar, e de uma maneira tão tocante! Cada vez mais claramente, eu sonho em estudar com os grandes mestres ocidentais.

Eu quero partir. E para os Estados Unidos, o país da liberdade.

A direção do conservatório tenta me dissuadir. Devia ficar, me dizem, a China está sendo reconstruída, ela não pode se permitir deixar partir seus novos diplomados. Durante semanas eu insisto, me aferro. Em vão. Não tenho autorização para partir. Mas, felizmente para mim, filhos de dignitários bem colocados no regime estão preparando projetos semelhantes. Para esses jovens nada será recusado, lógico. E é assim que, um belo dia, eu obtenho ao mesmo tempo que um grupo deles o "abre-te sésamo" tão esperado. Eu transpus o primeiro obstáculo.

Outros se seguem, e eu vou passando um a um. Um primo da minha mãe que vive em Hong Kong me dá o nome de seu filho instalado em Los

Angeles, Chen, que se propõe a me acolher. Depois obtenho o apadrinhamento necessário para a obtenção do visto: do Californian Institute of Arts, ao qual eu fiz chegar a gravação que consegui realizar no único gravador de que disponho. É então que as coisas começam a se complicar... A administração chinesa, que deve conceder seu aval, deixa o dossiê se arrastar. Semanas se passam, umas depois das outras, e minha angústia aumenta tanto que eu adoeço. Depois é a vez da embaixada dos Estados Unidos me torturar. Nada avança... até que um dia eu tento o "é tudo ou nada".

Um amigo australiano acaba de conseguir me pôr em contato com o embaixador dos Estados Unidos na China. Sem refletir, eu seguro o aparelho e balbucio algumas palavras em inglês:

— Preciso de ajuda. Já faz várias semanas que estou à espera. Os senhores me recusaram o visto diversas vezes. Quero lhe falar pessoalmente.

No dia seguinte eu estou na sala do embaixador.

— O senhor não consegue imaginar o que foi a minha vida...

Ele me interrompe.

— Eu sei de tudo — diz ele em chinês perfeito. — Sei tudo que se passa neste país. Sei o que a senhora teve que suportar. Não há necessidade de me contar. Vai obter o seu visto, e já.

Voltando para casa naquela noite, sou tomada por um sentimento de alívio indescritível, um sentimento de vitória que imediatamente me fará esquecer todo o resto. É com um sorriso de felicidade que eu dou a notícia:

— Mamãe, consegui! Tenho meu visto! Consegui!

Mas minha mãe não sorri. Sequer me responde. Simplesmente vira as costas, sem uma palavra. Em menos de um segundo eu a compreendo. E sinto culpa: como posso ter me esquecido? Claro, ela me encorajou a partir, apoiou todos os meus procedimentos, mas a realidade está ali, cruel: eu ganho a liberdade, ela perde uma filha.

Contudo, nada altera minha decisão. Estamos a alguns dias do ano-novo chinês, mas eu não vou esperar. Quero partir o mais rápido possível, fugir. Para sempre.

* * *

Tenho meu visto, mas como comprar uma passagem de avião para Los Angeles? E os presentes que preciso levar para os meus primos? Temos tão pouco dinheiro. Uma noite, enquanto estamos em plenos preparativos, minha mãe me diz:

— Eu pensei bastante. Não vejo senão uma solução: vender o piano. O instrumento agora voltou a ter valor. Todo mundo quer tocar música outra vez. Os pianos são raros e muito procurados.

Fazemos alguns contatos em Pequim. Efetivamente, é fácil para nós encontrar um comprador.

— Iremos buscá-lo na próxima segunda-feira à noite — ele nos fala, depois que entramos em acordo com ele.

No dia marcado, às sete horas da noite, ele se apresenta junto com três carregadores, um envelope na mão contendo a quantia estabelecida.

— Não, eu não consigo — declara-lhes simplesmente a minha mãe. — Ela acrescenta, virando-se para mim: — O piano é você. Se você nos deixa e o piano também, você parte duas vezes. É demais para mim.

E o piano fica na nossa casa. Como pude aceitar a proposta da minha mãe? Como pude cogitar de vender meu companheiro de cativeiro, a quem eu prometera para sempre, na estação de Zhangjiako, jamais abandonar? A passagem para Los Angeles eu pagarei trabalhando durante alguns meses em Hong Kong, pronto.

Chega o dia da partida. Minha mãe não tem forças para me levar à estação. Até o último minuto, ela alimentou a esperança de que eu passasse o ano-novo em família, de ganhar ainda alguns dias antes de nossa separação. Mas, da minha parte, tenho um único medo: que confisquem meu visto. No momento de sair de casa, meu pai — que até então permanecera silencioso a respeito do meu projeto — me diz:

— Fique nos Estados Unidos, não volte. Aqui não há justiça. Lá, ao menos uma pessoa da família se salvará.

É tudo. Permanecemos fiéis ao nosso pudor: não houve entre nós nem adeus, nem abraços. Uma amiga me acompanha à estação. Nós nos despedimos, eu subo em um vagão, me sento diante de um ocidental que parece um americano, e o trem para Hong Kong começa a andar.

Sinto a garganta apertando e os soluços subindo. "Nunca se deve chorar", me dizia minha mãe. "Se sentir que não consegue mais se segurar, esconda-se." Olho à minha volta. O vagão está vazio ou quase, é como se eu estivesse sozinha. Não conheço ninguém, ninguém me conhece. Do outro lado da janela, os subúrbios de Pequim vão se afastando. Então, de repente, o dique se rompe e eu me deixo submergir. Acabou. Deixo correr as lágrimas sem retê-las, sem enxugá-las. Eu choro e continuo chorando, como nunca tinha feito antes, como uma criança.

Estamos no dia 1º de fevereiro de 1980.

15

Uma gaivota em Hong Kong

Pátria, eu não tenho mais.
Os meus, ignoro-os.
Sou um excluído.
(Richard Bach, *Fernão Capelo Gaivota*)

Eu choro tanto que se torna contagioso. O americano sentado à minha frente e a jovem garçonete do vagão tentam, em vão, me consolar e até eles terminam com lágrimas nos olhos. Entre dois soluços, eu lhes conto um pouco da minha história. Apenas por seus olhares, eu vejo que me compreendem. Contemplo infinitamente as paisagens. É a última vez que eu as vejo, preciso gravá-las na memória, porque depois será tarde demais.

Minha mãe preparou para mim uma bolsinha dentro da qual pôs todas as especialidades de que eu mais gosto. Foi a última coisa que ela pôde fazer por mim e a última que fará na vida. Mas me sinto incapaz de engolir o que quer que seja. Dou tudo aos meus dois companheiros de viagem.

Mergulho nos meus pensamentos, pensando no que disse meu pai: "Não volte... pelo menos uma pessoa da família se salvará." Ele mesmo me estimula a partir. Mas o que vai acontecer com eles? E o que será de mim, sem eles?

Depois me interrogo sobre a travessia da fronteira. E se eu for mandada de volta, retida, presa? Sou tomada por um mau pressentimento. Finalmente cai a noite, como uma cortina sobre as paisagens da China, como um cochicho no meu ouvido: "Olhe para elas, estão desaparecendo para sempre."

* * *

Depois de um dia e uma noite inteiros de viagem, nós chegamos à fronteira. É preciso descer para passar pelo posto policial e atravessar a pé a ponte que separa a China de Hong Kong. Tinham me prevenido: uma palavra a mais, um gesto inconveniente, uma atitude suspeita e tudo pode acabar. É uma loteria que decide seu destino.

Olho uma última vez para a China. Penso mais uma vez nestes trinta anos passados no meu país natal, na escola de música, no conservatório, em Zhangjiako. Dentro de alguns instantes, se tudo correr bem, tudo vai virar de cabeça para baixo. Se tudo correr bem... Respiro fundo e me dirijo à ponte ao encontro da polícia chinesa. Olho para a frente, evitando os olhares. Chego diante dos policiais chineses. Eles pegam meus papéis, me devolvem. Nem uma palavra, nem um sinal. O que têm dentro da cabeça? Todo o tempo que estou diante deles, e mesmo quando viro as costas para me afastar, tenho a impressão de que, no segundo seguinte, eles vão me chamar, me barrar o caminho.

Mas não, eu passei.

Uma etapa foi vencida, a mais difícil. Só falta uma, mais fácil. Eu me apresento à polícia de Hong Kong.

— Poderia abrir a mochila?

Eu lhes entrego a única pequena bagagem com a qual eu parti, e eles começam a revistar.

— O que é isto?

O policial acaba de extrair um dos presentes que eu comprei para meu primo Chen.

— Um sabre de artes marciais. É um presente.

— É perigoso. Você não passa. Espere.

O policial vai buscar instruções. Os minutos se escoam, intermináveis, e ninguém volta. Eu falo com um dos colegas dele.

— Mas se isto cria problema, eu deixo para você.

Ele se recusa a me ouvir. Três horas já se passaram desde que minha mochila foi aberta. Finalmente um superior chega, olha o sabre...

— Está bem. Você pode ir.

Obedeço depressa. Mas para dizer a verdade, uma vez saída de lá, eu me vejo um pouco perdida: onde estou? Eu me dirijo às pessoas que caminham do meu lado, no meio de uma multidão compacta:

— Poderia me dizer onde fica a ponte Luohu?

Eles me olham espantados:

— Mas a ponte está atrás de você. Você está em Hong Kong. Está livre.

Eu saí do território chinês sem sequer perceber!

Entro em um táxi e dou o endereço com um tom muito seguro. Se virem você hesitar, me advertiram meus primos, arrisca-se a ir direto para a prisão. Há muitos clandestinos atravessando diariamente o estreito a nado.

Alguns minutos mais tarde, toco a campainha deles, no décimo quinto andar de um alto edifício. A porta se abre e lá estão eles diante de mim, calorosos, faladores... Mal se passaram dez minutos que eu cheguei na casa deles e eles me lançam um ultimato:

— Antes de qualquer coisa, Xiao-Mei, você precisa trocar de roupa e ir ao cabeleireiro. Falaremos do resto mais tarde.

Bem depressa me vejo dentro de um quarto vestindo a primeira camisa cintada e o primeiro jeans da minha vida. Minha prima parece aliviada. Ela pega o pulôver rosado com o qual eu viajei. No entanto, eu o escolhera com cuidado antes de partir. Era o mais bonito que eu possuía. E, além disso, minha mãe o tinha tricotado: com as comidas que ela preparara para a minha viagem e algumas fotografias, era a única lembrança que eu tinha trazido dela. Antes que eu me desse conta do que estava acontecendo, minha prima retorna.

— Eu o pus na lata de lixo — ela diz. — Você não podia de jeito nenhum usar um suéter daqueles.

No dia seguinte, parto para a descoberta de Hong Kong. Nunca imaginara tamanha riqueza material, tamanho excesso de oportunidades. As pessoas me convidam, me dão conselhos: "Estabeleça-se aqui, dê aulas e ganhe dinheiro para ajudar sua família", "Você nunca poderá fazer carreira". Já os meus primos enfiam na cabeça que têm de me achar um marido. Sou invadida pela dúvida. O que fazer? Trabalhar e mandar dinheiro para casa? Ou insistir no meu projeto e partir para os Estados Unidos?

Enquanto aguardo a resposta, aceito um emprego: acompanhadora de aulas de dança. Nunca tinha tido um trabalho tão bem remunerado, jamais chegara a imaginar ganhar tanto dinheiro. Observo a vida em torno de mim, confortável, mas ao mesmo tempo tão aborrecida. Informo-me a respeito do ensino de piano em Hong Kong. O nível me parece muito baixo.

É a primeira vez na minha vida que tenho uma escolha a fazer com total liberdade. Pois bem, vou fazê-la. Um mês depois de chegar, minha decisão está tomada. Uma decisão, como tantas outras, mais intuitiva, inconsciente até, do que racional e lógica. Mas a razão nunca me interessou. Não quero fazer como todo mundo: o impossível é muito mais estimulante.

Esta vida em Hong Kong não é para mim. Acontecem muito poucas coisas no plano cultural, e eu tenho sede de tudo, de música, de literatura, de cinema, de pintura. E de todo modo eu não vou querer passar a vida inteira dando aulas de piano para crianças mimadas. E somente por dinheiro. Há tantas coisas mais importantes na vida! É ridículo. Os comunistas desprezam o dinheiro e neste ponto eles têm razão.

Não, não faria nenhum sentido eu parar por aqui, no meio do caminho, sem ir *até o fim*. O que a vida me deu até aqui? Nada. Tenho mais de 30 anos. A Revolução Cultural tomou minha juventude, de mim e de toda minha geração. Quero recuperar o tempo perdido, ver do que sou capaz, até onde posso ir. Sei que é tarde demais para entrar em concursos internacionais, mas paciência. Compreendi que o piano conta para mim mais do que tudo e estou pronta para todos os sacrifícios para vencer na minha vida de artista. Para enfrentar o desconhecido, lutar, renunciar a rever minha família e a formar uma família. Corro o risco de fracassar, talvez. Mas no fundo, eu acredito na minha boa estrela, na sorte. Mais tarde, a decisão me parecerá egoísta. Mas, por hora, a sorte está lançada, a evidência se impõe: assim que tiver economizado o preço da passagem para Los Angeles, eu partirei para os Estados Unidos.

Final de março de 1980, tudo está pronto. Tenho meu bilhete, e Chen me espera em Los Angeles. Eu me despeço de meus primos e de todos os amigos que fiz ao longo de minha estada de dois meses em Hong Kong.

Uma bela manhã, parto para o aeroporto. Penso em *Fernão Capelo Gaivota*, a história do pássaro que sonhava em voar mais alto do que os outros. A Califórnia me aguarda. Os Estados Unidos, o país da liberdade e da opulência, o país onde tudo é possível.

Segunda parte

NO OCIDENTE

16
No país da liberdade

A bondade suprema é como a água,
Que tudo favorece e com nada rivaliza.
Ocupando a posição desdenhada por todo ser humano
Ela está muito próxima do Tao.

(LAO TSE)

— Quem é Lao Tse?

Eu confesso minha ignorância à minha vizinha, uma mulher discreta que sorri sem parar.

Nós começamos a trocar algumas palavras pouco tempo depois da decolagem. Ela me tranqüiliza a respeito da bebida vermelha que nos serviram de aperitivo: não é sangue, é suco de tomate. Quanto à caixinha embalada em papel dourado com a efígie de um tigre, não se trata de *tiger balm*,[1] como acreditei de início, mas alguma coisa que chamam de manteiga, ela me diz. Mas começamos a conversar mesmo depois que eu derrubei minha bandeja de comida em cima de seu vestido.

— Não se preocupe — ela me disse.

Então fiquei sabendo que ela era americana, professora universitária e sinóloga.

Ela tentou outra vez:

— Lao Tsi? Lao Tsieu? Lao Zi?

Nada a fazer, não é uma questão de pronúncia. O problema sou eu, não ela: simplesmente, eu nunca ouvi falar de Lao Tse.

---

[1] *Tiger balm* (Bálsamo de tigre): tradicional ungüento tópico de origem chinesa, próprio para aliviar dores. (N. da T.)

— Eu entendo — ela diz. — Sei o que aconteceu durante a Revolução Cultural.

Então aquela americana me ensina o que eu, uma chinesa, não sei.

— Lao Tse é o maior dos filósofos. Na minha opinião, pelo menos. A vida dele é um mistério. Dizem que viveu no século VI antes de Jesus Cristo e que exercia a profissão de arquivista na corte dos Zhu, durante o período das "Primaveras e Outonos". Ele queria aconselhar o rei, mas não conseguiu. Compreendeu então que a renúncia às vaidades era a via da sabedoria e decidiu se exilar. Chegou à fronteira e, lá, um guarda reconheceu-o e lhe suplicou que não partisse sem ter revelado a quintessência de seu saber. Lao Tse aceitou e escreveu o *Tao Te Ching* antes de desaparecer para sempre. É um contemporâneo de Heráclito na Grécia, precede Platão em um século e, contudo, é muito menos conhecido do que eles. Eu o ensino muito nas minhas aulas. Gostaria que fosse mais conhecido no Ocidente. Precisamos muito dele no nosso mundo de violência.

Ela se levanta sem se dar conta de que eu conheço ainda menos Platão e Heráclito e vai apanhar um folheto dentro da bolsa.

— Vou ler uma passagem dele para você, talvez a de que eu mais goste: "A bondade suprema é como a água, que tudo favorece e com nada rivaliza. Ocupando a posição desdenhada por todo ser humano, ela está muito próxima do Tao."

Eu a olho espantada. Para mim a vida é feita de lutas. De lutas para vencer, sobretudo, e estou indo para os Estados Unidos com este objetivo. Não entendo de verdade o que Lao Tse está querendo dizer: se há um lugar que eu deseje ocupar, é o primeiro, e seguramente não a posição "desdenhada por todo ser humano". Minha vizinha deve ter lido meus pensamentos, pois acrescenta sorrindo:

— Reflita sobre isto. Um dia você verá como é correto.

Quando estamos nos aproximando de Los Angeles, ela me ajuda a preencher o formulário da imigração e me dá seu endereço.

— Moro longe de Los Angeles. Mas não hesite em me telefonar. E não se esqueça, ligue a cobrar.

O avião pousou. Direção à saída. A saída? Mas onde ela está? O aeroporto é tão grande, uma verdadeira cidade! Tive a infelicidade de me afastar alguns instantes do fluxo de viajantes e agora estou perdida. Um elevador me levou a uma cafeteria, e eu não sei mais para onde ir. Avisto um chinês sentado em uma mesa diante de um imenso copo de papel. Eu me aproximo dele, já mais tranqüila:

— Senhor, desculpe incomodá-lo. Estou perdida, tomei o elevador e agora não encontro a saída.

O chinês desgruda a contragosto a boca do canudo enfiado no copo, e me olha com desdém antes de responder com um forte sotaque de Taiwan:

— Pense! Se há um elevador que sobe, deve haver um que desce, não?

Não demoro a compreender sua reação: impossível esconder que eu venho da China Popular, e isto não me torna simpática aos seus olhos. Minha confiança me abandona. Eu não conheço Lao Tse, não sei o que é suco de tomate, e agora não acho a saída do aeroporto. Vagueio ainda durante uns minutos antes de avistar afinal, ao longe, uma mão que me faz sinal: meu primo Chen! Ele veio me esperar com suas duas filhas mais velhas.

Alguns instantes mais tarde, estamos indo em direção a Beachwood, perto de Hollywood, onde a família mora.

— Você sabe — ele me adverte —, muitos chineses emigraram para os Estados Unidos desde o fim da Revolução Cultural. O comportamento deles freqüentemente nos decepciona. Têm vontade de vencer, de ganhar muito dinheiro, mas sem trabalhar.

Penso no meu pai que trabalhou duro toda sua vida sem ganhar nada. Eu o tranqüilizo.

— Vou ganhar a vida por mim mesma. Não farei como eles. Vou dar um jeito.

Enquanto falamos, eu admiro as casas que desfilam diante de meus olhos; todas elas têm aparência de palácios.

Minha prima, Amy, uma mulher encantadora, me espera na porta, com seu bebê mais novo nos braços. Dou uma primeira olhada em torno de mim. A casa é espaçosa e mobiliada com gosto. Mas que bagunça! Eu que vivi em lugares de paredes nuas, de cômodos despojados, fico com a cabeça girando. Um detalhe me impressiona: o chão está coberto de brinquedos, eles estão por toda parte, novos ou quase, mas parecem abandonados. Eu nunca tive brinquedos. Salvo, é claro, a pequena haste enfeitada com uma bandeira vermelha que Mao queria ver nas mãos de todas as crianças da China.

Eu entrego os presentes trazidos da China com os quais meus pais gastaram tanto dinheiro. Amy dá apenas uma olhada nos dois pingentes de jade escolhidos com cuidado por minha mãe. Quanto ao sabre que quase me impediu de passar na fronteira em Hong Kong, ele jamais sairá da embalagem durante toda a minha estada! Meus primos têm outras preocupações.

Meia hora mais tarde, ao descer do quarto onde me instalaram, eu me proponho a arrumar os brinquedos das crianças. Na verdade, é por prazer tanto quanto preocupação com a ordem. Eu os seguro, viro e reviro, adoro pegar neles. Chen me diz, rindo:

— Pegue o que você quiser. Eles têm demais.

Eu vejo uma bolsinha. Chen insiste:

— Vamos, fique com ela se lhe agrada!

À noite, depois do jantar, nós nos instalamos diante da televisão. Em plena crise dos reféns no Irã, o presidente Jimmy Carter se dirige à nação. Eu me esforço para entender o que ele diz, mas meu conhecimento de inglês não me ajuda muito. De repente, Chen me pergunta:

— Entendeu o que ele acabou de falar?

Sou obrigada a confessar: não.

— Ele disse: "*Help me.*" Você não entendeu isto? Mas como você vai fazer para estudar se não compreende nem mesmo palavras tão simples? Vai precisar se dedicar ao inglês.

— Como posso fazer isto?

— Como nós. Veja televisão. E vamos lhe emprestar cassetes de histórias de crianças em inglês. Ouça-as à noite, enquanto estiver dormindo. Não é muito complicado.

Amy intervém:

— Xiao-Mei, você não deveria estudar. Deveria, sim, pensar nos seus pais e dar aulas particulares para poder mandar dinheiro para eles.

— Ou vir trabalhar como ajudante na minha clínica — acrescenta Chen. — A vida nos Estados Unidos oferece aos jovens muitas oportunidades, mas ela é muito dura para os velhos, que vivem freqüentemente isolados de suas famílias. Há uma grande demanda por parte de todos os que precisam ser cuidados. E se paga bem, você sabe.

É duro de ouvir, sobretudo naquela noite, no final do meu primeiro dia. Mas eu compreendo meus primos. Não pertencemos ao mesmo mundo. Chen é um produto típico das famílias emigradas de Hong Kong. Ele fez todos os seus estudos secundários em uma escola britânica antes de seu pai enviá-lo para uma universidade americana. Foi lá que encontrou a futura mulher, uma estudante de biologia vinda de Taiwan. Eles se casaram e depois se instalaram em Los Angeles, onde funciona uma diáspora que permite aos chineses permanecer fiéis à sua cultura de origem. Chen dá aulas de acupuntura gratuitas. Na casa deles, fala-se e come-se como se fosse na China. Mas isto em nada prejudica sua integração na sociedade norte-americana.

No dia seguinte, depois de uma noite sem sono, eu vou à escola de línguas na vizinhança onde os refugiados podem usufruir de aulas de inglês. Aqui estou eu, cercada de mexicanos, incapaz de compreender uma só palavra, sem ninguém para me ajudar. Voltando para a casa de meus primos, eu admiro as longas avenidas ladeadas de flores magníficas dessa América com que tanto sonhei. Aqui é o paraíso, mas eu me sinto estrangeira e me pergunto se há um lugar para mim. Na realidade, nunca tinha vivido nada tão duro desde meu primeiro dia em Zhangjiako.

Alguns dias mais tarde, uma nova aluna integra nossa classe na escola de línguas, uma jovem chinesa, magra, pálida, assustada. Nossos olhares se cruzam. Eu já a tinha visto em algum lugar.

— Dora?

— Sim, você me reconhece?

Dora, a filha da diretora do Conservatório de Pequim, a que viera me ver com sua mãe no dia seguinte de minha suposta tentativa de suicídio, como eu poderia tê-la esquecido? Tinha ouvido falar que ela emigrara para os Estados Unidos, mas não imaginava encontrá-la. Ela me surge à beira do abismo.

— Está muito difícil — me diz. — Os primos que me acolheram não me dão nada para comer e eu não ouso pedir. Estou com fome. Desesperada.

Naquela mesma noite eu falo dela a meu primo Chen.

— Diga-lhe para vir para cá — ele responde na mesma hora.

E Dora vem ficar conosco, o tempo de recuperar a saúde — mas acabará ficando vários meses.

Eu escrevo uma primeira carta para minha mãe. Nós fizemos um acordo: uma vez nos Estados Unidos, não mandarei dinheiro, vou precisar demais dele, mas em compensação nós nos escreveremos todas as semanas. Eu lhe conto que tudo vai muito bem, mas não estou sendo sincera. No fundo, eu me sinto oprimida.

Depois de cumprido meu primeiro dever, recorto anúncios no *Los Angeles Times*. Os cursos no Californian Institute of Arts só começam em setembro e eu tenho que encontrar uma ocupação até lá. Trabalhar de baby-sitter, faxineira: estão ao meu alcance. Minhas primeiras ligações telefônicas resultam em fracasso.

— Como? Quer falar com quem? Quem é você?

Passados alguns segundos, meus interlocutores desligam, incapazes de entender meu inglês e pouco desejosos de tentar. Digo a mim que só tenho uma solução: solicitar entrevistas. *Tête-à-tête* será mais fácil para mim.

O primeiro encontro que consigo marcar é em um retiro de idosos. Como está situado no condado de Orange, é preciso pegar uma condução para chegar lá. Mas a entrevista não dura muito mais do que uma conversa telefônica:

— Seu inglês não é suficiente. Não podemos fazer nada por você. *Sorry*.

Dentro do ônibus de volta, mergulhada na minha angústia em relação ao futuro, esgotada pelas noites sem dormir ouvindo cassetes para crianças, eu adormeço sem sequer me dar conta.

— Ei! Acorde!

— É aqui?

— Estamos no terminal da linha. Para onde está indo?

— Para Beachwood.

— Beachwood? Mas não é aqui não! Já passamos o ponto há muito tempo.

O motorista tem um ar desolado. Não é para menos! Estamos os dois dentro de um ônibus vazio, são nove horas da noite e eu passei há muito tempo do meu ponto.

É quase meia-noite quando, finalmente, chego na casa de meus primos.

— Xiao-Mei! O que aconteceu? Nós estávamos mortos de preocupação!

Eu lhes relato minha expedição.

— Procure trabalho em Beachwood mesmo. Não nos provoque mais esses pavores.

Eles têm razão. A prudência se impõe. Assim que ouço falar que vizinhos de meus primos estão procurando uma faxineira, eu me apresento. Ele, médico, e ela, de uma beleza radiante, estão ambos entre os americanos que se dizem "loucos pela China".

— Você fala mal inglês? Não tem importância. Nós adoramos os chineses. Se você quiser, entramos em acordo. Trezentos dólares por mês, cinco dias de trabalho por semana, de segunda a sexta.

Trezentos dólares! Meu coração bate loucamente: na China, Mao dizia ganhar 300 iuanes, ou seja, 40 dólares por mês... Eu recupero meu fôlego.

— Por que só cinco dias? Na China, eu trabalhava seis dias por semana. Quero trabalhar seis dias por semana.

— OK. Se você quiser. Comece amanhã. Enquanto isso, vou levar você para visitar a casa.

Nós entramos no salão. Fico sem fôlego: um magnífico Steinway está bem no meio da sala, um piano de cauda de concerto. Quanto ganham meus patrões por mês para poderem possuir uma maravilha daquelas? Na China, devia ter uns quatro ou cinco entre Pequim e Xangai. Aqui, há um na sala. Talvez, um dia, quem sabe, terei o direito de encostar a mão nele?

Não. Sonho vão. Meu trabalho não me deixa tempo vago. A casa tem cinco banheiros cujas paredes são cobertas de espelhos que eu tenho que esfregar o dia inteiro. Minha patroa me dá para lavar o conteúdo de três máquinas por dia, o que significa a mesma quantidade para passar. Na mesa, os pratos são trocados quatro vezes durante cada refeição e eu acabo de lavar a louça depois de meia-noite. Também tenho que limpar a piscina, em torno da qual se desenrolam intermináveis festas.

Um balé de limusines, os convidados entram, percorrem o jardim...

— O dia está bonito, não está?

— Está de fato muito agradável.

— Que casa maravilhosa!

— Onde você passou o último fim de semana?

Todas aquelas pessoas dão a impressão de estarem perpetuamente de férias, mas ao mesmo tempo não têm nada a dizer. Elas sequer me dirigem os olhos quando lhes apresento a bandeja dos drinks. Nesses momentos, não fico descontente por não entender bem inglês. Eu me poupo de toda aquela banalidade.

O Steinway? Praticamente só tiro a poeira dele. Duas ou três vezes apenas pude tocar nele, mas meus patrões apreciam mais minhas qualidades domésticas. E o que preferem acima de tudo é o fato de eu ser chinesa.

— Vocês sabem, nós temos uma chinesa *de verdade*! — não deixam de esclarecer aos amigos.

Mas eles também sabem se mostrar generosos. Ele me dão duas horas livres todas as manhãs para que eu possa ir aperfeiçoar meu inglês na escola de línguas para refugiados.

Um dia, Chen e sua mulher me chamam de lado:

— Xiao-Mei, você nunca sorri. É duro para as crianças. Elas precisam de divertimento, de alegria em volta delas. O que está acontecendo?

O que está acontecendo? Estou pouco à vontade neste país. O desperdício, as conversas vazias, a obsessão pelo dinheiro. E também a profusão de escolhas a fazer a cada dia, eu que não tenho o hábito de tomar decisões. Não é isto a liberdade. De todo modo, esta não é a liberdade de que estou à procura. Mas como explicar?

Uma noite, amigos chineses de meus primos propõem, para me distrair, uma excursão à Disneylândia.

— Você vai ver, vai lhe fazer bem.

No fim de semana seguinte eles já cumprem a promessa e, com uma comovente insistência, me impõem a totalidade das atrações, sem exceção — eu tenho até que apertar a mão do Mickey e depois a do

Pato Donald! Finalmente, caindo de cansaço, eu lhes declaro que, com certeza, o campo de reeducação era duro, mas lá, ao menos, éramos poupados desse tipo de tortura moral. Eles não ficam nem um pouco ofendidos, ao contrário, sua piedade aumenta ainda mais: eu devo estar bastante doente, contaminada pelo comunismo a ponto de não saber mais me divertir. Eles me asseguram que eu vou acabar me curando, que um dia eu poderei voltar aqui e me divertir como uma criança.

Como a Disneylândia não foi um sucesso, decido eu mesma tomar iniciativas. Irei ao concerto. Eu li, no *Los Angeles Times*, que vão tocar a *9ª Sinfonia* de Beethoven no Hollywood Bowl. Compro dois lugares de 5 dólares e convido a empregada dos meus primos para ir comigo. Nunca escutei a *9ª Sinfonia* e, chegada a noite, é com uma emoção profunda que vou para o concerto dado pela Orquestra Filarmônica de Los Angeles.

Que engarrafamento! E polícia por todo lado! Estou quase fazendo o caminho de volta quando minha companheira me pega pelo braço e me arrasta até nossos lugares. Olho à minha volta, perplexa: estamos em uma arquibancada de uma espécie de estádio de futebol imenso no qual perto de 20 mil pessoas fazem piqueniques barulhentos enquanto aguardam o início do espetáculo. É a Disneylândia outra vez. Naquela noite, a *9ª Sinfonia* não começará verdadeiramente para mim senão no primeiro *fortissimo*. Impossível ouvir o *pianissimo* inicial. Em volta de mim, as pessoas falam de seus projetos de férias.

Penso novamente na Ópera de Pequim, onde fui com a minha avó: lá também os espectadores comiam durante as representações. Mas ao menos davam a impressão de estarem gostando do espetáculo, de estarem cativados por ele. Aqui, a mais universal das músicas se transformou em música de fundo. Estou chocada. Estas pessoas avaliam a sorte que têm? Eu, que jamais ouço música a não ser com recolhimento, tenho a impressão de estar vendo uma coisa sagrada se partir sob meus olhos.

O tempo passa... E a exasperação toma conta de mim: definitivamente, eu não vim para os Estados Unidos para fazer faxina! Felizmente, o cachorro dos meus patrões veio em meu socorro. Brown é muito velho; ele não faz nada, o coitado, mas eu me descubro alérgica no mais alto grau a seus pêlos. No final de algumas semanas, estou coberta de bolhas, e nenhum remédio faz efeito; nem Chen nem meu patrão sabem como me curar. Uma única solução: pôr um ponto final na minha coabitação com Brown.

É então que um telefonema vai mudar mais uma vez o rumo da minha vida.

— Xiao-Mei, você não pode continuar assim! Você tem que voltar ao piano. Venha se apresentar em Boston, eu trato disso para você.

O tom de Like não admite réplica. Ele tem razão. Dois meses se passaram desde minha chegada e eu ainda não fiz nada de interessante. Baby-sitter, faxineira: em algum momento vou ter que começar a exercer minha verdadeira profissão! Vou correndo comprar uma passagem para Boston. Trezentos dólares! Meu salário mensal. Mas é Boston, finalmente, uma verdadeira cidade de cultura. Eu me lembro do concerto da Orquestra Sinfônica de Boston na China, sob a direção de Seiji Ozawa, que tanto me impressionou. Foi na ocasião de um concerto dado por esta orquestra junto com a Filarmônica Central da China que Xiaohong, a mulher de Like, conheceu Mary-Lou, uma violinista da Orquestra Sinfônica de Boston que mais tarde os ajudou a emigrar para os Estados Unidos. Já estou me imaginando no Conservatório da Nova Inglaterra, onde vou fazer uma audição. Escrevo imediatamente para minha mãe:

"Aconteceu uma coisa extraordinária!"

Será apenas uma carta a mais na qual eu transfiguro a realidade de minha vida cotidiana.

Mas, desta vez, minha audição no Conservatório da Nova Inglaterra vai se desenrolar como em um sonho. Sou aceita para as aulas que começam em janeiro, e um pequeno milagre se produz: uma bolsa de estudos me é concedida. Estou exultante. Esqueço Los Angeles e o Instituto de Artes da Califórnia! Sinto que tenho muito mais a fazer em Boston.

Com o coração leve, tomo o primeiro avião para Los Angeles para anunciar a boa-nova a meus primos: verdadeiras perspectivas se abrem finalmente para mim. De tanta alegria, acabo perdendo minhas bagagens. Meu primo fica consternado:

— Como é possível perder tudo? Você não pensa em nada! Não tem mais nem roupas para vestir.

Amy me dá algumas das suas e me aconselha a recolher algumas entre as que são postas à disposição dos indigentes.

A igreja? Nunca estive em uma e não tenho senão vagas idéias sobre as religiões cristãs. Uma amiga, antes de eu sair de Pequim, chegou a me falar da Bíblia, um livro proibido na China:

— Se você puder, compre uma para mim e me mande: adoraria lê-la.

Meu conhecimento das Escrituras Sagradas se encerra nessas palavras trocadas no momento da minha partida.

O padre que me recebe é cheio de calor e humanidade. Eu lhe explico minha situação. Depois de me dar algumas roupas, ele me mostra uma reunião que está ocorrendo ao lado e me convida para participar.

— É um grupo de estudos sobre a Bíblia — esclarece.

Eu fico e me sento. Um fiel tomou a palavra:

— Graças a Jesus, meus irmãos...

Eu o escuto, atenta. Quanto mais ele fala, mais as lembranças me vêm. A ilusão é perturbadora. Creio estar ouvindo um guarda vermelho:

— Estudantes, graças a Mao...

O mesmo que dizer que estou perdida para os cristãos. Contudo, por curiosidade, por reconhecimento, e por fraqueza também, acabo seguindo durante um curto tempo os fiéis da paróquia, e começo até a rezar, para ver. Não muito seriamente, no começo. Minha maneira de testar a existência de Deus é muito concreta:

— Deus, se você existe, me diga se vou conseguir meu diploma de concertista no Conservatório da Nova Inglaterra sem ter que pedir dinheiro a ninguém.

Aguardo a resposta. Nada vem. Contudo, tenho certeza de que ele me escutou.

17

Um professor ocidental

Se você quiser progredir na direção do infinito,
explore primeiro o finito em todas as suas direções.
(GOETHE)

Conhecer a fundo um domínio
é melhor do que conhecer 10 mil deles.
(Provérbio chinês)

Nos últimos dias de dezembro, despeço-me de meus primos e deixo Los Angeles para sempre. Like, Xiaohong e Mary-Lou vêm me buscar no aeroporto de Boston. Mary-Lou aceitou me hospedar em sua casa, onde já estão instalados meus amigos. Sua bela casa de dois andares é de uma elegância sem relação com a que tive a oportunidade de encontrar em Los Angeles.

No Conservatório, a conselho de Mary-Lou, eu me inscrevo na aula de piano de um professor muito respeitado e que ela admira: Gabriel Chodos, que estudou com um dos raros alunos de Artur Schnabel. Mas, antes de poder ter as primeiras aulas com ele, preciso demonstrar meus conhecimentos teóricos.

O exame acontece às oito horas da noite. Eu me vejo com outros alunos estrangeiros dentro de uma pequena sala de aula onde nos distribuem o tema.

— Nós recolheremos as cópias dentro de três horas.

Catástrofe, eu não compreendo a metade das perguntas! A supervisora vê que estou em pânico e se aproxima de mim:

— Se você quiser pode consultar um dicionário. Eles estão no fundo da sala.

Corro até lá. Perto de uma hora se passa sem que eu progrida muito. Tropeço em uma questão de história da música:

— Que compositor escreveu *Quatro Minutos e Trinta e Três de Silêncio*?[1]

Consulto febrilmente meu dicionário. Há necessariamente alguma palavra que não estou entendendo bem. Quatro? Minutos? Silêncio? Trata-se contudo de palavras simples, mas sua junção não faz nenhum sentido para mim. Nenhum compositor poderia ter escrito uma obra de quatro minutos e trinta e três de silêncio!

As três horas se escoaram e eu devolvo uma cópia em branco. Saio do conservatório arrasada, persuadida de que aquela prova vai me custar minha bolsa ou até me impedir de estudar com Gabriel Chodos. Já passa das 23 horas. Entro na estação do metrô, meio inconsciente, e me precipito dentro do primeiro trem que passa. Enquanto ele arranca, penso novamente no meu exame, na cópia em branco que eu devolvi, no fracasso. Uma estação. Duas estações. Tenho a impressão de não ter passado por aqui na ida. Desço na terceira estação para consultar um mapa do metrô. Nenhum meio de eu me lembrar do nome da estação próxima à casa de Mary-Lou! Subo em um outro trem e vou parar no final da linha sem que nada me faça lembrar do nome esquecido. A hora do último metrô chegou.

— O que está fazendo aqui?

O condutor, um negro alto, faz a ronda dos carros para verificar se todos os passageiros de fato desceram. Olho para ele. Estamos os dois sozinhos dentro do metrô. É mais de meia-noite e o homem me mete medo.

— Eu me perdi. Estou hospedada em casa de amigos e esqueci do nome da estação onde devo saltar.

— O que é que eu posso fazer?

Olho para ele sem dar uma palavra, desamparada. Ele sobe o tom:

---

[1] *4'33*, do compositor americano John Cage (1912-1992). Peça em três movimentos, na qual os músicos não executam nenhuma nota nos instrumentos. Após os aplausos, eles se colocam em posição de execução e permanecem assim durante toda a duração da obra; a música que se ouve é o ruído casual dos espectadores e dos músicos. (*N. da T.*)

— Bom, você deveria saber onde mora, não? Eu não posso saber por você!

Ele me assusta cada vez mais e deve estar percebendo.

— Gostaria de poder lhe ajudar, mas como quer que eu saiba onde você mora?

Ele coça a cabeça:

— Lembra-se da primeira letra da sua estação?

— Eu acho que é um E.

— Bom. Vou parar em todas as estações que começam por E. Você desce e vai ver se reconhece o lugar.

Sua voz não admite discussão. Partimos os dois na direção inversa. É uma hora da manhã quando finalmente eu acho a estação certa.

Jamais esqueci aquele homem que prolongou sua jornada de trabalho para me ajudar. Meu "obrigada" daquela noite não foi suficiente para expressar toda minha gratidão, e não consegui mais encontrá-lo depois daquela noite. Sonho que um milagre se produza ou que este livro um dia chegue às suas mãos.

No dia seguinte, no café-da-manhã, eu pergunto a Mary-Lou:

— O que quer dizer em inglês "Quatro Minutos e Trinta e Três de Silêncio"?

— Por que está me fazendo esta pergunta?

— No exame, ontem, não entendi o que significava.

Ela cai na gargalhada:

— É uma peça famosa de John Cage!

Minha ignorância não me custou caro, devo admitir, uma vez que, alguns dias mais tarde, sou autorizada a ter a minha primeira aula com Gabriel Chodos. Mary-Lou me falou tanto dele, e eu tenho tanta vontade de trabalhar com ele, depois dos meses passados fazendo serviço doméstico! O homem, na casa dos 50 anos, é atarracado. Exala uma força que se percebe não excluir a angústia. Seus cabelos penteados para trás acentuam a inteligência e a profundidade de seu belo olhar triste.

— O que a senhora preparou?

— A *Fantasia* de Schumann.

— Pode começar.

Eu me lanço a esse monumento de paixão que é o primeiro movimento da *Fantasia*, executo sem um erro os deslocamentos temíveis do final do segundo movimento que aterrorizam todos os pianistas. Depois eu toco o terceiro movimento como em um sonho. Uma meia hora transcorreu sem que ele me interrompesse. Eu me volto para ele. Está com os olhos fechados, a cabeça entre as mãos. Permanece vários segundos em silêncio, que me parecem uma eternidade, antes de proferir:

— *You have beautiful fingers but it does not make any sense!*[2]

Eu enrubesço. Tinha resistido ao choque do mundo americano me agarrando à idéia de que poderia vencer na minha vida de artista. Em um instante minha auto-estima vai por água abaixo, e bem mais: o mundo desaba, a terra se abre sob meus pés. Não tenho senão uma vontade: largar o piano. Ele me deixa por uns minutos prostrada no meu sofrimento, depois continua:

— Nós vamos trabalhar.

Sua atitude denota segurança. Penso outra vez na dureza de Isaac Stern com os jovens violinistas chineses e recobro a esperança. Compreendo que existe um caminho, um longo, um muito longo caminho para chegar aonde quero. Não tenho outra escolha senão confiar em Gabriel Chodos.

E não vou me arrepender. Pois ele é um músico extraordinário e um pedagogo notável, um artista de idéias claras. Junto dele eu vou aprender muito.

O grande músico, eu o descubro na ocasião do primeiro recital a que assisto: uma revelação. Beethoven e Schubert, praticamente os dois únicos compositores que toca em público, figuram no programa. Desde logo a qualidade de sua sonoridade me causa impacto: profunda, sutil, delicada. Ele começou o concerto com uma peça de Schubert que eu nunca tinha escutado, o *Allegretto em Dó Menor*. Uma obra do final da vida do compositor que dura apenas poucos minutos, mas na qual Schubert coloca toda uma existência de dor. Nessa noite, Gabriel Chodos interpreta-a de maneira extremamente tocante. Contudo, que inacreditável simplicidade a desta peça: duas mãos tocando em uníssono-

[2] "A senhora tem dedos formidáveis, mas isto não faz nenhum sentido!"

no a maior parte do tempo! Como pôde ele exprimir tamanha riqueza de sentimentos a partir de alguma coisa tão pouco sofisticada? E, *a contrario*, nas outras obras que interpretou, muito mais complexas, como pôde manifestar tamanha naturalidade e tamanha evidência! Mostrar a simplicidade do que parece complexo e a complexidade do que parece simples: é esta a lição de um grande mestre.

Hoje, principalmente, é que sou capaz de avaliar plenamente suas qualidades de grande pedagogo.

Pois o regime ao qual me submetia Gabriel Chodos era implacável. Diferentemente de mestre Pan, sempre natural e espontâneo, ele era glacial. Com ele, era preciso lutar para sobreviver. Na saída de cada aula, eu tinha vontade de parar de tocar piano: também neste caso, ele era o exato contrário de mestre Pan. Mas o resultado valeu a pena.

Começo a trabalhar o *Prelúdio e Fuga em Si Menor* que fecha o Livro nº 1 do *Cravo bem Temperado* de Johann Sebastian Bach. Um dos pontos culminantes da coletânea, com seu tema de fuga que requer as 12 notas da gama cromática, da mesma forma que uma música serial. Uma obra que eu copiei às escondidas em Zhangjiako e depois repisei durante anos, que creio conhecer a fundo como ninguém. Vamos passar seis meses juntas!

O trabalho com Gabriel Chodos tem um pré-requisito: o respeito absoluto pela partitura.

— O único meio de ser fiel ao compositor é olhá-la a fundo — ele repete.

Um de seus alunos não tem a edição correta? Ele se recusa a lhe dar aulas. Alguém toca um *rallentendo* ou um *diminuendo* que não estão escritos? Ele exige a correção, sem indulgência. Ele quer que eu estude a partitura com lupa — literalmente. Lá estou eu munida do instrumento em questão, com o qual eu escruto a partitura para verificar se não me enganei sobre a interpretação a dar de determinado ponto de *staccato*.

Efetuado este trabalho, Gabriel Chodos se concentra no que considera ser os dois fundamentos da interpretação musical: a frase musical e o envolvimento.

A atenção dada à frase musical tem para ele a maior das importâncias. A cada linha da obra, ele se pergunta: onde está a frase? Para além das indicações de barras de medida e mesmo dos sinais de ligação, onde começa exatamente e onde termina? Onde é seu apogeu? E por que é assim? Ele não admite que se contem os andamentos:

— Torna a peça dez vezes mais pesada — diz. — Fale com a frase musical.

Ele me obriga a parar no final de cada uma delas, levantando a mão do teclado.

— É como se você estivesse respirando — ele me diz. — Você precisa deixar o ar entrar na música.

No *Prelúdio e Fuga em Si Menor* de Bach, uma música muito *contínua*, sofro um martírio, pois não consigo levantar as mãos como ele me pede sem "quebrar" a evolução da música. Mas eu sei que ele tem razão. Nenhuma música é mais *construída*, mais *composta* do que a de Bach, e ela tem de fato seus começos e fins de frases, suas seqüências e articulações, a exemplo de um grande poema, mesmo que, mais do que qualquer outra, dê ao ouvinte a impressão de fluxo musical ininterrupto.

Quanto ao envolvimento, ele está de acordo com mestre Pan, mas por vias diferentes. Desde o início de uma peça, é preciso estar *dentro*, além do máximo possível, e dar tudo.

— A generosidade — ele me diz — é a maior qualidade que um músico deve ter.

Tão logo começamos a trabalhar juntos, ele julga meu som excessivamente claro. Excessivamente chinês, talvez? O tempo todo, ele me ajuda a buscar um som orquestral. Um dia ele me diz:

— Vá buscar sua energia no estômago.

Olho para ele. Cerca de vinte anos antes, mestre Pan me disse a mesma coisa. Na verdade, isto não me causa muito espanto: eu sei que Gabriel Chodos se casou com uma japonesa. Para os japoneses, como para os chineses, o estômago é um órgão sagrado. Muitos asiáticos enrolam a barriga com bandagens para mantê-la quente!

Para estimular meu envolvimento, Gabriel Chodos me manda fazer cursos de jazz com um professor do Conservatório. Nada pode ser mais distante da cultura chinesa do que esta música. Eu me vejo tentando improvisar em uma sala que meu professor faz questão de manter na penumbra para criar a atmosfera própria do jazz. Sou uma *jazz player* medíocre, mas, dos músicos à minha volta, eu tiro uma série de lições: a capacidade de ser livre em meio à coerção, a faculdade de dar o máximo da própria energia durante um concerto, o poder de criar uma atmosfera. São lições que eu não vou esquecer.

Depois de Bach, Gabriel Chodos me fará trabalhar duas obras, e apenas duas: as *Davidsbündlertänze* de Schumann. E a *Sonata nº 2* de Beethoven. Insiste, especialmente, em estudar comigo uma sonata de Beethoven e sobretudo seu movimento lento.

— É um teste definitivo — ele me preveniu —, é com ele que se vê quem é capaz de dialogar verdadeiramente com o compositor. Um movimento lento de Haydn, Mozart ou Schubert, de uma certa maneira, é mais simples, mais melódico, mais imediato. Beethoven é mais moderno, mais abstrato, sua música é feita de pequenas células. É aí que se vê se um aluno tem alguma coisa a *dizer*.

Ele tem razão. Ainda hoje, um movimento lento de Beethoven é para mim um teste absoluto. E muitas vezes acho que está sendo tocado de maneira superficial e aborrecida, pior ainda, vazia de sentido. Um movimento lento de Beethoven deveria figurar no programa de todas as eliminatórias de concursos internacionais.

Schumann, para Gabriel Chodos, é diferente. Ele nota na minha maneira de tocar uma certa neutralidade, a da água que corre — uma referência estética para os chineses, mas não para os ocidentais.

— Como uma grande atriz, você precisa ser capaz de tocar tudo. Não apenas o que você gosta. Nós vamos trabalhar Schumann, o melhor dos compositores para lhe ensinar a variar os humores. As *Davidsbündlertänze*.

Eu me arrisco a responder a ele que sonho em estudar o *Carnaval*.

— Você vai ver — ele replica —, não há nada para se ver nesta aí. O que eu estou lhe sugerindo é incomparavelmente mais profundo.

E mais uma vez ele tem razão! Há todo um mundo nas *Davidsbündlertänze*, bem além de Eusebius, o introvertido, e de Florestan, o dionisíaco. Um mundo que nós dedicamos tempo a percorrer. Uma hora de aula para uma linha de música...

— Você tem que permanecer estável quando está tocando esta obra — ele me diz. — É preciso evitar os efeitos primários, como as modificações de andamento, os *fortissimi* ou os *pianissimi* excessivos. Caso contrário, tudo se arruína. Só o seu toque deve variar. É exclusivamente por intermédio deste meio que você deve transmitir a emoção.

Grande intérprete, grande pedagogo, Gabriel Chodos é também, como todos os verdadeiros músicos, um homem modesto. Humilde diante da música, para ele sagrada. Vai dar um recital? Pára suas aulas com uma semana de antecedência. Passa a noite anterior ao recital se concentrando, sem comer, sem tocar no piano. Vai tocar? Tira a aliança e o relógio. E se apaga diante dos alunos, como só os grandes mestres sabem fazê-lo:

— Haydn? Você o conhece melhor do que eu — me diz, quando falamos dele.

Não acredito: simplesmente, ele simplesmente não gosta de Haydn!

Tomarei plena consciência da extrema modéstia deste grande artista alguns anos mais tarde, quando, morando em Paris, vou me lançar em uma carreira tão breve quanto penosa de organizadora de concertos. Três trocas de hotel no dia de sua chegada. Sem água quente, barulhento, um tapete que não está limpo... Finalmente, ele aceitará se hospedar na casa de uma de minhas amigas. Para ir à sala de concertos, nada de táxi — "os motoristas de táxi franceses são muito desagradáveis" —, metrô também não — "Muito barulhento".

— Mas, Gabriel, como vamos para lá? Eu não tenho carro.

— Peça a um de seus conhecidos que tenha carro para nos levar, mas sobretudo que ele ou ela não abram a boca durante o trajeto!

Na noite da apresentação, nosso comboio fúnebre toma o caminho da sala de concertos da Sacem. Lá chegando, ele me dá as últimas instruções:

— Não quero ver ninguém no intervalo nem ouvir nenhum comentário depois do concerto.

Nessa noite, o que me impressionará mais, além da fragilidade em muitos aspectos infantil, será a pergunta que me fará na saída do concerto, depois de sua magnífica interpretação dos *Impromptus* opus 142 de Schubert e da *Sonata* opus 111 de Beethoven, a mesma *Sonata* opus 111 considerada por ele como o clímax absoluto de toda a literatura pianística:

— Você acredita de verdade que eu seja capaz de dar um recital? Acha que devo continuar?

Suas incertezas são enternecedoras. Adoraria lhe dizer que, na minha opinião, os maiores pianistas são como ele, vulneráveis, frágeis, mesmo os que não dão esta impressão, Rachmaninoff, Schnabel, Serkin, Guilels, Lipatti, Kempff. Sem falar de Chopin. Ou então citar Lao Tse, que a essa altura aprendi a conhecer: "Firmeza e força são discípulos da morte; suavidade e fraqueza são discípulos da vida." Emocionada demais, eu me contento em lhe responder:

— Se o senhor parar, vai ficar infeliz.

Das lições de Gabriel Chodos, guardei sobretudo esta: aprofundamos o aprendizado do piano e da música tanto indo *ao fundo* de uma obra quanto multiplicando o estudo de obras diversas. Muitos grandes pesquisadores sabem disso: se escavarmos por muito tempo um tema preciso e limitado, não apenas faremos as mais importantes descobertas como também desenvolveremos um método que permitirá trabalhar em seguida todos os temas.

Ver o que há de universal no singular, tentar o caminho do infinito pela exploração paciente do finito: eis uma lição para se meditar!

18
Com Oliver

Ninguém se digna a ouvi-lo,
Ninguém olha para ele
E os cães rosnam
Em volta do velho.
(Franz Schubert, *A Viagem de Inverno*,
poemas de Wilhelm Müller)

Preciso achar uma moradia em Boston. Por mais generosa que ela seja, não posso ficar mais tempo na casa de Mary-Lou, que já hospeda Like e Xiaohong. Felizmente, desde a turnê da Orquestra Sinfônica de Boston na China, os chineses estão na moda, na orquestra. Uma flautista, Dominique, artista excepcional, aceita me acolher na casa dela, uma grande casa de dois andares e nove cômodos onde ela mora com Oliver, seu cachorro.

Na primeira noite, sou acordada às duas da madrugada com gritos:

— Não! Não! Não é possível!

E então Oliver uiva desesperadamente. Saio correndo do meu quarto... E encontro Dominique com a flauta na mão, furiosa. Nada de grave: está ensaiando, apenas. Todas as noites a cena recomeça, pois ela não pára de trabalhar enquanto não obtém o resultado com que sonha.

Ela se submete também a um regime draconiano, contentando-se com uma refeição frugal por dia, feita ao meio-dia, no intervalo dos ensaios da Orquestra Sinfônica de Boston, e com alguns comprimidos de vitaminas comprados na farmácia.

— Jejuar permite que conservemos a energia — este é seu lema.

Oliver é submetido ao mesmo regime. Ele erra miseravelmente o dia inteiro pela casa à procura de algum complemento para sua precaríssima ração. Um dia, em desespero de causa, investiu contra a geladeira e conseguiu abri-la. A sanção foi imediata: desde então, o santuário passou a ser trancado a sete chaves. Não se sabe para quê, aliás; pois está vazio, o mais das vezes.

Oliver é muito bonito, muito inteligente — e muito magro, evidentemente. Na China, é raro se ter um cão em casa. Minha primeira verdadeira experiência com cachorros eu tive com Brown, em Los Angeles, infeliz experiência. No começo, portanto, eu olho Oliver com desconfiança. Depois aprendo a conhecê-lo melhor e a apreciá-lo. Admiro sua fidelidade, considerando-se o regime ao qual é submetido. Todas as noites ao chegar, é ele que Dominique saúda primeiro, antes de mim. Nada mais normal, de resto: Oliver late assim que percebe a presença dela, o que não é o meu caso.

Não ouso dizer a Dominique, mas eu também sinto fome. Nem Oliver nem eu temos meios de comprar caixas de vitaminas na farmácia. Um dia eu me abro com Gabriel Chodos.

— É a primeira vez que tenho uma aluna que morre de fome — diverte-se ele. — Você precisa explicar à sua senhoria! Você sabe, nos Estados Unidos, nós somos diretos. Quando algo não está bem, nós falamos.

Na China é diferente: nunca pedimos nada; esperamos que os outros compreendam.

Voltando para casa, à noite, reúno toda a minha coragem:

— Já faz vários dias, Dominique, que eu não ouso lhe dizer, mas eu preciso confessar: estou com fome.

— Você tinha que ter me dito antes! Vou fazer compras.

Alguns instantes mais tarde, ela está de volta:

— Pronto — me declara, triunfante. — Com isto vai poder se saciar.

E ela me dá... um pão integral. Enquanto ela sobe para trabalhar a flauta, eu me atiro sobre o pão e o engulo em menos tempo do que eu levo para contar. No dia seguinte, quando desço para o café-da-manhã, vejo Dominique agitadíssima:

— Não é possível! Você comeu o pão todo?

Como eu não respondo, mortificada, ela prossegue:

— Você não se dá conta. Vai ficar doente. Vai precisar ir ao médico e vai lhe custar uma fortuna, mesmo que tenha seguro de saúde. Posso muito bem comprar mais pão, mas você não deve comer mais do que duas fatias por dia.

No mesmo dia, corre um rumor entre os músicos da Orquestra Sinfônica de Boston: ao contrário do que se diz, os chineses não gostam de arroz, eles preferem pão integral.

Quanto a mim, vou à igreja. Lá pelo menos, depois da missa, sempre tem qualquer coisa para se beliscar.

Na paróquia, justamente, faço amizade com um deficiente que procura ajuda domiciliar. O salário proposto é de 25 dólares por semana. Vinte e cinco dólares por semana: finalmente, vou poder matar a minha fome! Naquela mesma noite, anuncio minha partida a Dominique.

— Mas eu lhe ofereço 30 dólares por semana se você quiser. Você fará alguns trabalhos domésticos e pronto.

Horrivelmente perturbada, eu balbucio:

— Quinze dólares me bastarão, você sabe.

E é verdade que 15 dólares são suficientes para comprar comida a cada semana: ovos, arroz e cenouras — que eu divido com o pobre Oliver. Sobretudo porque o serviço que eu ofereço em troca nem sempre está à altura.

Um dia, quando a filha de Dominique estava passando alguns dias de férias na casa da mãe, eu ouço minha senhoria berrar:

— Xiao-Mei, o que foi que você fez? Você queimou meu vestido! O que é que vou usar para o concerto? — e acrescenta: — Vai ter que me reembolsar.

Um erro ao passar a roupa: deixei o ferro em cima do vestido... Mas eis que a filha voa em meu socorro:

— Mamãe, é escandaloso. Você é que deveria pedir desculpas a Xiao-Mei. Você não se dá conta. Você não imagina o quanto inferniza a vida dela?

Dominique permanece petrificada, e a moça insiste no mesmo tema enquanto eu me eclipso discretamente. Uma boa meia hora mais tarde, do meu quarto, eu ouço a filha de Dominique berrar:

— Já que é assim, vou-me embora! E não espere que eu ponha de novo os pés aqui!

Um grande barulho de porta. Depois mais nada. Eu me arrisco a descer de novo. Dominique está sozinha no meio da sala, desamparada.

— Sinto muito pelo que acabou de acontecer. Minha filha está certa. Tenho que lhe contar... Quando eu era jovem, fui embora da casa dos meus pais porque eu queria que meu pai doasse sua empresa para os empregados, e ele se recusava.

Não respondo, mas compreendo o que ela quer dizer. Quando se é jovem, sempre se é duro com os pais, por idealismo, o mais das vezes. Afinal, eu fiz uma besteira e acho que a filha de Dominique foi longe demais. Depois eu penso no essencial para mim: tenho meus 15 dólares por semana.

Quando recebe convidados, às vezes Dominique me pede para cozinhar. A primeira vez foi no dia de um jantar em homenagem a um quarteto de cordas. Ela me acenou com a possibilidade de ser convidada para um de seus concertos, a mim, para quem a compra de um lugar continua sendo um luxo. Eu me dedico de corpo e alma a preparar pratos suculentos, e faço o serviço. Eles parecem se regalar. No final da refeição, explico a eles que sou musicista e ouso perguntar se é possível assistir a um de seus espetáculos. A resposta soa clara e direta:

— Se quiser ir, tem que comprar um ingresso.

Por felicidade, nem todos os jantares são como este. Uma noite, Dominique recebe um casal de amigos. Eles são ricos, idosos e vivem nas cercanias de Boston, onde fundaram uma escola para crianças desfavorecidas. Eu bebo suas palavras, fascinada por suas experiências, e lhes conto minha juventude na China, os dez anos de buraco negro durante os quais todo acesso aos estudos nos foi recusado. Explico-lhes o quanto, para minha geração, esse vazio foi terrível de viver. Preciso interromper meu relato no meio, tragada pelas lembranças: sentimentos muito dolorosos voltam à superfície, revelados pelas histórias por trás deles. Falo para eles de um sonho que alimento: conseguir criar um dia uma escola na China. Eles me ouvem com atenção. Dois dias mais tarde, recebo uma carta deles. Se quiser concretizar seu projeto, me dizem, estamos prontos para ajudá-la no que for necessário.

Com meus 15 dólares por semana, meus problemas não chegam ao fim. De fato, mesmo que a bolsa do Conservatório da Nova Inglaterra cubra a integralidade das despesas de escolaridade do primeiro semestre, ela deverá, sei disso, ser reduzida à metade no segundo semestre. Vou ter que encontrar um trabalho de verdade, não apenas para prosseguir meus estudos como também para viver um pouco.

Pois tudo se compra nos Estados Unidos, as grandes e as pequenas coisas. No conservatório, tenho que pagar minhas aulas de piano, evidentemente, mas também as caronas de que eventualmente preciso ou a ajuda que alguns estudantes me dão para escrever em bom inglês meus deveres de análise. Eu, cuja cultura e educação familiar levaram a desprezar o dinheiro, que sinto constrangimento até mesmo em receber uma retribuição por pequenos serviços, tenho o sentimento de estar em outro planeta. Ao mesmo tempo, compreendo. Os estudos no conservatório custam caro, nem todos os estudantes recebem ajuda das famílias, eles trabalham duro durante o verão para ganhar o suficiente para o restante do ano. Mas isto não impede que eu me sinta pouco à vontade, como sempre que nos chocamos com um mundo diferente. Nos Estados Unidos, bem como na China, a relação com o dinheiro é malsã. Em um sentido ou no outro, ela é marcada por excessos.

Por conta disso, a única solução que encontro para meu problema é me empregar de garçonete em um restaurante chinês.

O restaurante onde começo minha carreira é do gênero luxuoso. Mas a experiência não dura muito tempo. Recebo uma primeira advertência por ter chegado atrasada. E o golpe de misericórdia sobrevém quando estou servindo um casal de bostonianos distintos, a quem meu sotaque particular irrita. É preciso dizer que eu insisti em lhes propor *some soap*?[1] Em vez de *some soup*?[2], o que eles não apreciam. É demais para a gerência, que me despede no ato.

Os outros donos de restaurante chinês aos quais me apresento, mais perspicazes, recusam-se a me contratar: de imediato consideram meu inglês insuficiente. Pouco a pouco, depois de percorrer o circuito dos restaurantes chineses de Boston, eu me vejo procurando trabalho em Red Line, bairro mal-afamado. Lá, a minha pronúncia de inglês não é mais uma desvantagem e eu consigo rapidamente uma posição. Até aquele dia, em toda a minha vida, eu nunca tinha visto nem uma

---

[1] Querem sabão?

[2] Querem sopa?

prostituta nem uma *sex-shop*... Meu tempo perdido será prontamente recuperado... Só existe isto em Red Line, além de drogados.

Os primeiros dias se passam sem maiores dificuldades. As prostitutas são clientes generosas; quando fazem uma boa noitada, tenho direito a gorjetas reais. E eu me regalo com os restos. Dentre os *habitués*, com efeito, acham-se pescadores profissionais que respeitam escrupulosamente uma velha superstição segundo a qual nunca se deve comer a face do peixe que repousou sobre o convés do barco — dá azar. Eu tenho um apelido entre eles: "A chinesa esfaimada".

Mas o trabalho é duro. Fico de pé horas seguidas, e quanto mais a noite avança mais meus pés incham, a ponto de eu ter que comprar um par de sapatos três números maior para ter certeza de ficar confortável até o final do meu serviço. Os drogados e bêbados que freqüentam o restaurante não perdem uma ocasião de me tocar, de zombar de mim, quando não vão embora sem pagar. À noite, por volta de 23 horas, a angústia aumenta. Penso no trajeto que me separa da estação de metrô mais próxima, através das zonas mais sórdidas de Red Line. Nos primeiros dias, eu cobri a distância quase correndo, antes de raciocinar: correr é mostrar o medo. Eu me esforço, pois, para dominar meus reflexos e caminho lentamente evitando cruzar os olhares. Numa noite em que eu acabara de deixar o restaurante por volta de meia-noite, sinto que estou sendo seguida. Apresso o passo e dou uma olhada para trás: três homens estão no meu encalço. É mais forte do que eu, começo a correr. Eu os ouço atrás de mim, eles correm também. O que fazer? Rezar. Pouco importa para quem, que seja Jesus. E desta vez, ele me responde!

"Você está protegida. Aqui não vai lhe acontecer nada", diz ele no meu ouvido.

Ele tem razão: eis a estação, ufa! A tempo para o último metrô. Desabo sobre um banco e, enquanto recupero o fôlego e a calma, reflito sobre a vida que estou levando. Não vai poder durar muito tempo, posso sentir. Cada vez tenho menos vontade de tocar piano. Meu Bach e meu Beethoven cheiram a soja. Se eu não parar este trabalho em Red Line, nunca encontrarei o estilo correto para interpretar a música que eu amo.

Alguns dias mais tarde, uma briga de facadas explode na cozinha: um dos cozinheiros tem o crânio aberto, o sangue escorre. Aí é demais! No dia seguinte, eu telefono a meus patrões: não vou mais voltar, que eles procurem outra garçonete. Mas, passado o sentimento de alívio, tenho que ir atrás de um novo emprego.

Desta vez, eu o encontro na Orquestra Sinfônica de Boston, como lanterninha. Parece milagroso, salvo que eu não posso assistir a nenhum concerto: tenho ordem de sair de onde estou ao primeiro compasso. Somente no fim, no momento dos bis, eu posso entrar na sala, com a saída dos primeiros espectadores.

Fico sabendo um dia que Vladimir Horowitz vai se apresentar. Nem pensar em me contentar com bis, desta vez. Apenas o nome dele me faz estremecer. Na abertura das vendas, eu compro um lugar de 30 dólares. Por ele estou preparada para pagar 300! O concerto se aproxima e minha excitação aumenta quando, alguns dias antes da data prevista, sou advertida de que tenho uma prova de piano na própria tarde do concerto. Levando em conta que a ordem de chamada é alfabética, eu estou em apuros! Decido tentar o tudo ou nada: a prova ainda não começou quando eu bato à porta da sala de exame. O júri me olha com espanto:

— Não é a sua vez. Nós a chamaremos quando chegar o momento, mas, *a priori*, certamente vai ser à tarde.

— Por favor, me escutem. Usei todas as minhas economias em uma entrada para o concerto de Horowitz desta noite. Não posso tocar. Quero ir ouvi-lo.

A audácia vale a pena, às vezes. Não somente o presidente do júri propõe, rindo, que eu seja a primeira, como eu vou obter a melhor nota de todo o conservatório — nada a ver com o modo como toquei, desta vez! Quanto a Horowitz, ele me decepciona. É preciso dizer que, encarapitada sobre a nuvenzinha de minha vitória, eu teria seguramente julgado ruins, naquela noite, todos os pianistas da Terra!

Foi por essa época que Dominique decidiu que meu inglês definitivamente não era mais suportável. Ela fica exasperada com as confusões que eu faço com os produtos de limpeza. Gabriel Chodos é da mesma opinião: precisa recorrer a um dicionário para me dar aulas. Quando o verão se aproxima, ela me oferece um estágio intensivo de inglês em uma das escolas mais conceituadas da Nova Inglaterra, a Escola para Treinamento Internacional, situada em Vermont.

Digo adeus ao meu cúmplice Oliver, que late muito alto ao me ver deixar a casa; não vou esquecê-lo, ele que passou fome junto comigo.

19

Um ato de amor

Estrangeiro eu vim,
Estrangeiro, vou embora.
(SCHUBERT, *A Viagem de Inverno*,
poemas de Wilhelm Müller)

Acho que sou a única pianista no mundo que vai a Brattleboro com o objetivo de assistir a aulas de inglês.

O nome, com efeito, é, sobretudo, ligado ao festival de música de Marlboro, um dos mais célebres do mundo. É uma manifestação de um gênero particular, fundado no pós-guerra pela elite da música européia, o pianista Rudolf Serkin, o violinista Adolf Busch e o flautista Marcel Moyse. Lá se vêem todos os anos, durante memoráveis *masterclasses* e sessões de música de câmara, grandes artistas ao lado de artistas mais jovens. Entre os ensaios do dia e os concertos da noite, o ambiente de Marlboro não se parece com nenhum outro.

À noite, no concerto, eu vejo freqüentemente, sentado na última fila, um senhor alto e discreto, um pouco calvo, usando óculos redondos de aros finos, ouvindo a música de olhos fechados.

— Como assim, você não o conhece? — me respondem, quando pergunto quem é. — Mas é Rudolf Serkin. Esteja aqui amanhã à noite: ele vai tocar um *Trio* de Haydn.

Rudolf Serkin, uma lenda do piano. Fica, entretanto, sentado na última fila para ouvir seus jovens colegas como se fossem seus mestres. Quando volto no dia seguinte, o senhor alto está no palco, no piano, tocando Haydn com a malícia de uma criança e o humor de um homem que tudo viveu. Eu nunca ouvi uma coisa assim. Assisto às suas *masterclasses*, aos seus concertos, escuto seus discos. Sim, este homem encarna o que eu amo: a humildade, a integridade diante da música. Ele mandou trabalhar a *Hammerklavier* ou a *Opus 111*?

— Você está enganando Beethoven — diz ele a um aluno que modificou uma passagem difícil para tornar a execução mais fácil. — Mas também está enganando a você mesmo. E a Deus!

Estou maravilhada com sua maneira de dar vida à grande forma beethoveniana desde seu interior, insuflando-lhe uma emoção e um fogo que até então eu não tinha ouvido. É arquitetura com paixão. Ele bane qualquer adaptação da escrita beethoveniana que torne sua execução mais fácil. Eu fixo um objetivo: fazer aulas com ele. Mas não ouso abordá-lo. Amigos me encorajam:

— Você está errada. Ele jamais se recusou a ouvir alguém. O que ele não gosta é dos pianistas afetados. Ele os ouve com gentileza, como os outros, mas os faz compreender com um grande sorriso que não vai passar disso. Quanto a você, não há o que temer.

Quanto mais me dizem que Serkin é gentil, quanto mais eu ouço falar de sua generosidade, mais eu tenho medo de abusar dele. O verão acaba sem que eu tenha ousado me aproximar.

No meu retorno de Marlboro, Gabriel Chodos me acha metamorfoseada. Como minha maneira de tocar pôde se transformar a tal ponto em tão pouco tempo? Embora eu só tenha tido aulas de inglês, um estalo se produziu em mim, em Marlboro. Ouvindo Rudolf Serkin e seus seguidores, compreendi como acrescentar à minha maneira de tocar um elemento determinante: o prazer de comunicar, de "deixar passar" a música.

O ano escolar que se segue decorre sem transtornos e eu obtenho meu diploma do Conservatório da Nova Inglaterra. Um diploma que deveria ter obtido com a idade de 20 anos... e eu estou com 32! Penso outra vez em todos aqueles anos perdidos, na juventude que me foi roubada, na educação da qual fui privada e que tive que buscar aqui, em Boston, ao preço de tantas dificuldades e humilhações. Mas, finalmente, eu tenho o diploma, transpus mais um obstáculo. Será que Jesus me escutou? Não sei, mas em todo caso agradeço a ele de todo meu coração.

* * *

O tempo está bom nesses primeiros dias de verão em Boston. Os esquilos correm pelos parques cheios de gente. Eu passeio pelas ruas da cidade e de repente digo a mim mesma que preciso me dar um presente, como recompensa. Há um presente com que sonho desde sempre, que sempre me foi recusado quando tinha a idade de tê-lo e que nunca comprei por achá-lo todas as vezes caro demais — comparado com um pacote de arroz ou com um quilo de cenoura. Uma amiga me deu a dica de uma loja de departamentos.

— Tem até de 4 dólares — ela me diz.

Meu diploma bem merece que eu me dê um presente de 4 dólares. Na loja em questão há muitas delas realmente, e esplêndidas. Olho todas longamente. E depois pego uma.

A primeira boneca da minha vida.

Graças a meu diploma, vou finalmente poder ganhar a vida com minha verdadeira profissão. Em Brattleboro, minha reputação de pianista se estabeleceu desde que, durante o verão, eu dei um concerto em benefício de um aluno com câncer, cuja família não tinha meios de pagar as despesas de hospital. A diretora da escola de música, Catherine, que está procurando um professor estagiário, me pergunta se estou interessada. Um primeiro trabalho, claro que sim! Negócio fechado.

A fim de que eu possa fazer uma economia, Catherine me oferece morar na casa dela. O pequeno cômodo que ela põe à minha disposição, situado no subsolo, é escuro e úmido, mas é gratuito. E Catherine tem um belo piano de cauda no qual posso trabalhar Bach e Liszt durante minhas horas de lazer.

Bem depressa compreendo que meu emprego não será suficiente para eu viver. Meu salário varia conforme o número de alunos que têm aulas e jamais ultrapassa 80 dólares por mês.

Lá vou eu de novo trabalhar de babá.

Depois fico sabendo que a igreja da Ciência Cristã está procurando um organista para a missa de domingo. Propõem-me 30 dólares por missa: como recusar? Mas isto me obriga a tocar pedaleira de órgão, técnica que ignoro. Minhas primeiras apresentações gelam o sangue dos fiéis. Na tribuna, morta de medo, temo, a cada nota errada, insuportável nos graves, que a assembléia inteira suba para me linchar. Ela teria razão! Mais pacificamente, o padre vem me ver na saída da missa:

— Nós vamos achar um professor para você.

Vai ser um velho organista, na companhia do qual eu descubro a arte de manejar a pedaleira.

E então me avisam que um restaurante de Brattleboro procura um pianista. Corro para lá. Claro, eu estou ainda longe de uma carreira dos sonhos, mas ao menos poderei tocar. Os dois proprietários, Tom e Greg, me acolhem de braços abertos. O salário deles é de 5 dólares a hora, o que significa que vou precisar trabalhar duas noites para ganhar o equivalente a uma missa. Começo naquela mesma noite, com o que irá constituir meu repertório: Mendelssohn, Chopin e Schubert.

No momento em que começo a tocar, vejo um garçom depositar um copo vazio em cima do piano. Mas ele não põe nada dentro dele, e as horas passam... Os primeiros clientes se levantam, se dirigem para a saída. Ao passarem pelo meu piano, vão deixando um ou dois dólares dentro do copo. Eles não podem adivinhar, mas, para mim, cada nota é um insulto. Partido o último cliente, eu me lanço sobre Tom e Greg:

— Não é possível. Não quero continuar nestas condições.

Eles estão perplexos.

— De que adianta tocar se você não quer receber as gorjetas?

No dia seguinte, o copo desapareceu. Tom e Greg decidiram me pagar 10 dólares a hora.

Chega a primavera. Um dia, eu encontro meu quarto inundado: a neve derreteu e se infiltrou até o subsolo da casa; minha cama e todas as minhas coisas flutuam. Eu me exilo na escola de música, situação que não apresenta apenas desvantagens: se eu durmo em uma sala de aula, tenho a possibilidade de trabalhar meu piano à noite com toda tranqüilidade.

Mas é uma solução provisória, mais uma. Em um ano, terei mudado não menos do que 35 vezes de moradia. Meus amigos brincam comigo:

— Quando escrever o nome Xiao-Mei no seu caderno, deixe três páginas em branco para os endereços.

Pouco tempo depois, sou informada de que fui escolhida para ocupar um posto de professora titular na escola de música de Brattleboro. É a oportunidade de obter o *green card*, indispensável "abre-te sésamo" sem o qual um estrangeiro não pode trabalhar permanentemente nos Estados Unidos. Tão logo anunciam minha nomeação, eu me apresento no serviço de imigração. O funcionário examina meu dossiê com cuidado, levanta-se para consultar documentos. Há dificuldades. Ele sai da sala, me deixa sozinha esperando, volta depois de alguns minutos que me pareceram uma eternidade:

— Lamento, mas nós atingimos nossa cota de chineses para este ano. Não podemos liberar seu *green card*. Tente de novo no ano que vem, a partir do mês de janeiro.

Antes de me devolver o passaporte, dá uma última olhada nele:

— Não, a senhora não vai poder. Seu visto expira dentro de três dias. Não há o que se possa fazer. A senhora terá que voltar para a China.

Voltar para a China? Para contar à minha família que passei mais tempo nos Estados Unidos fazendo faxina do que tocando piano?

Corro para a casa de Catherine a fim de ouvir seus conselhos. Ela telefona imediatamente para um senador amigo seu que lhe responde de maneira categórica: não há nada que se possa fazer em um espaço de tempo assim tão curto. Ela telefona para um advogado. A conversa se prolonga. Eu a vejo concordando. Ela desliga e se vira para mim:

— Só há uma solução. Você tem que se casar.

Eu a encaro, perplexa:

— É um absurdo!

Nestas condições, só me resta aceitar o inelutável: voltar para a China. Mas, antes disso, faço questão de dar um concerto amistoso para agradecer aos que me ajudaram. No dia seguinte de noite, a pequena sala onde toco está transbordando de gente. Minha história circulou pela cidade. Na saída do concerto, todos os meus amigos vêm me dizer adeus, cada um procurando fazer alguma coisa para me ajudar. Tom e Greg estão lá. Eles me chamam de lado:

— Xiao-Mei, nós estivemos pensando. Se isto resolve o seu problema, case-se com um de nós dois. Será um casamento branco e, assim, você poderá ficar nos Estados Unidos. Só precisa escolher qual de nós dois você quer. Reflita e nos dê sua resposta.

Vou precisar de tempo para tomar uma decisão. O dilema é terrível: de um lado a China, a angústia do futuro e a vergonha de confessar o fracasso à minha família, e do outro um casamento que é uma mentira, uma comédia, e o risco de ligar meu destino ao de um quase desconhecido. Finalmente, é o medo da vergonha que vence; eu retorno aos meus amigos para lhes anunciar que aceito a proposta.

— Bom, com qual de nós você quer se casar?

Pergunta complicada! Como escolher? Meus critérios de seleção não são certamente os de uma outra mulher. Como Greg tem um sobrenome que eu não consigo pronunciar, por eliminação, fixo minha escolha em Tom. Nem um nem outro se queixa.

— Muito bem — diz apenas Tom. — Sejamos rápidos. Não há um minuto a perder.

Ele tem razão: para que nosso casamento seja digno de crédito diante do serviço de imigração, é preciso prestar atenção aos menores detalhes. Nossa primeira preocupação é com o pastor que deve celebrar a cerimônia; o mais simples é colocá-lo a par. Ele nos escuta com atenção, me observa — o que ele está pensando? Quando estamos indo embora, ele me retém por alguns instantes:

— Compreendo o que você está sentindo. Mas fique tranqüila. Na realidade, o que vocês dois estão fazendo é um ato em favor da liberdade. Por isso, é o melhor casamento que vou celebrar na minha vida.

Mas, assim como Tom, ele também não consegue acalmar minhas angústias. Na noite precedente à cerimônia, a crise é terrível: de repente eu me vejo como sou, sozinha em uma pequena cidade do interior americano, longe da minha família e do meu país, sem piano, sem visto, prestes a ligar meu nome ao de um homem com quem jamais fundarei uma família, e tudo isto para enganar as autoridades do país que me acolhe. Pequim, Zhangjiako, Hong Kong, Los Angeles. Tudo desfila dentro da minha cabeça. Trinta e três anos e como bagagem um diploma do Conservatório da Nova Inglaterra. Dei somente vagos concertos. Tudo isto não tem nenhum sentido. No dia seguinte, quando Tom vem me buscar, mal tenho coragem de segui-lo.

Mas na igreja uma surpresa me aguarda. As famílias de Tom e Greg, um número incalculável de amigos conhecidos ou desconhecidos que ouviram falar da minha história vieram "mentir a meu favor", com os braços carregados de presentes, que serão também provas da veracidade de nosso casamento. Estou perturbada, mas também encantada.

Entramos na igreja ao som do *Requiem* de Fauré, a música que eu escolhi para a ocasião. Percorrendo a nave, observo os rostos da assistência: os olhos estão úmidos. Durante a celebração, o padre encontra as mais equilibradas e mais delicadas palavras. Depois nos dá a bênção antes de sairmos ao som do *In paradisum* do *Requiem* de Fauré. Os convidados choram sinceramente nesse momento — até parece que estamos em um funeral! Felizmente, a noite que se segue será muito mais alegre, graças às boas garrafas e a um imenso bolo em forma de piano de cauda.

A primeira etapa encerrou-se; resta-nos o mais importante a enfrentar: a investigação do serviço de imigração para o qual nossa união, é importante afirmar, tem todas as características de um casamento de conveniência. O advogado que nos aconselha nos preveniu: a prova é perigosa. Cada um de nós será recebido em uma sala diferente e deverá responder às mesmas perguntas de maneira coerente. Impensável me enganar a respeito da marca das camisas do Tom! Eu me preparo para o exame, decorando até o mínimo detalhe a biografia do "homem da minha vida".

No dia da entrevista, Tom ainda está mais nervoso do que eu. Sinto que também ele teme o pior. Mas ele não comete nem o menor dos erros. Foi por minha causa que nós passamos rente à catástrofe, devido a um único errinho. O nome da Igreja Unitária, a igreja onde nós nos casamos, me escapou, e quando o funcionário me perguntou, eu lhe respondi com candura ter me casado com Tom na Vegetarian Church! Mas nossa igreja vegetariana não o intrigou tanto assim, e ele anotou minha resposta sem outra reação.

Conseguimos... Vou poder obter meu *green card*, ficar nos Estados Unidos, tentar fazer carreira aqui. Pouco a pouco, eu me refaço. Afinal, esse casamento arranjado não é também a história de um ser humano que procurou socorrer um outro? É tão absurdo assim? Não foi, à sua maneira, um ato de amor?

Foi então que recebi uma carta de meu pai.

20

A força do vazio

O Ser dá possibilidades,
É através do não-ser que nós as utilizamos.
(LAO TSE)

Enquanto minha mãe e eu trocamos cartas toda semana, meu pai me escreveu apenas uma vez, pouco depois de minha chegada a Los Angeles. Essa carta me tocara muito. Ele falava de seu pesar por não ter tido um filho, mas acrescentava que através de mim, através do que ele observara da minha coragem e resistência às provações — qualidades a seu ver tipicamente masculinas —, ele agora tinha a impressão de ter tido um filho.

Eu não me ofendi com o silêncio que se seguiu. Sei que meu pai considera qualquer correspondência inútil. Não deixar traços, jamais.

Assim, é com uma grande surpresa que eu encontro um dia dentro da minha caixa de correio uma página coberta com sua letra.

Xiao-Mei,

Desde a última vez que lhe escrevi, não senti mais necessidade de lhe dar notícias minhas. Sei por sua mãe, graças à correspondência regular que vocês trocam, que tudo vai bem com você. Que tudo vai bem, eu compreendo o que você quer dizer com isso, pois posso bem imaginar que a sua vida não deve ser fácil todos os dias. Aqui de Pequim, não posso saber precisamente o que você faz, mas confio em você. Eu a conheço. De minha parte, com mais de 60 anos, creio ter me aproximado do segredo do Tao.

Graças a um amigo, que se lembrava que eu tinha algum conhecimento das línguas antigas, tive a possibilidade de participar de um grupo de trabalho encarregado de editar o texto dos antigos livros sagrados budistas tibetanos, os da zang jing. *Desde a primeira leitura dos textos, tive o sentimento de ter por fim encontrado o sentido da minha vida. Ela tinha, até então, me decepcionado muito. Inocente, precisei passar por numerosas provações e humilhações.*
Graças ao trabalho nos textos, compreendi muitas coisas. A necessidade de sair do cotidiano, de não se deixar distrair com os sentidos ou com o dinheiro, não buscar o sucesso profissional ou o reconhecimento. Precisamos ser nós mesmos. Só então nos aproximamos do Tao, descobrimos a verdade.
Chegar à verdade é um destino. Se você faz o bem ao longo da vida, ela vem até você. Se não, é porque não sofreu o suficiente e é preciso continuar procurando. Mas eu não quero tentar convencer você. Tenho certeza que também lhe caberá um dia encontrar essa verdade.
Saiba que não lamento mais nada, não tenho mágoa de nada e que estou muito feliz agora.
Pai.

Eu leio sua carta várias vezes, com uma perplexidade crescente. O homem que a escreveu se parece muito pouco com o que conheci quando criança, irascível, austero, freqüentemente violento.

Quanto mais a leio, mais me parece que, para além do mistério que representa para mim, a carta é também uma forma de convite sutil. Um convite para descobrir, no meu exílio, a sabedoria das grandes filosofias chinesas. Para partir atrás de seus traços, à procura da verdade, aprofundando meu conhecimento delas. A distância, por cima dos oceanos, meu pai me pega pela mão. E eu quero segui-lo. Para estar um pouco com ele. E para também encontrar a serenidade. Se ele, de fato o mais pessimista, o mais resignado, o mais depressivo de todos os homens, conseguiu alcançar essa paz interior, a ponto de pensar em me escrever, não há razão para que essa graça não me seja dada também.

De agora em diante, vou dedicar tempo para meditar, para estudar os grandes textos fundadores da filosofia chinesa, e, sem que me dê conta de verdade, pouco a pouco, uma modificação vai se operar em mim. Eu experimento bem mais do que um sentimento de comunhão à distância com meu pai, de reencontro com aquele que eu machuquei. E então é a minha vez de me descobrir mais serena, mais apaziguada.

Praticar sem parar, sem procurar, sem forçar, e pouco a pouco a compreensão da vida e das coisas começa a surgir sem que nos apercebamos: é esta a essência da filosofia chinesa, que pode ser sentida, sem necessariamente ter que ser explicada. Os chineses alcançam o conhecimento por caminhos muito diferentes dos ocidentais. Mais intuitivos, menos estritamente racionais, consideram que muitas coisas não têm necessidade de ser explicadas, pois são naturais. Para eles, a prática é uma das vias da compreensão, enquanto que para os ocidentais a compreensão é freqüentemente um pré-requisito à prática. Julgam também com reservas a atitude que consiste em querer perseguir a qualquer preço um ideal ou uma verdade. A história do grande filósofo Shijiamoni ilustra isto perfeitamente. Durante anos, ele esteve em busca do sentido da vida, em vão. Um dia desistiu: o sentido da vida lhe apareceu então em todo seu fulgor!

Eu reflito sobre a música ocidental. Também por conta da barreira da língua, não posso explicá-la tão bem quanto os outros. Muitas vezes, ainda hoje, minha condição de chinesa me deixa complexada. Sinto no olhar dos outros uma dúvida tácita sobre minha capacidade — eu, uma estrangeira — de compreender verdadeiramente Bach e Beethoven. Quando vou trabalhar uma obra, para me assegurar de que não vou cometer erros, disparo a escutar todas as gravações disponíveis. Nem pensar em tocar uma sonata de Beethoven sem ter verificado como Kempff a interpreta, ou uma peça de Chopin antes de obter o aval de Rubinstein. O próprio Gabriel Chodos não fez senão reforçar esse temor. Para ele, a abordagem estrutural de uma obra, por um processo de compreensão, até de descorticação, domina tudo. Fundamentalmente, sua abordagem da música é intelectual, como a de seu deus, Thomas Mann.

Mas, no fundo, se a verdade da filosofia chinesa pode ser percebida por uma prática assídua tanto quanto pela explicação teórica, por que haveria de ser diferente em relação à verdade da música?

De maneira inconsciente, essas reflexões me levam a mudar minha maneira de abordar uma obra musical. Depois de analisá-la em seu conjunto, eu a toco regularmente, assiduamente, sem jamais forçar, sem procurar de imediato compreender seu sentido, até amar cada passagem, cada nota, e alcançar um estágio de compreensão natural, intuitiva.

Nessa abordagem, eu me dou conta de que o primeiro grau de compreensão de uma obra que se alcança é o do andamento. Ao viver com uma obra sem influenciá-la, respiramos de tal maneira com ela que um andamento evidente se desprende um dia: é o andamento com o qual, organicamente, nos sentimos bem. Se nos desviarmos um pouco do andamento que um dia surgiu como uma verdade, vamos nos sentir desconfortáveis.

Tem muito a ver com os elos existentes entre a respiração e a vida.

Mas também com os elos existentes entre o andamento e o pensamento. Se temos muitas coisas para dizer, na vida como na música, precisamos de tempo para dizê-las. É preciso fazer surgir todas as belezas de uma partitura, fazê-las jorrar. O compositor escreveu-as para isso, para serem ouvidas. Mas existe um limite: o risco de os ouvintes se desligarem, se perderem nos detalhes sem verem mais o Todo, simplesmente porque o andamento se tornou lento demais para seus pensamentos. É por isso que o andamento correto não é somente aquele com o qual respiramos normalmente, é também aquele que permite ao pensamento seguir simultaneamente o Todo e os detalhes.

Mas não se trata senão de um primeiro estágio, de uma certa maneira o mais simples, da compreensão de uma obra. O mais difícil continua sendo procurar seu sentido. Quando se tem o sentido, tem-se a solução para todas as dificuldades técnicas. E procurar o sentido é procurar o que é essencial. É preciso tocar seqüências de semicolcheias muito rápidas? Existem nelas forçosamente notas de maior importância do que as outras. Uma vez encontradas, sabe-se como tocar essas seqüências. O *sentido* é uma palavra que em francês [e em português] apresenta várias acepções, notadamente a de significado e a de direção. E é com esta intenção que eu a utilizo aqui.

Pois também me parece cada vez mais que o sentido (o significado) de uma obra está cada vez mais ligado ao seu sentido (sua direção). Que a música, impelida, esculpida pelas notas graves do baixo que lhe dão a vida, avança horizontalmente e que sua horizontalidade finalmente se torna mais importante do que sua verticalidade. Não se trata, é claro, de rejeitar o caráter essencial da verticalidade e da harmonia na abordagem de uma obra. As notas graves do baixo constituem realmente a pulsação de uma obra. Não, o que mais me estimula é a necessidade de procurar as linhas, a progressão da música, para além das barras de compasso. Gabriel Chodos me fez trabalhar durante meses as frases musicais. A essas frases, a essas linhas, acrescentam-se gradualmente as idéias de progressão, de fluxo, de movimento, de transformação, tão consubstanciais com a filosofia chinesa.

É nessa época também que aprendo a nunca mais lutar com meu piano. Ele passou a ser para sempre um amigo, sejam quais forem as circunstâncias, o humor do dia. E é o que melhor me permite explorar seus recursos infinitos, me aproximar um pouco da forma de tocar, da sonoridade que estou buscando. Tchuang Tse me abriu os olhos com uma de suas histórias, a do príncipe Wen-huei, que admirava muito a maneira de seu açougueiro esquartejar os bois. O soberano lhe fez perguntas sobre ela e o açougueiro respondeu:

"Eu amo o Tao e com ele progrido na minha arte. No começo da minha carreira, eu via somente o boi. Após três meses de exercício, passei a não ver mais o boi. Agora, é meu espírito que age mais do que meus olhos. Um bom açougueiro usa uma faca por ano, pois só corta a carne. Um açougueiro comum usa uma faca por mês, pois a quebra sobre os ossos. A mesma faca me serviu nos últimos 19 anos."

De agora em diante, ficou para mim mais fácil entrar na música. Para meditar, muitos sábios se retiram na montanha, longe de tudo, no silêncio. Eu descubro que preciso fazer a mesma coisa antes de começar a tocar uma obra: estar em paz, não pensar em nada.

Essa maneira de ver é evidentemente familiar aos chineses, que utilizam com freqüência a imagem da água para torná-la compreensível. Para enxergar o fundo de um lago, é preciso que a superfície da água esteja lisa e calma. Quanto mais lisa e calma ela estiver, mais fundo se enxerga. Acontece o mesmo com o espírito: quanto mais calmo e solto ele está, mais se consegue ver no fundo.

É à custa desse apagamento, desse vazio, que cada vez mais me parece que se pode alcançar a verdade da música. Sem procurar afirmar uma verdade, sem impor qualquer coisa ao ouvinte. Desaparecendo por trás do compositor.

Eu medito com Lao Tse, começo a compreendê-lo e percebo o quanto ele sabe melhor do que ninguém exprimir o caráter essencial do vazio, em especial na passagem que eu leio sem parar:

Trinta raios convergem para o centro da roda
Mas é o vazio do meio
Que faz andar a carroça.

Dá-se forma à argila para fazer vasos,
Mas é do vazio interior
Que depende seu uso.

Uma casa é furada com portas e janelas,
É ainda o vazio
Que permite a habitação.

O Ser dá possibilidades
É através do não-ser que nós as utilizamos.

Pouco a pouco, sempre sem que eu me dê conta, começo a aplicar este método a todas as obras que trabalho ou que trabalho novamente. Meus dias agora são ritmados por dois grandes momentos de felicidade. O primeiro é a minha meditação diária. O segundo é o que apropriadamente chamo de minha meditação no piano. O trabalho, e até mesmo o trabalho sem objetivo, é uma das grandes virtudes da filosofia chinesa. E é exatamente o que procuro fazer no piano: trabalhar sem parar, sem outro objetivo que não seja a busca da verdade da música. Não tenho obrigações ligadas à minha carreira, uma vez que não chego propriamente a ter uma carreira: não tenho programas para trabalhar para um concerto, não tenho obrigações de agenda. Trabalho como quero, tudo que quero, e a meditação no piano me traz a mesma plenitude que a meditação matinal.

Em retrospecto, aqueles anos, que na verdade foram anos de grande dureza, constituíram para mim um grande privilégio. Quantos pianistas, chegados aos 30 anos, freqüentemente seguindo uma carreira, ainda têm de fato tempo de trabalhar o piano para o próprio prazer, sem objetivo específico, tempo de buscar a verdade de obras que nem imaginam tocar um dia em público? Eu acho que, na vida, é preciso saber trabalhar sem pensar no que se vai receber pelo trabalho. Eu nunca imaginava, enquanto meditava no piano, que daria concertos de verdade para um público de verdade, que eu gravaria discos de verdade. Às vezes, na vida, são dessas ações mais desinteressadas que mais nos beneficiamos.

21
Um desejo de Paris

Um dia, dois bandidos entraram no Palácio de Verão.
Um pilhou-o, o outro incendiou-o.
A vitória pode ser uma ladra, ao que parece.
(VICTOR HUGO)

Eu penso em Paris.

Em Brattleboro, mesmo com todos os meus pequenos trabalhos não consigo chegar até o final do mês. Tom e Greg são adoráveis, mas, sinto-o perfeitamente, sou um peso para eles. E depois, aqui, apesar das provas de amizade que recebo, eu me entedio.

Paris me atrai. Um pensamento antigo me liga a ela. Um elo fino, porém sólido, um elo nascido bem antes de mim, do tempo em que vivíamos em Xangai, no bairro francês, perto do parque Fuxing. Minha mãe falava freqüentemente do Louvre — o mais belo museu do mundo, me dizia ela. Ainda tenho na cabeça o cheiro do frasquinho que ela guardou durante muito tempo, até os guardas derramaram seu conteúdo no chão do nosso apartamento em Pequim. E depois há *A Arte* de Rodin, um livro que eu comprei em troca de dois anos de aulas gratuitas.

Hoje eu compreendo melhor o que une os dois povos, francês e chinês, porque eu vivo na França e por ter lido Lin Yutang. Intermediário entre estas culturas, o grande escritor chinês estudou no colégio Saint John de Xangai, depois nos Estados Unidos e em Leipzig, cidade para sempre associada ao nome de Bach, antes de dividir sua vida entre o Oriente e o Ocidente. Em *A Importância de Viver*, Lin Yutang enumera os pontos comuns entre a China e a França: o senso de humor, a sensibilidade, uma maneira propriamente artística de abordar a vida.

E, além do mais, claro, como não ter vontade de conhecer o país da Revolução Francesa, a mãe de todas as revoluções?

Eu me abro com os amigos sobre meu projeto, que eles acham ridículo: se não consigo sequer fazer carreira em Brattleboro, imaginar que um dia vou poder tocar em Paris é pura loucura. Ao ficar sabendo que estou pensando em ir para a França, um deles, antigo aluno de Yves Nat no Conservatório de Paris, tem uma reação horrorizada:

— Não faça isso. É o pior lugar da Terra para os pianistas. A crítica lá é impiedosa. — Ele me cita o nome de um grande pianista vivo que eu prefiro calar. — Depois de seu concerto, os franceses escreveram: "Ele deu um recital de Chopin. Perguntamo-nos por quê." Nada mais! Esse país é assustador: os ditos espirituosos tomam a frente de todo o resto. Não vá.

Ele tem razão, certamente.

Uma única pessoa me encoraja, Sue Fleisher. Eu a conheci na Escola para Treinamento Internacional, onde ela trabalhava quando vim para Brattleboro, e uma simpatizou com a outra desde o primeiro encontro. Ela morou na França sob a Ocupação, em condições terríveis, por ser judia. Contudo, a França é para ela o país mais belo do mundo.

Guardo na memória a resposta que ela me deu um dia quando eu lhe perguntei sobre sua religião:

— Não falemos disto. É a religião que faz com que as pessoas lutem entre si.

Ela está persuadida de que a França saberá me acolher e me promete ir até lá para o meu primeiro concerto. A perspectiva é de tal maneira improvável que eu rio de bom grado com ela.

Enquanto meu projeto de partida está sendo delineado, reflito um pouco sobre o fascínio maléfico que exercem as antigas potências colonizadoras como a França sobre os povos que elas subjugaram em um momento de sua história.

No caso da China, sem resistência real de sua população, é preciso acrescentar. Mas com brutalidade, como demonstra o saque do Palácio de Verão. Um lugar onde muitas vezes eu ia passear quando estava em Pequim e do qual não restam senão algumas ruínas — escondidas pela vegetação — para sonhar com o que poderia ter sido aquele esplêndido monumento.

Uma carta de Victor Hugo, de reação a esse acontecimento dramático, exprime-o muito bem. Um texto pouco conhecido na França, eu creio, mas bem conhecido na China, que os escolares do tempo de Mao liam em aula, como ilustração dos delitos cometidos pelas potências imperialistas. Esse texto é a resposta de Victor Hugo a um certo capitão Butler, que o interrogou no exílio a respeito de sua apreciação do acontecimento.

Hauteville-Somme, 25 de novembro de 1861

O senhor quer saber minha opinião a respeito da expedição da China. Acha esta expedição honrosa e bela, e é suficientemente bom para atribuir algum preço ao meu sentimento; segundo o senhor, a expedição da China, feita sob o duplo pavilhão da rainha Vitória e do imperador Napoleão, é uma glória a ser dividida entre a França e a Inglaterra, e deseja saber qual é a quantidade de aprovação que creio poder dar a essa vitória inglesa e francesa.

Uma vez que o senhor quer conhecer minha opinião, ei-la:

Havia, em um canto do mundo, uma maravilha do mundo; essa maravilha se chamava Palácio de Verão. A arte tem dois princípios, a Idéia que produz a arte européia, e a Quimera que produz a arte oriental. O Palácio de Verão era para a arte quimérica o que o Partenon é para a arte ideal. Tudo que pode ser engendrado pela imaginação de um povo quase super-humano estava lá. Não era, como o Partenon, uma obra rara e única; era uma espécie de enorme modelo da quimera, se a quimera pode ter um modelo.

Imagine qualquer construção indizível, alguma coisa como um edifício lunar, e terá o Palácio de Verão. Construa um sonho com mármore, jade, bronze, porcelana, confeccione-o com madeira de cedro, cubra-o de pedrarias, revista-o de seda, faça aqui um santuário, ali um harém, adiante uma cidadela, ponha deuses lá dentro, ponha monstros lá dentro, envernize-o, esmalte-o, doure-o, ornamente-o, mande construir, por arquitetos que sejam poetas, as mil e uma noites, acrescente jardins, tanques, jorros de água e de espuma, cisnes, íbis, pavões, imagine, em uma palavra, uma espécie de deslumbrante caverna da fantasia humana com uma forma de templo e de palácio; era este o monumento. Teria sido necessário, para criá-lo, o lento trabalho de duas gerações.

O edifício, que tinha a enormidade de uma cidade, foi construído durante séculos, para quem? Para os povos. Pois o que o tempo faz pertence ao homem. Os artistas, os poetas, os filósofos conheciam o Palácio de Verão; Voltaire fala dele. Dizia-se: o Partenon na Grécia, as Pirâmides no Egito, o Coliseu em Roma, Notre-Dame em Paris, o Palácio de Verão no Oriente. Se não o víamos, sonhávamos com ele. Era uma espécie de assustadora obra-prima desconhecida vislumbrada de longe em um crepúsculo que não se sabe qual é, como uma silhueta da civilização da Ásia sobre o horizonte da civilização da Europa.

Esta maravilha desapareceu.

Um dia, dois bandidos entraram no Palácio de Verão. Um pilhou-o, o outro incendiou-o. A vitória pode ser uma ladra, ao que parece. Uma enorme devastação do Palácio de Verão foi cometida pelos dois vencedores, uma metade cabendo a cada um. Vemos se misturar a tudo isto o nome de Elgin,[1] *que tem a propriedade fatal de lembrar o Partenon. O que se fizera ao Partenon foi feito ao Palácio de Verão, mais completamente e melhor, de maneira a nada deixar. Todos os tesouros de todas as catedrais reunidas não igualariam este esplêndido e formidável museu do Oriente. Lá não havia somente obras-primas de arte, havia um amontoado de peças de ourivesaria. Grande façanha, boa recompensa. Um dos dois vencedores encheu os bolsos, o que fez com que o outro, vendo, enchesse seus cofres; e voltaram para a Europa de braços dados, rindo. Esta é a história dos dois bandidos.*

Nós, europeus, somos os civilizados, e para nós os chineses são os bárbaros. E foi isso que a civilização fez à barbárie.

Diante da história, um dos dois bandidos se chamará França, o outro se chamará Inglaterra. Mas eu protesto, e lhe agradeço por me dar a oportunidade de fazê-lo; a culpa pelos crimes dos que mandam não é dos que são mandados; os governos são por vezes bandidos, os povos jamais.

---

[1] Os mármores do Partenon, também conhecidos como mármores de Elgin, são uma grande coleção de esculturas em mármore levada da Grécia para a Grã-Bretanha em 1806 por Thomas Bruce, Lord Elgin, na época embaixador junto ao império otomano. (*N. da T.*)

O império francês embolsou a metade dessa vitória e exibe hoje, com uma espécie de ingenuidade de proprietário, o esplêndido bricabraque do Palácio de Verão.

Espero chegar o dia em que a França, liberta e limpa, devolverá os frutos da pilhagem à China.

Enquanto aguardo, há um roubo e dois ladrões, constato-o.

Este é, senhor, o tanto de aprovação que dou à expedição da China.

Victor Hugo

A nobreza desta carta de Victor Hugo me impressiona. Reconhecer seus erros não é a expressão da verdadeira coragem para um homem, para um país? Uma força de caráter que Mao jamais teve.

Pois os franceses e os ingleses não foram os únicos a atacar a herança cultural chinesa. Meditando sobre o testemunho de Hugo, penso mais uma vez nas abominações cometidas durante a Revolução Cultural, que levaram de fato ao desaparecimento grandes pedaços dessa herança. Sem que ninguém tenha se interessado em reconhecer seus erros.

Hugo, no seu texto, mostra onde se situa a verdadeira firmeza. Deixa entrever também o papel da cultura e da educação como baluarte contra todos os crimes. Um país que tem escritores como ele exerce sobre mim uma incrível atração!

Minha decisão está tomada.

Escrevo para minha amiga Xiaoquin, que vive na França desde que obteve autorização para se casar com seu amigo francês. Ela abandonou o cargo de editora e se dedica agora à escrita. Seu marido voltou a trabalhar na China, ela está esperando o segundo filho e terá prazer em me acolher na casa dela.

E foi assim que eu voei para Paris naquele mês de dezembro de 1984.

22
Recomeçar tudo

Eu me acostumei à errância.
Todos os caminhos conduzem ao objetivo.
(SCHUBERT, *A Viagem de Inverno*,
poemas de Wilhelm Müller)

Fora Xiaoqin, não conheço ninguém na França. E, evidentemente, não sei uma palavra de francês. Instalada no apartamento dela de Issy-les-Moulineaux, não ouso sair sozinha por medo de me perder, a ponto de, durante um bom tempo, Paris se resumir para mim a algumas ruas de subúrbio.

Xiaoqin cuida de mim com uma atenção comovente. Ela passa os dias no telefone contando minha história aos amigos antes de solicitar a ajuda deles. Escritora, ela conhece muita gente entre os intelectuais e artistas chineses emigrados na França. Mas seja qual for a boa vontade deles, nada compreendem da minha situação: perguntam-lhe se sou americana, chinesa, pianista, faxineira, baby-sitter ou cozinheira, e o que eu quero exatamente. Zao Wou-ki, esse fantástico pintor chinês que veio para a França no imediato pós-guerra, procura um porteiro para sua casa; Xiaoqin propõe minha candidatura ao filho dele; mas Zao Wou-ki não imagina que uma pianista possa cogitar de trabalhar na casa dele como porteira, e não me aceita. Só vou conhecê-lo bem mais tarde. Ele virá ao meu primeiro concerto e terá a delicadeza de me deixar escolher uma de suas telas para a capa de meu primeiro disco.

Ao cabo de alguns dias, nós nos rendemos à realidade. Meu diploma do Conservatório da Nova Inglaterra não interessa a ninguém na França. Se meu objetivo é tocar e dar concertos, preciso me tornar conhecida de alguns músicos influentes e, para tanto, o melhor é ir estudar com eles. Antes de deixar Brattleboro, eu finalmente ousara escrever a Rudolf Serkin, que acaba de me responder do próprio punho, como o príncipe que ele é, me convidando para ir vê-lo. Digo a mim mesma que perdi a oportunidade da minha vida e que é pura loucura ter vindo para a França, mas é tarde demais para voltar atrás.

Xiaoqin se informa. Eu ultrapassei o limite de idade para o conservatório, mas a Escola Normal de Música, que não impõe as mesmas exigências, poderia me acolher. Ela me aconselha a entrar em contato com Marian Rybicki. Como, dizem, ele fala inglês, eu poderei me entender com ele.

No dia seguinte eu lhe telefono.

— Sou uma pianista chinesa, acabo de chegar na França proveniente dos Estados Unidos, onde estudei. Será que poderia ir tocar-lhe alguma coisa?

— Claro!

O homem é tão caloroso que eu prossigo sem esperar:

— Quando?

E eu espero enquanto ele folheia a agenda.

— O mais cedo que posso é depois de amanhã. Está bom para a senhora?

Um dia para me preparar, é pouco! Xiaoqin não tem piano em casa e eu estou já há duas semanas sem tocar. Ela e eu corremos para a casa Daudé, a grande loja de pianos da rue Wagram. Lá há magníficos Steinways... Não para mim; tenho apenas o suficiente para alugar o pequeno piano que está encostado no fundo da loja, o mais barato. Mas isto não basta para trabalhar minhas queridas *Davidsbündlertänze*. O tempo passa.

Quando chega o dia, eu me apresento na casa de Marian Rybicki. Eu me informei sobre seu preço: 400 francos a hora. Como isto representa uma grande parte de minhas economias, concedo-me uma hora, não mais, para convencê-lo.

Marian Rybicki é tão caloroso em pessoa quanto no telefone. Eu retraço para ele meu percurso em algumas frases, sempre mantendo o olho no relógio. De uma gentileza extrema, ele me faz perguntas e mais perguntas. E eu penso no meu dinheiro que está indo embora em palavras, fervendo de impaciência mas sem ousar deixar transparecer. Quando é que ele vai afinal me mandar para o piano? Finalmente, a metade da hora tinha se passado quando ele se decidiu:

— Perfeito. Muito bem, estou muito curioso para escutá-la. O que vai me tocar?

— Schumann, as *Davidsbündlertänze*.

Eu coloco meu relógio em cima do piano. No caso, não apenas por fidelidade às exigências de Gabriel Chodos. Para tocar as *Davidsbündlertänze* preciso de mais ou menos 37 minutos. Mesmo acelerando o tempo, não chegarei a fazê-las caber na meia hora que ainda tenho condição de pagar; vou ter, portanto, que parar antes do fim. É o meu relógio que vai me dizer quando.

O que veio a seguir Marian Rybicki ainda hoje conta, às gargalhadas. Estou na penúltima parte das *Davidsbündlertänze*, uma das mais belas. Eis que a hora soa; pronto, não tenho mais dinheiro para pagar... eu interrompo então, bruscamente.

Marian Rybicki dá um pulo na cadeira.

— O que aconteceu?

— Eu só tenho 400 francos. Não tenho como ficar mais do que uma hora com o senhor.

— Mas a senhora é louca! Nunca tinha escutado tocar Schumann assim, e a senhora pára bem no meio! Não vou lhe cobrar nada, evidentemente. Ao contrário, diga o que posso fazer pela senhora...

Não tenho nenhuma dificuldade em lhe responder: há tantas coisas que ele pode fazer por mim! Eu exponho tudo em pouquíssimo tempo: sonho em me estabelecer em Paris, obter um visto, conseguir uma bolsa. Ele me escuta com um ar grave, sem uma palavra, depois promete que vai me telefonar.

Nem bem se passaram dois dias e ele cumpre a promessa. Dois dias durante os quais ele me conseguiu uma bolsa, um quarto de empregada no sétimo andar de um prédio na avenue Suffren e sete de seus alunos prontos a me deixarem tocar em seus pianos, um para cada dia da semana. Um milagre se produziu. A França, terra de acolhida, não é uma lenda!

Eu deixo o apartamento de Xiaoqin e vou para minha nova residência. O quartinho está vazio, mas a mobília terá que esperar; paciência, dormirei no chão. O que importa agora não é me instalar, mas, sim, trabalhar. Trabalhar para me tornar conhecida, mais uma vez, aos 36 anos, idade em que a maior parte dos pianistas já têm uma longa carreira atrás de si. Não termino nunca de pagar por aqueles anos de "reeducação" sem estudo!

Felizmente, os alunos que Marian Rybicki me apresentou são um grande apoio, e muitos deles vão se tornar verdadeiros amigos. Como eu, a maior parte deixou seu país natal, e formamos uma pequena comunidade solidária contra a adversidade. Pois, passado o milagre de meu encontro com Marian Rybicki, eu descubro o quanto Paris pode ser uma cidade dura com os estrangeiros. Ajudamos uns aos outros, nos acompanhando mutuamente para cumprir as formalidades administrativas sem as quais a França não seria a França.

O mais extravagante dos meus amigos se chama Braz. Ele é brasileiro e um pianista de extrema sensibilidade. Nascido na alta burguesia do Rio de Janeiro, vive à larga em Paris, ao menos durante as duas primeiras semanas de cada mês. No resto do tempo, a soma mensal que seus pais lhe remetem se esgota e ele não tem mais sequer como comer corretamente. É então que eu entro em cena. Há muito tempo me tornei mestra na arte de preparar comida chinesa de qualidade com um pouco de arroz, alguns ovos, cenouras e *petits-pois*. É assim que ele sobrevive até o final do mês.

Braz tem métodos de trabalho antipodais aos meus: acha que está estudando ao aproveitar os prazeres da vida.

— Você trabalha demais — ele me repete.

Um dia eu lhe conto o choque que tive ao sair do metrô em Pont-Neuf: até então, não tinha idéia de que Paris fosse tão bonita, e lhe confesso que, desde minha chegada, praticamente só tinha visto da cidade o metrô. Braz me lança um olhar consternado:

— Eu vou ter que tomar algumas providências, ou você nunca vai parar de dar duro.

E graças a ele eu saio da terra. Ele será meu primeiro guia em Paris.

Mais tarde, ao acabar de visitar meu quartinho, o que faz em segundos, Braz me propõe aproveitar minhas sessões de trabalho na casa dele para usar seu banheiro confortável. Eu aceito de bom grado. Mas em um domingo de manhã, não consigo abrir a porta com a chave que ele me emprestou. Eu a viro desesperadamente em todos os sentidos: nada feito. Continuo insistindo quando, de repente, vejo a porta se abrir sozinha e Braz aparecer na soleira, com o aspecto de quem ainda não acordou.

— Xiao-Mei? O que está acontecendo?

— Eu vim trabalhar no piano. Sinto muito, não sabia que você estava aqui.

— Não só estou aqui como não estou sozinho. Domingo de manhã! Você não entende nada da vida?

Nasi também se tornou uma amiga. Autêntica princesa iraniana, ela é de uma beleza, de uma sutileza e discrição totalmente orientais. É minha primeira professora de francês. Com ela, Braz e alguns outros amigos, dentre os quais minha amiga Lin, uma chinesa casada com um pastor, vamos, embora freqüentemente sem dinheiro, aos concertos, visitamos Paris, nos lemos livros em voz alta, levamos uma maravilhosa vida de boêmia, sempre ocupados, sempre rindo.

Uma outra aluna de Marian Rybicki vai desempenhar um grande papel na minha vida: a sra. Aalam. Com mais de 80 anos, ela parece 20 mais jovem e sua vida é um romance. Filha de um médico do xá, deixou a família aos 20 anos, um pouco como minha mãe, por causa de um violinista russo por quem se apaixonou loucamente. Mais tarde, ela criou no Irã um dos primeiros estabelecimentos reservados à educação de meninas, antes de fugir de seu país no momento da queda da dinastia dos Pahlevi.

Já no nosso primeiro encontro, ela me contou que um dia, quando dirigia a casa de estudantes iranianos na Cidade Universitária em Paris, um grupo de jovens maoístas a agrediu culpando-a por seu passado. Ela os convidou para discutir na casa dela. No final da noite tinham se tornado amigos. Compreendo rapidamente que a sra. Aalam tem a qualidade que eu não terei jamais: nada lhe mete medo!

Ao saber em que condições estou morando, ela me convida para ir morar no seu suntuoso apartamento parisiense e para usufruir do seu Steinway. No dia seguinte ao da minha chegada a sua casa, eu proponho fazer o que sempre fiz até aqui nas casas onde morei — um pouco de serviço doméstico em troca da hospedagem. Seus olhos escuros se fixam em mim:

— Nunca! Está me entendendo? Nunca! Ao contrário, minha faxineira trabalhará para você. Quero que você trabalhe no piano sem pensar em outra coisa.

É a primeira vez que alguém me fala assim.

Ela me leva ao Louvre. Na ala Denon, ela me aponta uma estátua, no alto de uma grande escadaria.

— Você está vendo, quando entrar no palco, quero que você seja como ela: vitoriosa, poderosa, mas ao mesmo tempo delicada e graciosa.

Eu admiro a obra-prima que se ergue diante de mim. É a *Vitória de Samotrácia*.

— Compreendo o que você passou — me diz em uma outra vez. — O que você precisa agora é ter confiança em si própria.

Ela tem uma maneira muito oriental de garantir minha promoção. Nós tomamos o ônibus: ela declara ao motorista que ele está tendo a sorte de transportar uma grande pianista. Vamos comprar remédios: ela previne o farmacêutico de que ele está servindo uma grande artista. Não sei mais onde me meter, mas o que dizer àquela que me declarou um dia com a mais séria das vozes:

— Se eu tivesse certeza de que isso me permitiria tocar as *Cenas da Infância* como você, eu estaria pronta para partir imediatamente para dez anos de campo em Zhangjiako!

Alguns meses se passaram quando Marian Rybicki me anuncia que conseguiu para mim uma turnê de concertos na Polônia. Minha primeira turnê! Seis concertos!

Eu toco para começar na casa natal de Chopin, em Żelazowa Wola. No final do concerto, espectadores vêm me cumprimentar: eles gostaram da minha maneira de tocar as mazurkas, as quais trabalhei com Marian Rybicki. Lembram-me de que, na década de 1950, um compatriota mais velho, Fou Ts'ong, recebeu um prêmio especial do júri por sua execução destas mesmas peças no concurso Chopin de Varsóvia. Eles me interrogam, à procura de uma resposta para a pergunta que eles mesmos se fazem: existe uma arte chinesa de interpretação dessas pequenas miniaturas?

Eu gosto da Polônia e de seu público tão musical. Além do mais, sinto simpatia por este povo que, como os chineses, ainda não vive livre; eu compreendo, eu compartilho de suas frustrações.

Minha turnê é regiamente paga, uma vez que, para seis concertos, eu recebo o equivalente a dois anos de salário de uma operária polonesa. Infelizmente, à época, o zloty não é conversível, sendo, pois, impossível para mim tirar esse dinheiro da Polônia. Tenho então a idéia de ligar para o embaixador da China na Polônia; explico-lhe quem sou eu e o assunto de meu telefonema: entregar-lhe meu cachê para que ele compre partituras de Chopin em favor do Conservatório de Pequim. O embaixador se mostra de início desconfiado, depois agressivo, me submete a um verdadeiro interrogatório e, finalmente, desliga na minha cara. Outro elo com meu país acaba de se romper. Quando penso que Teng Wenji me aconselhava a não deixar a China! Decepcionada, darei o dinheiro ao Solidariedade, que representava então uma esperança para muitos poloneses.

De volta a Paris, há um novo desafio que terei de enfrentar, e não dos menores: o visto de estudante que eu obtivera para a França está se expirando, e então chegou a hora de tentar a renovação junto ao serviço de imigração, no Departamento de Polícia. Na primeira vez fiquei oito horas na fila antes de finalmente entrever o funcionário atrás do guichê, bem no momento em que os escritórios estavam se fechando. No dia seguinte eu me levantei às cinco horas, firmemente decidida a ser a primeira desta vez. Ao fim de quatro horas, fui mandada embora como uma indesejável qualquer sem ter conseguido explicar o que quer que seja. Eu volto outra vez, volto outra vez... É uma outra França que eu encontro lá. Burocrática, indiferente, hostil. A única informação clara que consigo obter é de que será mais fácil para mim conseguir a nacionalidade francesa com um passaporte americano do que com um passaporte chinês. E para isso, terei que voltar a morar nos Estados Unidos, onde, eu sei, precisarei que esperar um ano e meio antes de obter os documentos válidos.

Estava tudo indo tão bem. Eu estava feliz em Paris, tinha amigos maravilhosos, estava começando a dar concertos de verdade. E por causa de uma questão de visto sou obrigada a fazer meia-volta, a voltar para trás. Eu me sinto amarga, deprimida. Será que um dia vou encontrar um lugar para largar minha malas?

Mas não tenho escolha. Faço algumas ligações telefônicas a amigos americanos para conseguir um pouso. Janet, uma musicóloga que mora em Boston, se diz disposta a me acolher.

Eu enfio na mala algumas roupas, todas as minhas partituras, e levanto vôo para Boston. Como Janet tem dois belos pianos Blüthner, digo a mim que lá, pelo menos, poderei continuar a trabalhar.

Infelizmente, ocorre que os músicos profissionais não apreciam que lhes imponham as músicas dos outros. A não ser uma determinada peça...

23

As *Variações Goldberg*

O retorno é o movimento do Tao.
(LAO TSE)

Decididamente, não há nada a fazer. Depois de vários dias em Boston, preciso aceitar os fatos: é impossível obrigar Janet a me ouvir tocar. Eu a compreendo muito bem; entre a preparação de sua tese de musicologia e suas aulas de piano, ela está saturada de música. Única solução: aproveitar seus momentos de ausência para trabalhar.

Um dia em que estou percorrendo sua vasta biblioteca musical à procura de peças para decifrar, caio sobre uma grossa partitura de Bach. As *Variações Goldberg*, cuja história é curiosa, são uma obra da maturidade do compositor. O conde Keyserling, embaixador da Rússia em Dresden, sofria de insônia. Ele encomendou a Bach uma obra que seu jovem cravista, Goldberg, pudesse lhe tocar à noite esperando que o seu sono chegasse. Uma das raras obras que Bach, que não imaginava passar para a posteridade, tomou o cuidado de mandar registrar.

Eu nunca trabalhei as *Variações Goldberg*, e disse a mim mesma que seguramente havia ali material para me ocupar durante bastante tempo.

Eu coloco a partitura no suporte do piano.

Como é doce a abertura da *Ária* inicial! Eis uma música que nos absorve, que nos estende a mão, amistosamente. Eu emendo com a primeira variação, depois a segunda. Uma hora e meia mais tarde, estou de volta à *Ária* inicial, que fecha a obra no final das trinta variações.

Neste ínterim, Janet voltou sem que eu me apercebesse. Mas, desta vez, ela não me interrompeu. Somente depois que eu toquei a última nota é que ela vem até mim.

— Você pode tocar as *Variações* quantas vezes quiser — ela me diz. — Não pode imaginar o quanto isso me faz bem. Eu poderia ouvi-las para sempre.

Nem precisa me implorar. Durante várias semanas, vou trabalhar as *Variações*, às vezes oito horas por dia, sem que Janet proteste nem uma vez. Eis-me transformada em Goldberg e ela em condessa Keyserling. Assim que começa a *Ária*, ela recomeça a sorrir... Embora, curiosamente, de minha parte, eu ainda não esteja totalmente conquistada pela obra; sua principal virtude, devo confessar, é me permitir tocar.

Como Janet está prestes a defender sua tese, eu decido, sejam quais forem as virtudes calmantes das *Variações*, me mudar para deixá-la em paz. A primeira amiga a quem peço para me acolher me responde com a maior seriedade:

— Totalmente impossível! Meu marido não trabalha. Ele fica em casa o dia todo, não posso deixar você sozinha com ele.

Meu espanto é enorme. Primeiro por ela ter tido uma idéia dessas, em seguida por ter ousado formulá-la. Lembre-se, digo a mim, você não está mais na China — lá, uma resposta dessas seria considerada uma ofensa grave.

O segundo pedido é mais feliz: Mary e Ryan aceitam me hospedar. Ela ensina cerâmica em uma escola de arte e ele é agente de seguros. Vivem nas cercanias de Brattleboro, onde os conheci, em Saxon River, um vilarejo reduzido ao essencial: um supermercado, uma padaria, uma agência dos correios e uma igreja; é tudo.

Ao mesmo tempo, apresento minha candidatura à escola de música onde já ensinei. A resposta vem sem apelação:

— Você foi embora. Acabou. Nós não somos um hotel.

Tento então minha sorte em um colégio famoso na região, o Smith College. Jamais esquecerei os elogios que sua diretora me fez, depois que eu interpretei para ela uma mazurca de Chopin para lhe mostrar minhas capacidades. Entretanto, e mesmo me prometendo fazer o possível para criar um cargo, não tinha nada para me propor.

Envio umas cinqüenta cartas de candidatura: nenhuma resposta. Amigos me aconselham a tentar a chance em Washington. Coloco todas as minhas economias em uma passagem de avião, em vão.

Por desespero, tento a sorte na padaria da Saxton River. O dono me pergunta com um tom incrédulo se estou preparada para me levantar todas as noites às quatro da madrugada. Eu lhe explico que fiz isso durante anos, em um campo de trabalho. Ele me olha fixamente, depois observa minhas mãos:

— Elas são pequenas demais. Você não vai conseguir amassar...

Penso novamente em mestre Pan, que me dizia: "Procure tirar energia do teclado e não apenas transmiti-la para ele. Imagine que está amassando pão. Você verá, isso vai mudar tudo na sua relação com o instrumento." Inútil perder meu tempo argumentando, o padeiro não quer saber de mim.

As coisas não vão bem. Não tenho nenhum trabalho, nenhum projeto. Felizmente, Mary e Ryan estão ali, do meu lado. Quando, no final do primeiro mês passado na casa deles, quero lhes dar 100 dólares a título de compensação, Ryan recusa. Ele se interessa por tudo, não se passa um dia sem que me pergunte sobre a China, sobre a Revolução Cultural. Faz o que pode para me distrair: no fim de semana, me leva para patinar e andar de moto. Não tenho certeza de gostar, mas eu lhe digo que acho *great*!

Quanto a Mary, ela compreende o que mais estou precisando no momento: ficar sozinha, não falar. Sendo ela mesma artista, conhece as virtudes do silêncio. Chega do trabalho quando estou no piano: insinua-se em silêncio na sala para me ouvir, e me faz um sinal para continuar. Amigos vêm visitá-la: ela pede a eles para não me atrapalharem. Ela organiza uma festa: ela me pede para desculpá-la. Tenho por ela um respeito à altura do respeito com que ela mesma me honra.

Há apenas uma coisa que Mary e Ryan não compreendem em mim: por que eu trabalho tanto. Mary me repete muitas vezes com doçura:

— Você não tem um trabalho, não tem projetos de concerto. Onde encontra energia para seguir tamanha disciplina? De onde a obtém?

Não sei o que lhe responder.

Mas o que sei é que fiz a descoberta musical da minha vida. As *Variações Goldberg* preenchem doravante toda minha existência. Há de tudo nesta música, ela basta para viver. A primeira variação me dá coragem. Sorrio na décima, humorística, canto na décima terceira, cuja linha musical me acalma como nenhuma outra música antes o fez, danço na vigésima quarta com seu ritmo de polonesa, medito na décima-quinta e na vigésima quinta, duas das três variações em si menor, que me comovem às lágrimas.

Depois chega a trigésima, o famoso *Quodlibet* que me parece uma espécie de hino à glória do mundo. Quanto mais a trabalho, mais ela me perturba. Bach, misturando duas canções populares ao baixo que forma a ossatura das variações, alcança os píncaros de sua arte: o profano faz nascer o sagrado, o contraponto mais erudito faz nascer a maior das simplicidades. Um dia, descubro o título de uma das duas canções populares utilizadas nessa variação: "Repolhos e nabos me fizeram fugir, Se minha mãe tivesse feito carne eu teria ficado mais tempo". O que repolhos vêm fazer nessa variação tão sublime? Ao mesmo tempo, como não pensar naqueles repolhos de Zhangjiako que era preciso colher nos campos, e que eu achava todos os dias na minha tigela? É um sinal do destino. Ainda hoje, cada vez que atinjo essa última variação, vejo aparecer na minha frente as planícies tristes e áridas de Zhangjiako.

E, finalmente, retornamos a *Ária* inicial, a passagem que me emociona acima de tudo. Durante trinta variações, a tensão subiu, Bach convocou todas as emoções humanas e, de repente, resta apenas uma música serena, calma, ao contrário dos grandes crescendos que concluem tantas peças clássicas. Docemente, a *Ária* adentra um vazio que não é a expressão de uma falta ou de um desaparecimento, mas de felicidade e de luz. Quanto mais a música decresce, mais nos elevamos.

Eu tento aplicar os princípios de trabalho que passaram a ser os meus ao estudo das *Goldberg*, levando-os ao extremo. O exercício é difícil e só dá certo em alguns momentos.

O vazio antes de tocar. A busca do tempo que permite simultaneamente respirar, escutar todas as belezas da partitura e deixar o pensamento se desenvolver de maneira natural. De resto, não é apenas na música que é preciso buscar o andamento certo: também é essencial encontrá-lo na própria vida. A busca do sentido e a verdade do texto. O desaparecimento por trás da música, como se minha leitura de Lao Tse e Tchuang Tse acabasse me convencendo de que os melhores pianistas, assim como os melhores soberanos, são os que não existem e que este é o objetivo a se alcançar.

Oh! Não que eu tenha propriamente encontrado a chave, a explicação, a resposta a uma pergunta. Não decidi conscientemente modificar minha maneira de tocar. Ela simplesmente se torna, a cada dia, pela prática, mais natural.

Quanto mais trabalho as *Goldberg*, mais me parece que Bach ilustra maravilhosamente a idéia de progressão horizontal da música, de linha, de movimento, que me é cada vez mais cara. Quer seja nas *Goldberg* ou em outro lugar, raramente há paradas na música de Bach. Tem a ver sobretudo com um fluxo musical, o contraponto erudito do compositor incitando a uma perpétua seqüência das linhas, mesmo nas articulações mais ressaltantes do discurso. É aquilo que, creio, torna a música de Bach tão repousante para os ouvintes. Com raras exceções, que encontraremos por exemplo nas *Paixões*, ela nunca é dramática nem abrupta; pelo contrário, ela é serena e contínua.

Ao mesmo tempo, as *Goldberg* mostram no mais alto grau como a progressão horizontal precisa ser sustentada pelo pulso, a pulsão do baixo: o tema das variações não é constituído pelas notas de baixo dos 32 compassos do tema inicial? Nas *Goldberg*, é ela que engendra a vida!

Fico admirada ao encontrar nas *Goldberg* os elementos mais essenciais da minha cultura chinesa, como se Bach tivesse tido essa premonição ou fosse a encarnação de um grande sábio chinês. Na minha opinião, Bach é bem mais do que um luterano que coloca toda sua arte a serviço da glória de Deus. Ele é universal.

As linhas musicais entremeadas do contraponto de Bach me remetem à arte da caligrafia, uma arte tipicamente chinesa que é antes de tudo uma arte da respiração e da meditação. Enquanto trabalho, eu penso nos grandes mestres chineses da caligrafia que se retiravam no silêncio das montanhas, olhavam, contemplavam, depois um dia se encontravam prontos. Chu Ta, príncipe da dinastia Ming, foi obrigado, com a idade de 18 anos, a fugir da invasão manchu e a se tornar um monge, em um templo nas montanhas. Lá, vivendo na pobreza, desconhecido, passou a maior parte da vida em um estado de contemplação, sem fazer nada, para finalmente pintar algumas obras-primas raras e alcançar a notoriedade em uma idade muito avançada. Zhen Banqio, um prodigioso pintor de bambus, passou mais de quarenta anos de sua vida solitária contemplando e reproduzindo seu tema. Ele escreveu:

Quando você pensa que está descendo,
está subindo, mas você não sabe.
Quando você pensa que está subindo,
na realidade está descendo.
Trabalhe, e um dia, quando menos espera,
conseguirá o que deseja.

A história das vidas de Chu Ta e Zhen Banqio me dá coragem. A pobreza, o anonimato, o desprezo que um e outro suportaram e que poderiam tê-los destruído tornou-os mais fortes.

Tentar, pelo pensamento, me retirar como eles nas montanhas me ajuda a alcançar o que venho procurando há muito tempo: desaparecer por trás do compositor. Tenho a impressão de não mais existir e, portanto, de não mais interpor *vontade* entre o compositor e a música. Ser apenas capaz de mostrar o gênio do compositor.

A variedade de climas e de humores que encontramos nas *Goldberg* me lembra a filosofia do "meio-termo" de que mestre Pan foi o primeiro a me falar. Mas através desta obra, me parece que passei a compreendê-la: não se trata de adotar o caminho do meio, que seria uma espécie de comprometimento, uma recusa de escolher os extremos, mas muito mais a adoção de um ponto de equilíbrio que permite fazer sobressair todos os componentes da obra. Ora, as *Goldberg* têm de particular o fato de convocarem todas as emoções, todos os sentimentos da vida humana: por isso constituem uma das maiores obras-primas da humanidade e falam tanto ao público. Nesta obra, é a própria vida, em seus componentes infinitos, que Bach colocou em música.

Os budistas representam sempre Buda sorrindo. Em toda coisa, em todo ser, há sempre dois lados. E não há verdade única: tudo depende da maneira como se quer ver a realidade. A vida é isso. As *Variações Goldberg* são isso. Eu também compreendo através delas por que a música polifônica, de Bach especialmente, me emociona mais do que qualquer outra: somente ela permite, com efeito, *no mesmo momento*, expressar, com a intermediação das diferentes vozes, emoções diversas, plurais, contraditórias, sem que uma se torne necessariamente mais importante do que outra.

E ademais, é claro, há o mistério da *Ária* que abre as *Goldberg* e as conclui. As obras-primas da música ocidental que recorrem a este procedimento são raríssimas. E, de fato, nenhuma é em sua essência tão taoísta. Como não pensar no que Lao Tse disse do Tao, o movimento universal e sem fim animado pelo sopro da vida: "O retorno é o movimento do Tao"?

A água da *Ária* inicial ensejou o nascimento do rio das variações, ela escorreu, evaporou, caiu outra vez como chuva fina. A água que o próprio nome de Bach evoca — córrego, riacho, em alemão. A água da *Ária* final é a da *Ária* inicial e ao mesmo tempo não é a mesma. Não é um eterno retorno, mas uma transformação que está em ação.

A conclusão foi ao encontro do começo, mas ela é diferente.

24
Uma proteção

Respirar Paris faz conservar a alma.
(VICTOR HUGO, *Os Miseráveis*)

Deixei os Estados Unidos e voltei para Paris assim que obtive meu passaporte americano, no tempo exato de me despedir de Mary e de Ryan.

A sra. Aalam me acolhe como filha.

— Agora nós vamos de fato poder cuidar de você — ela me diz.

E essa segunda chegada a Paris vai me levar de um milagre a outro. Encontro com amigos excepcionais, com a França e a Europa, onde vou descobrir o que respeitar um artista quer dizer.

Para começar, exploro finalmente a cidade. Gosto tanto do tempo que está fazendo, das cores do céu, sempre um pouco carregado, melancólico. Vagueio ao longo dos *quais* do Sena, pelas ruas, maravilhada com a beleza dos lugares que surgem diante de mim: place Dauphine, place de Furstenberg, place des Vosges, onda paira a lembrança de Victor Hugo. As inúmeras igrejas que nos elevam aos céus assim que entramos nelas, Saint-Julien-le-Pauvre, Saint-Germain-des-Prés. Descubro um prédio onde Marie Curie morou — uma mulher que é um modelo para mim. Depois outros onde moraram Chopin, Picasso... Cada passo reforça a impressão de estar misturando minha vida à dos grandes gênios da humanidade. Vou ao Père-Lachaise para ver o Muro dos Federados, e meu pensamento voa imaginando os combates da Comuna que se desencadearam dentro do cemitério. Visito os museus, as exposições — em que outra cidade no mundo se vêem tamanhas filas diante das entradas? Fico um tempo nos cafés. Gosto de ver as pessoas trabalhando e os garçons servindo, rápidos e elegantes, como verdadeiros atores. Paris aparece para mim como um prodígio de beleza. Só me chocam a solidão na qual os parisienses se fecham, a indiferença que freqüentemente demonstram ter pelos outros, a arrogância exibida por alguns comerciantes. Mas, afinal, pode-se imaginar melhor porto de chegada?

A sra. Aalam me põe em contato com um casal de amigos, Jean-Luc Chalumeau e sua mulher Estelle, que eu conhecera na casa dela antes da minha partida. Tanto um quanto o outro leram nos meus pensamentos um de meus sonhos secretos: ter um teto só meu, finalmente, e Jean-Luc acha para mim a primeira moradia de verdade da minha vida. Apenas um pequeno estúdio, no primeiro andar, em um corredor bastante sombrio, mas situado no *quai* de Conti, no prédio onde ele mora com Estelle, e por um aluguel modesto. Eu me instalo lá no começo do outono de 1988. Estou na minha casa. Isso nunca tinha me acontecido.

Para dizer a verdade, ainda resta uma coisa a fazer para estar verdadeiramente em casa: comprar um piano. Um verdadeiro, de cauda: não um Steinway, não tenho dinheiro, mas um instrumento sólido no qual poderei trabalhar seriamente. Chega o dia em que o instrumento me é entregue. Impossível não pensar naquele outro piano, que chegou na casa dos meus pais no dia em que fiz 3 anos. Como estará ele, meu Robinson, fiel companheiro de Zhangjiako? Pela primeira vez, cometi com ele uma infidelidade, consciente. Eu o substituí. Ele vai ainda me querer quando eu lhe confessar?

Meus vizinhos rapidamente se tornam meus amigos. Estelle me consegue meus primeiros alunos. Josette Devin, uma antiga resistente, me dá apoio moral em todos os momentos. Por intermédio dela, descubro que é possível ter "conhecido o cheiro do medo" e viver feliz. A pintora americana Marion Pike, a quem se devem magníficos retratos de André Malraux, de Coco Chanel e outros, me dá vários quadros seus — logo em seguida vai me sugerir vendê-los para pagar o aluguel, o que evidentemente eu me recuso a fazer. Laurence Rousselot, minha primeira aluna, não só me propõe ir encontrá-la no sul da França como ainda me oferece a passagem de trem — graças à sua atenção delicada, tenho as primeiras férias da minha vida.

Anna Kamp, atraída à minha casa pela música que ela ouve através da estreita divisão que separa nossos dois apartamentos, quer a qualquer preço me apresentar seu amigo e pintor Gérard Fromanger, grande personalidade da cena artística francesa. Graças a ele, vou conhecer o violoncelista Alain Meunier. Este me propõe imediatamente tocar com ele na Academia de Siena. Dentre as peças que interpretamos juntos está a *Sonata nº 5 para Violoncelo e Piano* de Beethoven. Não a colocava sobre o suporte de meu piano desde as sessões de música de câmara em Zhangjiako com Like. Começo a tocar: ré-fá#-mi-ré, ré. No meu velho Robinson, a corda do ré agudo era uma das que eu tive que substituir por um fio de ferro; é, pois, a primeira vez que escuto tocar a nota correta! Alguns meses depois, ele me convida para ir trabalhar com ele no Conservatório Nacional Superior de Paris. Alain é casado com uma mulher de grande beleza, Annick Goutal, famosa criadora de perfumes. Ela encarna a meus olhos o chique francês no seu mais alto grau. Sua generosidade está à altura de sua elegância; assim, ela propôs ao mendigo que vive embaixo do prédio onde mora vez por outra ir tomar banho no seu próprio banheiro, e ele lhe agradece com buquês que confeccionou com as sobras do florista do lado. Desde sua morte, faz sete anos agora, não paro de pensar nela. Freqüentemente passo em frente do seu apartamento. O mendigo também desapareceu.

Se na minha primeira permanência em Paris eu havia me dado sobretudo com estrangeiros, desta vez, no entanto, eu tinha amigos franceses. E que amigos!

Eles todos me dão força, me permitem adquirir confiança em mim, a ponto de um dia eu perguntar a Estella se ela poderia me ajudar a organizar um primeiro verdadeiro concerto em Paris. Intuitivamente, penso nas minhas duas igrejas preferidas, Saint-Germain-des-Prés ou Saint-Julien-le-Pauvre. Vai ser a segunda. O programa é uma prova: as *Goldberg*. Depois de todos esses anos, estou pronta, posso sentir.

Saint-Julien-le-Pauvre. Em pleno coração de Paris, o lugar tem um ar de igreja do campo, ainda marcada pelo estilo romano, com grossos pilares e pequenas capelas redondas; nela reina uma intimidade que me lembra a arquitetura chinesa, uma atmosfera de recolhimento perfeitamente adequada à música de Bach.

Fiel à promessa, Sue Fleisher estará presente no meu primeiro concerto na França. Embora sofrendo do câncer do qual em breve morrerá, fez questão de estar lá, do meu lado, uma última vez, no país de sua juventude. Mandou preparar um folheto-programa no qual evoca a história da igreja e a lenda de são Julião, o pobre, tal como a relata Flaubert nos seus *Três Contos*. Flaubert, o escritor burguês que eu tinha sido obrigada a denunciar na minha autocrítica no conservatório. Eu me lembro do segundo dos *Três Contos* [A Legenda de São Julião Hospitaleiro], outro nome de são Julião, o Pobre. Revejo Julião massacrando uma horda de cervos antes de ser amaldiçoado pelo grande macho que a comanda: "Maldito! Maldito! Maldito! Um dia, coração feroz, você assassinará seu pai e sua mãe." E seus dois pais errando à sua procura até seu castelo, "um ancião e uma anciã, curvados, empoeirados, em trajes de algodão grosseiro, cada um apoiado em uma bengala". Eu penso na minha mãe, no meu pai que não vejo há quase dez anos. Teria adorado que eles estivessem aqui.

Dou uma volta pela igreja para me impregnar do espírito do lugar. Sinto como se estivesse em casa. Nem preciso preparar o concerto. Desta vez, estou segura de mim.

Na quarta-feira seguinte, faz um pouco de frio em Paris quando vou para a Saint-Julien-le-Pauvre. A igreja está cheia. Não há mais lugar na nave central nem nas laterais e o público começa a se sentar no chão, encostado no estrado que o porteiro do meu prédio fez questão de montar pessoalmente, por amizade. Meus amigos se mexeram e, na ausência de cartaz ou de anúncio, o boca a boca funcionou maravilhosamente. Mais um milagre. Estelle me disse que os padres da paróquia rezaram para o sucesso do meu concerto.

São mais de nove e meia: vieram me prevenir que eu posso entrar em cena. Vou para o piano, começo a *Ária*. Tudo é evidente, natural, fácil. Depois de tudo que eu vivi, a hora chegou. O silêncio que reina dentro da igreja me diz que estou em comunhão com o público. A *Ária* final chega como em um sonho.

Tenho meu primeiro verdadeiro sucesso. Aos 40 anos.

Depois desta noite, Saint-Julien-le-Pauvre passou a ser para mim um lugar de serenidade, de recolhimento e de proteção. Quando me falta ânimo ou antes de um concerto, vou até lá para rezar, para meditar. Rezar ou meditar, seja qual for o termo que se empregue, o ato é universal. Não é preciso ser cristão para ser sensível à atmosfera dessa pequena igreja que eu prefiro à Notre-Dame, sua grande vizinha, majestosa mas muito menos íntima.

Este concerto me libertou. Tenho projetos na cabeça e sou regularmente convidada para dar concertos. Mas agora preciso obter a nacionalidade francesa. Meus amigos, um por um, fazem o possível para me ajudar, eles me acompanham em minhas diligências. Nasi se levanta freqüentemente às cinco horas da manhã para fazer comigo as seis horas de fila sem as quais a França não seria a França. Uma outra amiga, Blandine Gravereau, prepara com tanto cuidado meu dossiê que ele se torna a referência dos serviços da Prefeitura. A sra. Aalam, por sua vez, trata a questão da sua maneira bem oriental, que consiste em dar de presente bolsas Gucci aos funcionários encarregados de tratar do meu caso!

Por fim, uma amiga desse pequeno círculo me ajuda a comprar o Steinway dos meus sonhos.

Quando o afinador vem pela primeira vez afiná-lo no meu pequeno estúdio, ele me declara sem rodeios:

— Me perdoe, mas eu não voltarei. Fico doente de o ver instalado assim. Olhe, ele está do lado do radiador, não vai resistir.

Mal ele saiu, eu desliguei o aquecimento. De agora em diante, vou viver resfriada grande parte do inverno, mas o Steinway vai vender saúde. E vai ser um outro afinador que virá cuidar dele, Helmut Klemm. Homem simples e modesto que afina para os importantes, ele aceita trabalhar para mim. No nosso primeiro encontro, quando a conversa passa para as *Goldberg*, ele tira da sua pasta uma cópia da vigésima primeira variação: ela o acompanha por toda parte. Sem muitas palavras, nasce uma amizade.

Em 1990, sobrevém um milagre. Uma pequena gravadora me propõe produzir meu primeiro disco, com as *Variações Goldberg*. Meus amigos me pressionam: Aceite, eles me dizem, pois sem disco, sem publicidade portanto, vai ser muito difícil para você dar concertos. Mas eu hesito. "Não deixar traços sobre a terra." Eu me lembro sorrindo da lenda de Lao Tse que minha vizinha americana me contou no avião para Hong Kong. Lao Tse, que durante a vida toda se recusara a escrever o que quer que fosse e só o fizera por ter sido obrigado, antes de se evaporar para sempre. Guardadas as devidas proporções, o paralelo me agrada: eu gravarei as *Goldberg* e depois eu também desaparecerei. Deixarei sobre a terra a única coisa que é essencial para mim.

A gravação ocorre da melhor maneira possível. Depois, quando o disco está quase pronto para ser divulgado, recebo um chamado do editor: enfrentando dificuldades financeiras, tem que desistir, não tem mais recursos. Mas, ele acrescenta, posso financiar eu mesma a operação, sozinha. A quantia necessária é de cerca de 50 mil francos. Fracassar tão perto do final, quando estou gostando da gravação, é de fato uma grande bobagem. Falo com meus amigos e resolvo tomar uma decisão: vou tomar emprestado a soma necessária; este disco precisa encontrar seu público. Eu pago os 50 mil francos ao editor. E nada acontece. Ele foi à falência!

Entro em pânico. Tenho apenas um recurso, Antoine Tchekhoff, a divina providência dos músicos. Antoine é advogado e amante de música — de tal maneira que basta ser pianista para não ter de pagar as consultas. Sob este aspecto, que diferença entre a França e os Estados Unidos! Lá, quando eu dizia que era pianista, me respondiam: *so what*?[1]

Antoine não poderia ser mais claro: tenho muito poucas chances de recuperar o dinheiro, e o melhor que posso esperar é um estoque de discos. Eu me vejo assim com 50 mil francos de dívidas que vou ter de reembolsar; depois de pagar a prestação mensal, a do meu Steinway e minha *carte orange*, não vai me restar grande coisa para viver, mas tenho meus trezentos discos.

Por felicidade, a despeito de uma difusão extremamente limitada, o disco das *Goldberg* recebe muito boas críticas. Antoine, que, como todos os meus amigos, institui-se como meu empresário, decide organizar para mim um segundo concerto em Paris. É ainda muito cedo para esperar tocar em uma grande sala, e então é no auditório da Sacem que ele se realizará.

---

[1] "E daí?"

Este segundo concerto parisiense teria sido algo confidencial se Estelle não tivesse convencido o crítico musical do *Monde* a ir me escutar. E aí um outro milagre se produz. Ao contrário do que se poderia esperar, ele escreve um artigo sobre mim no jornal do dia seguinte: "Zhu Xiao-Mei, uma força interior". Eu o leio e releio, cheia de angústia mais do que de satisfação, pois não compreendo bem as nuances do francês e temo a cada palavra que falem mal de mim.

Percebo que me comparam a pianistas que venero, Artur Schnabel e Clara Haskil, mas qual é o sentido da comparação? Meus amigos me tranqüilizam: o artigo fala bem de mim.

Gravei meu primeiro disco, dei meus primeiros concertos. Graças a Alain Meunier, começo doravante a ensinar no Conservatório de Paris. Agora eu posso voltar à China. Posso rever meus pais sem sentir vergonha.

Meus pais, meus amigos... Eu me pergunto se eles vão me reconhecer, como irão me acolher. Nós não nos vemos há 12 anos! Não posso correr o risco de fazer uma surpresa à minha mãe, mas se eu a informo com muita antecedência, ela vai adoecer de aflição. Tomo a decisão de esperar o último minuto para lhe escrever: uma semana de espera, é o suficiente para ela.

Agora é preciso pensar nos presentes. Não vou poder comprar para todo mundo, não tenho dinheiro suficiente, mas haverá um vidro de perfume para minha mãe, de verdade, de Paris, da Dior. Ele substituirá o que ela conservara de lembrança dos dias felizes em Xangai, e que tinha sido quebrado na frente dela. E mais um livro sobre Zao Wou-ki, cuja pintura fascina meus amigos chineses.

As férias de Natal chegam. Está na hora da partida.

25

A árvore de Mamãe Zheng

Reconheça a diversidade
E você alcançará a unidade.
(Rabidranath Tagore)

Aeroporto de Pequim. O avião de Paris acaba de pousar. Faz anos que espero este momento, e, contudo, de repente, eu me sinto hesitante, estrangeira. Eles estão lá, diante de mim: meu pai, minhas quatro irmãs e seus maridos, meus sobrinhos e sobrinhas que nunca vi. Vieram todos. Só minha mãe, que o anúncio da minha volta fez adoecer, como eu temia, não está lá.

Eu olho para o meu pai e minha surpresa é enorme. Nele, tudo parece menor do que antes: sua altura, seu rosto, seus olhos. Não ouso tocá-lo, nem sequer lhe dizer "Papai". A emoção nos domina, estão todos loucos para me fazer perguntas, mas a tradição é mais forte: trocamos algumas banalidades, acham que minha voz se tornou mais grave, fico sabendo que eles estão ali há duas horas, de medo de não me achar. Mas não devemos nos atrasar: um jantar de reencontro nos espera.

Depois que eu parti, meus pais se mudaram. Eles estão morando em um apartamento de 25 metros quadrados no quarto andar, sem elevador. Chega-se lá por uma escada suja e estreita, obstruída por latas de lixo que os vizinhos deixam pelos corredores. As janelas dão para um pátio escuro e não há banheiro. É a isto que meus pais estão reduzidos, na idade deles: uma habitação ainda mais sinistra do que a que conhecemos juntos e cem vezes pior do que eu imaginava. A limpeza extrema que reina naqueles lugares não é senão a prova do tempo que eles gastaram tentando torná-los apresentáveis, talvez por imaginarem que eu vivo no luxo, e temerem que eu não ache a casa deles suficientemente boa para mim.

Um terrível sentimento de culpa toma conta de mim, a filha deles, que a despeito dos 12 anos de exílio foi incapaz de ganhar dinheiro suficiente para ajudá-los a viver melhor. Enquanto eles, durante esse tempo, conservaram meu piano nos poucos metros quadrados de que dispõem.

Minha mãe faz o que pode para me acolher, mas é acometida de vertigens toda vez que permanece de olhos abertos por muito tempo. Ver-me faz com que fique doente, literalmente. Não sei por quê, eu lhe dou o vidro de perfume de Dior que comprei para ela com a esperança ingênua de que o perfume a aliviará, mas evidentemente acontece o contrário. As imagens que ele lhe traz à lembrança, bem como o cheiro, lhe dão náusea.

Em cima da única mesa do apartamento, a refeição é suntuosa.

— Você se lembra? — ela me diz. — Quando você foi para Hong Kong era véspera do ano-novo chinês, e você não pôde ficar conosco. Pois bem, aquele jantar que não tivemos juntos, ei-lo aqui.

Eu olho os pratos que ela cozinhou amorosamente. Os raviólis de todos os tipos, até minha sobremesa favorita: as *tangerduo*, as "orelhas açucaradas". Enquanto o jantar prossegue, e nós comemos, falamos, rimos juntos, vejo pouco a pouco minha mãe reviver.

Tarde da noite, nós nos separamos. Eu me instalo para dormir em um canto do corredor, único lugar do apartamento onde sobra espaço suficiente para eu me deitar. Quando eu abro os olhos, por volta das seis horas da manhã, vejo as luzes de três pequenas velas bruxuleantes sobre a mesa. Minha mãe está desenhando. Não me mexo, finjo dormir para não perturbá-la, sem deixar de olhá-la através de minhas pálpebras semicerradas. O dia surge. Minha mãe guarda as velas e seu material. Ela espera eu me levantar.

Enquanto tomamos nosso café-da-manhã, meu pai me conta a novidade:

— Você não sabe, mas sua mãe é uma estrela agora. Ela apareceu na televisão outro dia. Os jornalistas queriam finalmente saber quem era a compositora daquela canção tão conhecida pelas crianças chinesas, *Vamos à Escola*, que sua mãe escreveu há quarenta anos.

— Por que está contando isso? Se as crianças gostam da minha canção, muito bem, mas não tem interesse.

Ela não mudou. Meu pai me parece menos sereno, porém mais doce. Não é mais o homem que mandou para os Estados Unidos aquela carta que foi tão importante para mim. Ele administra uma loja de fotocópias para os proprietários, dois jovens. Um trabalho mais interessante do que parece, pois, em um tempo em que as fotocopiadoras estão surgindo no país, a técnica é utilizada de boa vontade na difusão rápida e discreta das idéias.

Meu pai me conta também que minha mãe tem todos os dias aulas de pintura, que recentemente ela expôs em Xangai com outros pintores e que está fazendo um certo sucesso. Proponho à minha mãe acompanhá-la no seu curso, já que ela se sente suficientemente bem para sair. Querer ainda aprender aos 75 anos: admiro-a por causa disso e, ao mesmo tempo, eu a compreendo. Foi a arte, a pintura particularmente, que a salvou durante a longa noite da Revolução Cultural, como a música salvou a mim.

Ao voltarmos, enquanto a ajudo a preparar nossa refeição, ela me confessa que mandou afinar o piano prevendo minha chegada. Ela não me pede nada, como é seu hábito, mas eu adivinho que está morrendo de vontade de me ouvir. Contudo, eu não consigo, não imediatamente, é cedo demais. Ainda tenho o som do meu Steinway na cabeça.

Com suas preocupações artísticas, minha mãe é uma exceção na China. Quanto mais os dias passam, mais fico impressionada por ver a que ponto os chineses se tornaram materialistas. Um apartamento maior, uma televisão, uma geladeira... assim se resumem suas ambições. Não reconheço mais meu país. Mas eu o compreendo.

Graças ao meu passaporte americano, que me dá acesso a lojas especiais, tenho o privilégio de poder comprar equipamentos eletrodomésticos, e posso assim dar mais conforto aos meus pais e a meus amigos. Passo, pois, os dias inteiros fazendo compras. E me vem um sentimento misto, como sempre: uma grande felicidade, por um lado, um vazio na alma, por outro; estou ajudando minha família e, ao mesmo tempo, não posso me impedir de olhar para nós, fazendo fila para comprar uma geladeira em vez de compartilharmos nossas experiências, em vez de contarmos uns aos outros tudo que não pudemos dizer durante tanto tempo. Contudo, efetuadas as compras, eu me sinto liberada. Liberada para me reconciliar com meu mais velho amigo.

Ele está ali como no primeiro dia, apesar de suas teclas amareladas. Ele, o fiel, o discreto, o indulgente. Ele, que eu cobri com um dazibao infamante, o qual fiz atravessar a China em cima de um vagão de carvão, cujas cordas improvisei com fios de ferro, que quase vendi para pagar uma passagem de avião, que traí com um Steinway. Ele é generoso e corajoso, duas das três qualidades do marido ideal.

Eu o ouço suspirar: "Estou velho agora. Fiz tudo o que pude por você, e hoje estou cansado. Nunca lhe disse, mas se soubesse como senti frio em Zhangjiako! Não sou mais suficientemente bom para você. Sei que você me foi infiel. Evidentemente, em Paris há tentações, é mais do que sabido..."

Ele tem humor, ademais, a terceira das qualidades que fazem o marido ideal. Eu objeto que, ao contrário do que ele pensa, os franceses não são infiéis — ao menos na amizade.

E eu toco para minha mãe *Devaneios* de Schumann. Como ela a tocara para mim, quando eu tinha 3 anos — minha primeira peça musical.

É o momento de rever mestre Pan. Sei que ele agora é considerado um dos maiores professores da China. A inexistência de telefone torna impossível avisá-lo da minha visita, e o conservatório, onde ele continua morando, fica a mais de uma hora da casa de meus pais, mas vale a pena tentar. Quando chego lá, por volta das cinco horas da tarde, o estabelecimento ressoa música: por todo lado, os estudantes estão ensaiando. Eu os escuto por um momento... Não imaginam que há trinta anos as obras que estão tocando eram proscritas. Que se enviavam aos campos os estudantes para "reeducá-los". Que se queimavam as partituras. Que professores eram levados ao suicídio.

Bato na porta da casa de mestre Pan.

— Zhu Xiao-Mei! Isto é inacreditável.

Ele está ali, diante de mim, e me olha com um largo sorriso.

— Você não mudou! — Ele chama a mulher. — Venha ver quem está aqui! Vamos ter que comprar comida para o jantar desta noite.

Passamos o resto do dia juntos, falando dos 12 anos que se escoaram desde minha partida, do filho deles, músico da Orquestra Sinfônica de Singapura, das multidões de jovens chineses que começam a estudar piano. Ele conhece todos os grandes pianistas ocidentais, seja por disco, seja por tê-los escutado tocar em Pequim. Eu lhe pergunto quem ele prefere.

— Murray Perahia — me responde. Mas acrescenta: — Agora há muitos grandes pianistas estrangeiros que vêm dar concertos ou *master-classes* na China. Também ouço muito os discos deles. É curioso, mas não recolho muitas coisas interessantes. Com o passar dos anos, creio ter chegado a resultados similares. E depois, me parece que sempre falta alguma coisa no modo como tocam.

Impossível não sorrir com esta observação. Provavelmente existem ocidentais que pensam que os chineses jamais poderão compreender Beethoven, e eis que um dos grandes mestres chineses afirma que os ocidentais não o compreendem também, pelo menos não inteiramente. Tanto em um lado quanto no outro há algo faltando. O mais difícil, na interpretação da música, não é só dizer alguma coisa, é também dizê-la a uma outra cultura.

Eu lhe falo da mistura de culturas. Da pirâmide que Pei construiu no pátio do Louvre. Da magia que Seiji Ozawa obtinha da Orquestra Sinfônica de Boston, quando eu estava lá. Um som único, como se um só músico tocasse. E, contudo, que mosaico aquela orquestra! Cordas da escola alemã, sopros da escola francesa, um regente japonês, Seiji Ozawa. O resultado ultrapassava tudo que se podia imaginar: o melhor havia sido tomado de cada uma dessas escolas, elas eram todas respeitadas, escutadas, para que pudessem contribuir com algo único e novo, para alcançar uma forma de perfeição. Como diz o grande autor indiano Rabindranath Tagore: "Reconheça a diversidade e você alcançará a unidade."

— Eu teria gostado tanto de ver e escutar tudo isso — ele me responde. — Você tem sorte.

Falamos em seguida do *Opus 111* de Beethoven. Ele me pergunta se eu o trabalhei. Como respondo que não, ele me incita a me dedicar a ele urgentemente.

— Nos últimos tempos — ele diz —, tenho passado horas no segundo movimento. Eu me sinto muito bem quando o toco. Tenho vontade de parar o tempo, para nunca acabar. Você sabe o que o nosso querido Romain Rolland falou? "Um sorriso imóvel de Buda", Bonito, não?

Bem mais tarde, na soleira da porta, ele me faz uma confissão:

— Talvez seja a última vez que nos vemos em Pequim. Eu gostaria de viver normalmente. Aqui nunca paramos de nos perguntar o que pode acontecer.

De fato, pouco tempo depois da minha viagem, a mulher e ele deixarão a China para se juntar ao filho em Singapura, onde eu o vejo de tempos em tempos.

Saindo da casa de mestre Pan, fico ainda uns instantes dentro do conservatório. Como ele está sendo ampliado, há obras por todo lado. Já é noite agora, reina o silêncio. As imagens me vêm, irresistivelmente, imagens de destinos interrompidos, de vítimas, de mortos.

Chego na frente da enfermaria. Lá também, *bulldozers* andaram trabalhando. A árvore onde Mamãe Zheng se enforcou desapareceu. Sem família para honrar sua memória, ele não teve um funeral, depois do suicídio. E agora, dele, sequer resta aquela árvore.

Mas hoje é o dia de lhe render homenagem.

Você era um grande homem, Mamãe Zheng. Renunciou às honras, à fortuna, para cuidar das crianças que nós éramos. Fiquei sabendo mais tarde que você era parente do presidente indonésio Sukarno, e também de Zhang Ji, ministro de Chiang Kai-chek. A vida poderia ter sido fácil para você...

"Mamãe Zheng"? Não. Huabin Zheng era o seu nome. Está na hora de voltar a sê-lo.

Nós o devolvemos a você, Huabin Zheng, nós, seus filhos. Em nome de todos os estudantes do Conservatório dos quais hoje sou a intérprete, deixe-me lhe dizer muito obrigada. Obrigada por tudo que fez por nós. E me deixe também clamar esta verdade que ninguém ousou dizer então: você era inocente. Se este livro tem um sentido, é a você e a todas as outras vítimas que ele o deve.

Adeus, Huabin Zheng.

26

A vida começa aos 40

Aos quinze anos, eu me dedicava ao estudo.
Aos trinta anos, minha opinião estava feita.
Aos quarenta anos, superei minhas incertezas.
Aos cinqüenta anos, descobri a vontade do Céu.
Aos sessenta anos, nenhuma intenção podia me perturbar.
Agora, aos setenta anos,
posso seguir todos os impulsos do meu coração
sem jamais sair do caminho justo.

(Confúcio)

Os chineses consideram que a vida começa aos 40 anos. Lembrar disso me faz rir, pois foi exatamente nessa idade que minha carreira tomou impulso.

Ao voltar da China, comecei a receber propostas de concertos cada vez mais numerosas. Minha rede de amigos continua a funcionar. Estou admiradíssima. Quem, além de mim, deu seus primeiros passos numa idade dessas?

Ao mesmo tempo, todos esses projetos me assustam. Não estou habituada a tocar tanto, a apresentar tantos programas diferentes em lugares tão diversos. Sinto a angústia tomando conta de mim aos poucos. Esse andamento não é o meu. Não é assim que desejo viver. Mas não tenho escolha: se eu recusar as ofertas, bem depressa não me farão mais. É a cruel realidade da profissão.

Meus amigos me encorajam a varrer essas dúvidas. A rede deles funciona a pleno vapor. No Conservatório, fico conhecendo o musicólogo Rémy Stricker, um homem de grande cultura que compreende muito bem a música e os músicos e que considera seus alunos como seus filhos. Antes de cada concerto, gosto de tocar para ele. Tenho nele total confiança. E depois um novo empresário amador vem se juntar ao círculo. Ele tem 23 anos e se parece com o Pequeno Príncipe de Saint-Exupéry. Inteligente, sensível, toca a música francesa de Rameau a Ravel como ninguém, tem tudo para fazer sucesso. E está começando uma carreira brilhante. Mas Alexandre Tharaud, pois esse é o nome dele, tem também qualidades de generosidade que o levam a cuidar de mim. Depois de ouvir meu disco das *Goldberg*, comprou dezenas deles e os distribuiu entre os organizadores de concertos com este comentário:

— É ela a grande pianista. Não eu. É ela que vocês devem convidar.

Claro que não é verdade, mas é muito comovente. Começa de todo modo uma longa amizade musical que vai nos conduzir a tocar muitas vezes a quatro mãos.

A primeira grande sala parisiense a acreditar em mim foi o Teatro de la Ville, ao qual permaneço muito ligada. Tem muito a ver com a personalidade de Georges Gara, seu conselheiro musical. Eu o encontrei a primeira vez graças a um amigo comum, Benoît Choquet, que acreditou em mim desde o começo.

Georges fugiu da Hungria e exerceu a profissão de editor antes de entrar no Teatro de la Ville. Entre os emigrados, a corrente circula. Um dia, no meio de uma conversa, ele me pergunta:

— Se você pudesse dar um concerto na nossa sala, que obra você tocaria?

— Não hesitaria. As *Goldberg*.

Alguns dias mais tarde, ele me telefona:

— Você está no programa do ano que vem.

Estamos em 1994 e vai chegar a hora das minhas primeiras verdadeiras apresentações parisienses. A sala estoura de gente. Mas esse concerto, apesar de seu sucesso, me fez adoecer durante meses, tanto antes quanto depois da apresentação.

Eu me sinto incapaz de alcançar a perfeição com que sonho. De resto, como tantos músicos, sofro com minha impotência. Como Richter, que dizia no final da vida: "Não gosto de mim mesmo." A sabedoria é, certamente, reconhecer que a perfeição não existe. Os chineses bem o sabem, quando, em um bordado ou uma caligrafia, introduzem um defeito proposital, considerando que o defeito torna a obra ainda mais bonita. Os iranianos fazem o mesmo com seus tapetes para demonstrar que só Deus pode pretender ser perfeito.

Sim, a sabedoria seria reconhecê-lo. Adotar como modelo a *Vitória de Samotrácia*, tão bonita, tão poderosa, e mutilada. Mas em vez disto, eu não ouso sequer passar em frente do Teatro de la Ville, que, no entanto, fica perto da minha casa. Quando finalmente um dia eu consigo vencer a angústia, caio em prantos diante do teatro, junto de um pequeno realejo que toca uma nostálgica música de exílio. Uma pessoa que está passando me aborda:

— Perdoe-me, foi a senhora, outro dia, que tocou as *Goldberg*?

Eu engulo meus soluços.

— Sim, era eu.

— Foi magnífico. Graças à senhora, eu comecei a ouvir Bach. Mas vejo que a senhora não está se sentindo bem. Não quero incomodá-la mais tempo. Eu lhe agradeço, em todo caso.

Esse primeiro concerto no Teatro de la Ville foi seguido de vários outros. Um ano depois, toquei Scarlatti, Mozart e Schumann, minhas bem-amadas *Cenas da Infância*, com sua *Devaneios*. Depois das *Goldberg*, que, como é de praxe para todos os pianistas que as interpretam, sabe Deus por quê, me catalogaram na categoria dos pianistas sérios, meu programa pareceu estranhamente leve e infantil para o público, como se a infância não pudesse ser ao mesmo tempo a idade da maior maturidade.

Depois veio um concerto de Haydn–Beethoven.

Alguns dias antes da data, eu me senti desanimada a ponto de telefonar para Georges para lhe anunciar que não ia tocar. Ele foi à minha casa naquela noite mesmo.

— O que está acontecendo?

— Não estou satisfeita com o que faço.

— Se você quer cancelar, cancelaremos. E não vamos substituí-la. Mas antes disso, é preciso que você saiba de uma coisa: nenhum de nós dois é cristão e, contudo, eu posso lhe dizer que, quando você toca, um sentimento de espiritualidade invade a sala. E as pessoas ficam depois do concerto. Elas não conseguem mais ir embora.

O que responder? Georges me convenceu. O concerto vai acontecer. Ele encontrou as palavras que me sensibilizaram ao falar dos elos que unem um intérprete e o público.

Durante uma recente viagem a Pequim, eu revi Teng Wenji e nós falamos de seus últimos filmes. A certa altura de nossa discussão, ele me falou:

— Quando chego no local da filmagem, eu rezo antes de começar a filmar.

Eu lhe perguntei o porquê, pressentindo a resposta.

— Nós perturbamos os espíritos. Fazemos barulho, criamos agitação. Ninguém nos convidou. É preciso pedir desculpas por estar ali.

E nós sorrimos. Desde então, deliberadamente, faço como meu amigo. Quando chego, preciso saudar o lugar, pois ele sempre é sagrado. Gosto de me impregnar de sua atmosfera bem antes da chegada do público. Dou uma volta até pelos seus mínimos recantos. Toco as paredes, as cadeiras, os bancos. Eles me falam. Eu absorvo sua história.

Meus concertos de maior sucesso sempre foram feitos em teatros, em igrejas onde eu sinto alguma coisa.

O Teatro de la Ville. Eu o adorei desde meu primeiro concerto, quando, antes de minha entrada em cena, precisei aquecer os dedos sobre um pequeno piano vertical no último andar, sob um retrato de Sarah Bernhardt. Todo mundo me conhece lá. Na central telefônica, toda vez que ligo, ouço a telefonista me dizer:

— Bom dia, Xiao-Mei, reconheci sua voz.

Eu me sinto como se estivesse em casa.

A igrejinha de Sainte-Cécile, perto de Tours, o Templo de Lourmarin, um dos pontos altos do festival de La Roque d'Anthéron, a Academia Martinu de Praga, o Teatro de Mantova, onde Mozart tocou e que Richter adorava tanto. Ou ainda o grande Teatro Colón de Buenos Aires. Um lugar de que eu gosto especialmente e onde, no entanto, lá também, por pouco não desisti logo antes do meu primeiro concerto.

Eu acabo de chegar à Argentina. Há obras perto do hotel onde estou hospedada, e um barulho infernal invade meu quarto. Sem falar uma única palavra de espanhol, sou incapaz de fazer a recepção compreender que desejo um quarto mais silencioso. A hora do concerto se aproxima rapidamente e é impossível meditar ou me concentrar.

No começo da tarde, telefono para o organizador para cancelar. Ele chega na mesma hora, insiste, me repete que tudo está reservado, que ele não pode mais cancelar. Depois acrescenta:

— Vá visitar o teatro. Depois tornaremos a nos falar. Venha, eu a levo.

Alguns minutos depois, eu entro no Teatro Colón.

— Vá conhecê-lo. Ande por onde quiser. Eu fico esperando.

Entro na sala. Ela é imensa, mas ao mesmo tempo reina ali uma estranha impressão de intimidade. Extremamente calorosa. Visito os camarotes, todos diferentes, admiro as cortinas, o teto, os lustres. Os maiores artistas tocaram aqui, o público sabe apreciá-los. Desço ao subsolo. Ao ouro silencioso da sala sucede a efervescência de uma verdadeira pequena cidade na qual várias centenas de pessoas se dedicam às fantasias e aos cenários. Observo-as fazendo seu trabalho febrilmente, como se suas vidas dependessem daquilo. Mulheres me sorriem, interrompem o trabalho e vêm conversar. Por eu não falar espanhol, nós não vamos muito longe, mas elas me tocam fundo no coração. É óbvio que tocarei nesta noite.

Ao entrar no palco algumas horas mais tarde, eu me sinto bem, muito bem. Percebo sob meus pés a pequena cidade industriosa, revejo os rostos daquelas mulheres que eu entrevi à tarde. Eu saúdo o público. Muitos têm a partitura das *Goldberg* no colo. Eu não me enganei. É um lugar único.

Na saída do concerto, um crítico vem me procurar.

— Eu devo ser chinês — me diz. — Tudo que a senhora tocou me convenceu.

Ele exagera. Mas não é uma prova da universalidade da música eu, uma chinesa tocando um compositor europeu, ser capaz de convencer um sul-americano?

Dentre todos os lugares emocionantes que visitei, o mais emocionante continua sendo para mim a igreja Saint-Thomas de Leipzig, onde Bach trabalhou de 1723 até sua morte, em 1750, anos durante os quais ele compôs suas maiores obras-primas. Ir a Leipzig era um velho sonho meu. Um concerto na ex-Alemanha Oriental me dá finalmente a oportunidade de realizá-lo. Esse concerto foi organizado em Hoyerswerda, pelo Instituto Cultural Francês. A mesma Hoyerswerda onde, dez anos antes, *skinheads* alucinados atacaram um imigrante vietnamita com o apoio tácito da população. Ainda se fala hoje da "síndrome de Hoyerswerda". Decidi tocar as *Goldberg* em memória desse homem, vítima do ódio. Ao entrar no palco, a sala está fria, tão fria, que eu, chinesa que ousa tocar Bach na sua própria terra, não estou longe de me identificar com o vietnamita exilado que foi linchado. Mas, no decorrer das variações, a comunhão vai se instalando pouco a pouco e no final o público me chama de volta várias vezes. Ele não quer ir embora. Então eu peço silêncio e pronuncio estas poucas palavras:

— Depois de Bach, não se pode tocar nada.

Toda a sala se levanta. Sou aclamada.

Nunca estive tão perto de Leipzig. No dia seguinte, reconfortada pela acolhida do público, revelo meu sonho à conselheira cultural, uma amiga, que organizou o concerto. Ela me adverte: Saint-Thomas foi objeto de diversas reformas, muitas partes são novas e a autenticidade não é garantida. Eu a tranqüilizo: isto não vai me fazer desistir. Ela telefona à igreja para saber se pode ser visitada. Má sorte! Está fechada para obras. Não faz mal. Quero ir mesmo assim, nem que seja para respirar o ar de Leipzig. Isto me bastará. Minha amiga Marion se propõe a me acompanhar. Enquanto seu carro corre pelas estradas de Saxe, sinto me subir a emoção, depois as lágrimas — felizmente, Marion não vê nada, eu me sinto tão boba chorando por tão pouco: como lhe explicar o sentido desta viagem? Como lhe dizer que ali, enquanto nos aproximamos de Leipzig, tomo repentinamente consciência de que Bach de fato existiu, de que eu poderia tê-lo encontrado, conhecido, visto tocar?

Penso em uma outra peregrinação que realizei, há muito tempo, em Shaosham, o vilarejo natal de Mao. Desta vez é a peregrinação certa que estou fazendo, mas será que Bach vai me querer mal por eu ter comparado os dois eventos? Peço desculpas a ele: "Mestre, sinto muito por ter tido este pensamento. Esteja convencido de que esta peregrinação é sincera. Depois de tudo que eu vivi, quero dizer-lhe que é graças a você que me tornei novamente um ser humano. Que compreendi a vida. Que compreendi a mim mesma também."

Chegamos diante de Saint-Thomas. E então, um milagre! A igreja está aberta. De onde ele está, Bach me protegeu. Pedi a Marion para me deixar sozinha alguns instantes e entrei na nave. A tumba de Bach se encontra ali, sob os meus pés, com apenas esta inscrição que, na sua simplicidade, me perturba:

JOHANN SEBASTIAN BACH

Nada mais. Nenhuma data. Nenhum título. Como na sua música, o essencial, nenhuma nota a mais.

Eu permaneço ali uns bons minutos, silenciosa, ao lado de sua tumba. Depois exploro a igreja de um lado ao outro, persuadida de que vou encontrar uma lembrança de Bach. Vou até o topo do campanário, tocando as pedras, aspirando o ar. Ao sair, eu digo a Marion:

— Agora eu posso morrer. Não tenho nenhum arrependimento.

Alguns anos mais tarde, quando Bernard Pivot me convidou para seu programa "Double je", ele me fez no final o questionário de Proust, que eu adoro.

— Se Deus existe — ele me perguntou —, o que gostaria que ele lhe dissesse?

— "Você foi corajosa. Venha, eu vou lhe apresentar Bach."

27

Para sempre machucada

Um verdadeiro condutor de homens se coloca abaixo deles.

(LAO TSE)

A Revolução Cultural me fez em pedaços. Todos os dias, ao me levantar, eu me pergunto como continuar vivendo e encontrar a paz depois de tudo o que suportei. Ela criou em mim uma deficiência psicológica destruidora.

As sessões de denúncia coletivas de que fui obrigada a participar durante anos fazem com que eu tenha sempre medo de ser criticada, e com que eu não consiga mais ter confiança nem em mim nem nos outros. Quando se conheceu aquele regime, quando, aos 12 anos, uma idade na qual *não se pode* ser culpada, se é forçada a fazer autocrítica, o que é um amigo, uma relação, senão alguém que amanhã a denunciará e que você mesma irá criticar?

Cada vez que entro no palco, há sempre um momento em que eu me pergunto por que o público veio me ouvir. Sou loucamente reconhecida, mas me sinto tentada a reembolsá-lo: não mereço sua presença. Depois a dúvida se instala. Na realidade, o público está ali para me criticar, me julgar como em uma sessão de autocrítica. Só a fé na música me dá forças para ir até o fim.

Tenho medo de ser manipulada também — eu fui tanto, na China. Eu pondero, digo a mim mesma que eu era jovem durante a Revolução Cultural e, conseqüentemente, sensível a toda forma de propaganda. É verdade, e é a razão pela qual eu tenho, no fundo, uma aversão pelas manifestações de estudantes. Mas não foram somente os estudantes;

centenas de milhões de chineses se deixaram recrutar, mais velhos e bem mais a par das coisas da vida do que nós. Eles nada impediram, na China assim como nos outros países que conheceram o jugo totalitário. Tento compreender como as idéias generosas dos comunistas puderam resultar em tamanho desastre, como, durante longos anos, eu não consegui enxergar nada, não quis acreditar em nada. Em vão; eu não compreendo.

A Revolução Cultural me corrompeu, fez de mim uma culpada. Em um determinado momento, chegou a matar em mim o senso moral. Critiquei meus semelhantes, desprezei-os, acusei-os de faltas graves, investiguei seu passado, tomei parte ativamente em um processo de destruição coletiva. Como apagar esta mácula?

Há cinco anos, em Paris, eu revi Shaohua.

Shaohua, de quem eu me transformei, conscienciosamente, em vigia. Tinha vindo dar um concerto em quarteto, num domingo. No final do espetáculo, fui cumprimentá-la. Apenas vê-la me aliviava.

— Eu a prejudiquei tanto. Ainda sofro com isso; tudo me é insuportável. O que é que eu posso fazer por você para que me perdoe?

Shaohua me sorriu com doçura:

— Você já se desculpou mil vezes. Nós éramos muito jovens. Somos todos vítimas da Revolução.

No meio da conversa que se seguiu, fiquei sabendo que, olhando vitrines em Paris, ela vira um casaco que lhe agradara. No dia seguinte, corro até a loja cujo nome ela mencionou, mas ela está fechada, e um dia depois Shaohua volta para a China... sem o casaco. É melhor assim: que ingenuidade da minha parte pensar que uma roupa pode fechar uma cicatriz, apagar um erro e o sentimento de culpa!

Experimento essa impossibilidade de resgatar o passado também em relação à minha avó. Pouco tempo depois da visita de Shaohua, minha família resolveu lhe dar uma sepultura decente, finalmente, e nós nos unimos para pagar o monumento funerário. Como eu vibrei com este pensamento! Tive a impressão de reencontrar, ou melhor, de honrar como merecia aquela que tanto tinha feito por mim, que encarnara meu ideal de vida. Sentimento vão, mais uma vez. Como o dinheiro gasto poderia compensar os anos em que eu julguei mais importante ser uma revolucionária zelosa do que lhe escrever?

Amigos me fizeram ler páginas de Hannah Arendt. Acho que ela descreve bem um dos princípios cardeais que regem o funcionamento dos regimes totalitários: a *seleção arbitrária de vítimas inocentes*, primeira etapa da operação de um processo de dominação. E ela acrescenta:

> *O passo seguinte, decisivo na preparação de cadáveres vivos, é o assassinato, no homem, da pessoa moral. [...] Graças à criação de condições nas quais a consciência deixa de servir de socorro, nas quais fazer o bem se torna radicalmente impossível, a cumplicidade conscientemente organizada de todos os homens nos crimes dos regimes totalitários se estende às vítimas, adquirindo assim um caráter verdadeiramente total.*

Quando eu leio esta passagem, revejo minha própria experiência. Sim, aos 13 anos, fui de fato uma "vítima inocente", selecionada segundo um processo que me ultrapassava: eu era designada como *chushen buhao*, ser de má origem. A segunda etapa veio em seguida: a Revolução Cultural me empurrou do status de vítima inocente para o de participante ativa nos seus crimes.

Este passado não termina nunca de me assombrar. De uma certa maneira, eu saí da prisão para me ver prisioneira de mim mesma.

Freqüentemente me faço a pergunta para saber se devo odiar Mao Tse-tung pelo que ele me fez. Suas análises *a priori* não eram erradas. De fato, era preciso libertar o povo chinês. Não posso esquecer o documentário que nos mostravam na escola, no qual se podia ver o painel plantado pelos ingleses na entrada do parque Waitan, onde se lia claramente: "Proibido aos cães e aos chineses". Também não esqueci os camponeses tão duramente explorados, nem aquela velha mulher que eu vi durante minha primeira sessão de *yiku sitian*. Apesar disso, para além da esperança que ele fez nascer, Mao foi um criminoso. Matou fisicamente dezenas de milhões de pessoas e moralmente mais centenas de milhões. Portanto, sim, eu o odeio. E cada dia que passa meu ódio é mais profundo contra esse homem que, por covardia, continuou cinicamente a praticar aquela política catastrófica, por não ter a coragem de reconhecer seus erros. "Um verdadeiro condutor de homens se coloca abaixo deles", nos disse Lao Tse. Mao se manteve acima dos homens, pronto para matá-los para continuar acima deles. Há trinta anos vivendo com medo e me desesperando para encontrar tranqüilidade de espírito, tive tempo para compreender.

Não houve grandes processos, na China, no final da Revolução Cultural, a não ser o do "Bando dos Quatro", nada que possa ser comparado aos que foram organizados no mundo ocidental depois de 1945.

Certamente porque a verdade sobre o desastre dos anos Mao ainda não seja conhecida com precisão, na ausência de estudos históricos suficientemente documentados. Quantos mortos a Revolução Cultural fez? E o Grande Salto para a Frente? Ninguém sabe. A amplitude da catástrofe permanece desconhecida, assim como suas verdadeiras razões. As condições ainda não foram reunidas para dirigir um olhar objetivo sobre os acontecimentos.

Além de uma vontade legítima de ter finalmente uma vida normal e virar a página dos anos negros, essa atitude dos chineses, me parece, encontra sua origem profunda na visão que eles têm da vida. O primeiro grande livro chinês de filosofia, o *I Ching*, apenas por seu título — *O Livro das Mutações* — a desvela. A vida continua, se transforma, e é a essa transformação que convém se dedicar, mais do que à volta ao passado. Não se esquece os crimes, mas uma forma de justiça natural, aquela que só o tempo pode trazer, substitui a justiça dos homens. Os filósofos chineses têm uma fórmula para descrever isto. *Bu de liao*. É preciso saber encerrar o passado, não procurar se vingar permanentemente.

Por outro lado, a ausência de julgamento trai uma grande fraqueza. Os processos do pós-guerra, com efeito, deram ao mundo ocidental uma grande força de resistência. Colocando um "Nunca mais" como a epígrafe dos debates, favoreceram a vigilância, a consolidação das normas morais e a edificação de novas, todas destinadas, para sempre e ainda, a prevenir o retorno da hidra.

28

A música, a água, a vida

A grande música não tem muitos sons.
(...)
O Tao oculto não tem nome.
Contudo, é ele sozinho
Que sustenta e aperfeiçoa todos os seres.
(LAO TSE)

2003. Estou sentada na sala do professor Krishna Clough, no Instituto Curie. O resultado dos meus exames é positivo e seu diagnóstico sem apelação. Penso na minha mãe, que recusara a quimioterapia. Como a ela, esse tipo de tratamento me apavora, menos pelo sofrimento do que por temer que ele aniquile minha energia. Pergunto ao médico quanto tempo me resta para viver se eu não fizer nada. Ele hesita alguns instantes. Três anos, no máximo.

Pela primeira vez, tomo consciência da evidência que todo ser tende a esconder: é preciso partir um dia. Estranhamente, este pensamento, que poderia me precipitar dentro do abismo, me livra da angústia. No fundo, três anos são o bastante. Minha vida foi tão variada, tão rica.

Estou ainda na sala do professor Clough quando tomo consciência do único desejo que me resta. Tocar tudo. Gravar o máximo possível. As últimas sonatas de Beethoven e de Schubert, para compreender o que estes dois gigantes quiseram expressar com a aproximação da morte. O *Cravo bem Temperado* integral, meu pão de cada dia desde Zhangjiako, que durante muito tempo achei que era mais fácil de tocar do que de escutar, mas cuja possibilidade de fazê-lo chegar ao público entrevejo agora.

O que eu quero é tocar música, gravar essas obras-primas, não deixar esta terra com o arrependimento de não tê-lo feito. Eu me pergunto se três anos não serão um tempo curto demais para concluir a tarefa. Mas não, terá que ser possível.

Contudo, ao voltar para casa, eu desmorono. Vou até o fundo. Depois do primeiro degrau da vitória, tudo desaba. De novo. Tudo isso não tem nenhum sentido.

As pessoas do meu círculo me estimulam a seguir as recomendações do professor Clough, a fazer o tratamento, e finalmente, Josette, a amiga que me apresentou a esse médico que eu achei tão sensível, encontra as palavras justas:

— Seja razoável. Você tem uma família aqui, em volta de você, a de todos os seus amigos. Sua doença está no começo. Não perca tempo. Tenha coragem.

Um retiro na solidão das montanhas chinesas me tenta: tenho a impressão de que lá, na natureza e no silêncio, eu poderia recuperar a saúde. Mas seria impossível tocar e gravar. É então que eu tomo a decisão de seguir os conselhos dos meus amigos.

Os testemunhos de amizade afluem e, freqüentemente, me emocionam. Recebo propostas de concertos enquanto ainda estou no hospital. Meses difíceis se escoam. E depois, um dia, eu volto para casa e reencontro meu Steinway, tão emocionada quanto ao descobrir o velho acordeão gasto no pátio de Yaozhanpu ou ao acolher meu piano na estação de Zhangjiako. Toco *Goldberg*. Renasço.

Mais uma vez, a música me salva.

Quando criança, eu perdi tudo, mas a música me ajudou a viver.

Em seguida, no conservatório, a ideologia falou mais alto. Ela me convenceu de que era preciso queimar livros e partituras, que o Pequeno Livro Vermelho bastava. Quando cheguei a Zhangjiako, eu não era nada além de uma pequena selvagem manipulada e, durante o primeiro ano, não me lembro de ter experimentado nenhum sentimento. Como meus companheiros, tinha a mente vazia. Tínhamos sido todos transformados em marionetes, em máquinas prontas para obedecer cegamente a todas as injunções do regime. E a música se tornara para mim acessória. Minhas atividades revolucionárias representavam tão mais!

Mao percebera há muito tempo o poder da arte e especialmente da música sobre o povo. Sabia que os artistas eram perigosos por questionarem perpetuamente o real, reclamando sempre mais liberdades, e é por isso que os atacava, que deixava sua esposa se apropriar da arte através das suas *yangbanxi*. Para dizer a verdade, Mao considerava o saber em geral perigoso: seu obscurantismo organizado, sistemático e extremista é a prova concreta.

Mas o poder da música é tal que ela ressurgiu na minha vida sem que eu pudesse explicar como. A fraqueza e a inocência de Mil Gotas desempenharam um papel nessa redescoberta. Muito menos inteligente do que Mao, ele não tomou consciência da engrenagem na qual estava nos deixando entrar, ao não proibir nosso concerto. Em alguns outros campos de artistas da região, ninguém teve um chefe assim e ninguém teve a possibilidade de tocar qualquer instrumento.

É provável que eu tenha sentido, assim como meus companheiros, que o regime estava nos levando a um tamanho grau de desumanização, na sua loucura, que não podíamos ir mais longe. A Revolução Cultural estava prestes a nos tirar toda a humanidade, e isto não era possível. Prestes a ser transformados em animais, um reflexo nos sacudiu. No fundo de nós mesmos, restava uma centelha de humanidade, a que os regimes totalitários, que subestimam os recursos do homem, sempre esquecem, para sua ruína. É esta centelha que a música reavivou.

Nosso *renascimento* para a música, para a arte em geral, mudou tudo, para mim e para meus companheiros de campo. A música nos devolveu nossa humanidade. Ela nos fez de novo entrever, em um canto do céu, a possibilidade de uma espiritualidade. Ela nos ensinou de novo a amar, inclusive no primeiro sentido do termo: cinco casais se formaram em Zhangjiako.

Foi lá que compreendi o poder da música e a sorte que eu tinha de praticar esta atividade.

Ela reúne as pessoas, de uma forma diferente da política ou da religião. Ela traz o amor pela humanidade, que é sempre o mais forte e graças ao qual podemos tudo superar. Quando tocamos música, nos entregamos incondicionalmente, e é esta, na minha opinião, a definição de amor.

Somente hoje consigo compreender o quanto a experiência da Revolução Cultural me convenceu a não utilizar o poder da música para tentar impor o que quer que seja ao público. Sofri demais com a servidão e prefiro dizer sem impor. Espero com isso sensibilizar alguns espectadores. Freqüentemente me lembro da minha vizinha que, no avião para Los Angeles, me citou Lao Tse:

A bondade suprema é como a água,
Que tudo favorece e com nada rivaliza.
Ocupando a posição desdenhada por todo humano
Ela está muito próxima do Tao.

Eu agora compreendo melhor esta citação. A água é útil, ela serve. Ela desce e não sobe. Ela se aninha nos vazios, onde ninguém quer ir, e não sobre as alturas de onde todo mundo sonha em dominar o mundo. Ela não entra em competição com ninguém, no entanto acaba vencendo o que há de mais duro no mundo: as rochas. E sem água não haveria vida.

É por esta razão, entre outras, que, desde que cheguei à França, tenho tentado levar a música aos lugares de aflição: prisões, asilos de idosos, hospitais.

Eu me lembro de um concerto na prisão de Bergerac, organizado dentro do projeto "Música e esperança", uma associação criada por iniciativa do pianista argentino Miguel Angel Estrella. Antes desse concerto, eu me questionei muito a respeito do programa, hesitando entre obras fáceis e leves e obras mais sérias. E finalmente, mais uma vez, decidi pelas *Goldberg*. Os poucos amigos a quem eu expus minha idéia ficaram em dúvida, achando a obra longa demais, não suficientemente "grande público". Eles me deixaram tão cheia de incerteza que eu finalmente decidi me contentar com algumas variações.

Antes de começar, eu me dirigi à centena de prisioneiros que aceitaram assistir ao meu concerto:

— Não sei por que vocês estão aqui nesta prisão. Mas o que posso lhes dizer é que eu também estive em um campo durante vários anos. Porque na época se considerava, na China, que era preciso "reeducar" as pessoas que amavam a música que vou lhes interpretar hoje. De Bach, uma obra que se chama *Variações Goldberg*. Como ela é muito longa, só vou tocar para vocês dez das trinta que a compõem.

Uma hora mais tarde, a pedido dos prisioneiros, que não queriam que eu parasse, toco as *Goldberg* integrais. O pequeno piano vertical no qual toco está completamente desafinado, mas eu coloco nele toda minha alma. Um prisioneiro, de idade já avançada, dirige-se a mim:

— A senhora poderia nos tocar Beethoven?

Eu me lanço à *Sonata Waldstein*, que eu tocava muito na época. Ele veio falar comigo no final.

— Conheço a senhora, gravei um de seus concertos, transmitido pela France Musique. Naquele dia a senhora também tocou a *Waldstein*. Ouço essa fita cassete todos os dias.

Na hora de ir embora, pergunto a um dos guardas do que aquele prisioneiro é culpado.

— Crime passional — dizem.

O que vivi faz com que minha visão da música não consiga ser intelectual. O que procuro, tocando, é falar às pessoas, dizer-lhes alguma coisa, mostrar-lhes todas as belezas de uma obra, sensibilizá-las. Por isso o público é essencial para mim. Alguns de meus colegas professam tocar mais para si mesmos do que para o público. Quando eu toco, meu objetivo é, ao contrário, compartilhar com as pessoas.

A humanidade é a verdade da música. O que importa é aquela pessoa ali, que não é musicista, que, esta noite, talvez eu consiga emocionar e a quem farei entrever uma parte de sua humanidade, de nossa humanidade, parte que até então ela ignorava e que, talvez, a conduza um dia, quem sabe, a também dizer "não" sempre que compreender que o essencial está em jogo.

29

A sabedoria e o não-ser

Quem vence a si mesmo tem a força da alma.
(LAO TSE)

Quando, hoje, revejo meus antigos camaradas do Conservatório de Pequim, eles fazem questão de me lembrar:

— Xiao-Mei, você não tem proteção. Quem vai cuidar de você, se ficar doente?

Estão querendo dizer: você não se deu bem de verdade, uma vez que não conseguiu assegurar seu conforto material. Mas como somos de fato verdadeiros amigos, eles acrescentam:

— Não se preocupe. Quando ficar velha, nós cuidaremos de você.

Dentre eles, há numerosos que abandonaram suas carreiras artísticas, considerando que as conseqüências da Revolução Cultural teriam sido irreparáveis, que era tarde demais para recomeçar tudo. Um se tornou corretor de imóveis, o outro acupunturista, outros estão no ramo de importação-exportação de pianos. Mesmo os que conseguiram se tornar músicos investiram dinheiro nos negócios. Quase todos ficaram ricos. A Revolução Cultural destruiu em todos eles o desejo do absoluto. Por uma cruel ironia da História, ela os transformou não em comunistas, mas em capitalistas!

Claro, meus amigos não estão errados. Com o fim da minha doença, pensei muito a respeito da precariedade da minha situação, fazendo a mim mesma perguntas sobre a maneira como eu poderia garantir minha subsistência se uma recaída impedisse para sempre minhas atividades musicais. De todo modo, o sucesso material é diametralmente oposto ao que procuro, ao sentimento de realização que persigo.

Já me aconteceu chegar perto deste sentimento. Todas as vezes em que achei que estava pronta para interpretar uma obra, em que depois de anos e anos de trabalho achei que o momento tinha chegado. A primeira vez foi tocando as *Goldberg* em Paris. Parecia que nada de negativo poderia acontecer, e eu, que vivo na dúvida, tinha a certeza do que precisava ser feito.

Sim, esses momentos, com os quais sonhamos a vida toda, são abençoados momentos de realização. Mas são raros e fugidios. O termo chinês que designa a felicidade, *kuaile*, o expressa: traduz-se, literalmente, por "felicidade rápida". Para os chineses, há momentos felizes, em um dia, em uma vida, mas eles nunca duram.

Também me parece que, quando realizamos nosso sonho, freqüentemente é tarde demais. É uma experiência com a qual me vi freqüentemente confrontada.

Em 2002, finalmente, quando obtive a nacionalidade francesa, propus aos meus pais virem me ver em Paris. Meu pai recusou, o que não me surpreendeu. Como bom filósofo chinês, ele considera as viagens superficiais e inúteis.

— Para quê? — ele me disse. — Como você quer que eu descubra um país em poucos dias? Não me queira mal, mas eu acho que viajar não serve para nada.

Minha mãe, em compensação, aceitou com alegria. Ela sonha com essa viagem desde que era bem pequena. Ela virá com uma de minhas irmãs e o marido.

Quando a vejo chegar no aeroporto, na sua cadeira de rodas, compreendo imediatamente que o mal de Alzheimer, do qual sofre há alguns anos, progrediu bastante. Minha irmã me explica o quanto foi difícil a passagem pela alfândega — minha mãe se esqueceu até do próprio nome.

Eu a levo para visitar os grandes monumentos da capital: o museu d'Orsay, o museu Picasso, o Museu de Arte Moderna e, claro, seu querido museu do Louvre, onde vamos quase todos os dias. Eu empurrei sua cadeira pelas galerias de pintura, onde ela detalha cada tela. Ela já as conhece bastante por tê-las visto em livros de pintura, e por ter copiado centenas. Sinto que está feliz. Mas mal saímos e ela já se esqueceu que passamos a tarde no Louvre.

Uma amiga a leva para um passeio de carro por Paris. Passamos diante do Teatro de la Ville:

— É aí que Xiao-Mei toca — ela lhe diz.

Minha mãe olha para ela:

— Mas o que é que Xiao-Mei faz na vida?

Dentre seus sonhos, minha mãe tinha o de me ver tocar em uma grande sala de concertos. Sem sequer ousar imaginar que pudesse ser em Paris — Paris! Eis que seu sonho se realizou, que sua filha "venceu" no sentido que ela entende, mas isto simplesmente não tem mais nenhum significado para ela.

O sucesso não é nada. Uma vez alcançado, resta fazer o mais difícil: vencer a si mesmo.

Alguns o fazem graças à religião. Outros, como minha mãe, não precisam disto. São levados por uma força natural. Um poder interior, o destino, a vida, simplesmente. De todo modo, alguma coisa espontânea e inconsciente. Eu os admiro. A espontaneidade e a inconsciência carregam em si uma força vital que subestimamos. Tchuang Tse ilustra esta verdade com a história do Kuei[1] e da Centopéia. O Kuei diz à Centopéia:

— Eu ando pulando em um só pé. Portanto, não posso me igualar a você. Como consegue usar tantos pés?

E a Centopéia lhe responde:

— Eu ajo de acordo com a natureza, sem saber nem como nem por quê.

O bebê berra, mas nunca perde a voz. O bêbado, como o sonâmbulo, raramente se fere.

Para tocar, é preciso renunciar a pensar em excesso, para poder reencontrar a espontaneidade e a inconsciência essenciais. Pois é nesses momentos que as condições necessárias à receptividade aos outros, às forças vitais e espirituais do mundo são reunidas, e que a inspiração pode nos tocar.

* * *

[1] Ser sobrenatural das lendas chinesas. (*N. da T.*)

A sabedoria está em nós, me parece, mas é preciso um trabalho freqüentemente doloroso para encontrá-la. Durante toda minha vida eu me defini em relação ao exterior, às opiniões que as pessoas tinham sobre mim, às pressões de todo tipo de que fui objeto. As autocríticas e denúncias incessantes nas quais me é muito difícil parar de pensar me impediram durante muito tempo de ser eu mesma.

Mas, para o verdadeiro sábio — eu agora o vislumbro —, o exterior não conta. Sua verdadeira força é interior. Pode ser prisioneiro, rejeitado, caluniado: ele compreende que a verdadeira liberdade está dentro dele.

A obra que expressa isso muito bem, a meu ver, é a última sonata de Beethoven, o *Opus 111*, obra preferida de meus dois mestres, um vivendo no Oriente, o outro no Ocidente. Ela tem também um segundo movimento sob forma de variações, como se, para exprimir o inexprimível, fosse preciso passar pelo processo de *transformação* consubstancial à filosofia chinesa. Um tema simples e despojado, muito próximo, em sua essência, do tema da *Ária* das *Variações Goldberg*.

Pois o tema da *Arietta* nos pega pela mão tão delicadamente quanto a *Ária* das *Goldberg*. Uma primeira variação, depois uma segunda, em *fugato*, fazem subir a tensão. Depois chega a terceira, que tantos pianistas tocam como uma peça de jazz virtuosística e impetuosa, mas que, a meu ver, é antes de tudo impregnada de nobreza. A renúncia se aproxima. A quarta nos faz entrar em um outro mundo. Nós nos elevamos *pianissimo*, nos afastamos do mundo, alcançamos um céu de cores magníficas, atravessamos a camada de nuvens que envolve a Terra, estamos em outro lugar. A quinta variação exige o extremo grave e o extremo agudo, que eu adorava ouvir quando, pequena, estava começando a estudar piano. E então temos o mundo inteiro, o *yin* e o *yang* que Beethoven faz entrar em seu piano. E depois o tema inicial reaparece, como um hino à glória do mundo, antes de se desagregar, de mergulhar em uma espécie de nada que é também uma forma de libertação.

É nisso que reside a sabedoria suprema.

De todos os grandes filósofos chineses, é de Lao Tse, compreende-se, que eu me sinto mais próxima.

Para mostrar a diferença que existe entre os confucionistas, os budistas e os taoístas, discípulos de Lao Tse, os chineses gostam de recorrer à alegoria do copo d'água. O confucionista diz: "É preciso partilhar este copo d'água. Dê de beber primeiro a seus pais." Para ele, a primeira das virtudes é de ordem social, a organização da sociedade. O budista diz: "Devo beber?" Para ele, o controle das próprias emoções, dos desejos, está à frente de tudo. Vem finalmente o taoísta. Ele olha o copo e diz: "A água não existe."

30
Retorno

Quando as tempestades rugiam,
Eu era menos infeliz.
(SCHUBERT, *A Viagem de Inverno*,
poemas de Wilhelm Müller)

2006. Dia 27 de janeiro é o aniversário do nascimento de Mozart. De que outro grande artista, músico, escritor, pintor, se festeja assim o aniversário de seu nascimento? De Leonardo da Vinci? De Shakespeare? De Dante? Ninguém imaginaria fazê-lo. E não no dia. É às crianças que se deseja feliz aniversário. E Mozart é uma criança. Mas uma criança que conheceu tudo, uma criança que tinha a profundidade de um velho sábio. Lao Tse não pressentiu Mozart ao escrever esta reflexão?

Aquele que possui em si a plenitude da virtude
É como uma criança recém-nascida.

Eu agora encontrei forças para procurar meus antigos companheiros de cativeiro. Durante mais de vinte anos, eu me mantive afastada: revê-los teria me mergulhado no abismo.

Aproveito concertos dados em Tóquio para partir em busca de Cunzhi, o amigo fagotista surrado diante de todos os alunos do conservatório naquela noite de verão de 1966, cuja lembrança me persegue. Sei que ele abandonou sua carreira e emigrou para o Japão, onde abriu um restaurante chinês. Um homem de cabelos brancos se aproxima: Cunzhi. Nós não nos vemos há mais de trinta anos! Não vamos chorar, mas a emoção nos aperta. Ele me conta que muitas vezes por ano transforma seu restaurante em sala de música. Convida artistas para se apresentarem, ele mesmo toca vez por outra. Ele já organizou mais de duzentas manifestações musicais.

Voltamos a falar dos acontecimentos do verão de 1966, das execuções sumárias, dos cadáveres empilhados no anexo do conservatório.

— Eu tive sorte — comenta, simplesmente.

O destino deste músico que tinha tudo para se tornar um grande solista tem algo de perturbador, mas ele não fala nada. O momento de nos separar chega. Tento encontrar as palavras certas:

— Você é o herói de nossa classe. Teve que suportar tudo, a exclusão, o medo, a violência, a solidão. Mas continuou fiel a si mesmo, idealista, como eu o conheci.

Tenho notícias de Huang Anlun. Sei que depois de deixar a China, como todos nós, foi para Yale e depois para o Canadá, e que se tornou um dos maiores compositores chineses contemporâneos. Mas eis que se converteu ao cristianismo. Recentemente voltou à China para organizar a execução de uma de suas obras, em vão, pois o concerto foi cancelado no último momento pelas autoridades, já que a música de inspiração cristã não é autorizada a não ser em igrejas.

Fico chocada, mas me pergunto: a proibição que atinge as obras de Huang Anlun é apenas o efeito da falta de liberdade de expressão? Ou é também uma reação de defesa contra o proselitismo religioso — uma palavra que não tem tradução simples em chinês —, considerado uma agressão? Proselitismo que não é somente religioso, mas, além de tudo, cultural, pois o Ocidente persiste em ver as culturas diferentes da sua através de um prisma único.

A religião cristã, que me sensibiliza bastante por sinal, tem o defeito de querer converter, estender sua influência. A própria idéia é estranha aos chineses. Budistas, taoístas e confucionistas praticam religiões que são mais propriamente filosofias; não conheceram o equivalente das guerras de religião, e o pensamento de que apenas uma religião possa ser detentora da verdade lhes é incompreensível.

* * *

2006. Retorno a Pequim.

Minha mãe me pede para eu lhe tocar de novo as *Masterpieces* de minha infância. A boneca comprada em Boston nos vigia, sentada junto do piano. Através da boneca eu estou do lado dela. Minha mãe se lembra de cada uma das peças da coletânea das *Masterpieces*, e as cantarola comigo. Depois, um dia, ela me pede:

— Será que você podia me ensinar a tocar?

Eu a ajudo a ir até o piano. Mas ela não consegue nada. Eu lhe toco *Devaneios* de Schumann. Ela me olha:

— Como é que você pode tocar assim tão bem?

Meu pai, que quase não fala mais nada, tem uma primeira e única vez algo para me pedir. Ele deseja visitar a sepultura de seu amigo.

Lao Xue era o diretor da universidade onde ele trabalhou por muito tempo, e graças a quem, quando voltei de Zhangjiako, pude conseguir um primeiro emprego. Este homem era tão importante para o meu pai que, no final de sua vida, ele o via todos os dias.

Nós telefonamos para o filho dele para saber com precisão o local onde foi enterrado. Isolada na natureza, perto da Grande Muralha, a sepultura é difícil de ser encontrada e só um grande pinheiro permite localizá-la.

Meu pai se dirige ao amigo:

— Lao Xue, eu vim vê-lo. — Depois ele se vira para mim: — Xiao-Mei, nós esquecemos de trazer vinho para Lao Xue.

Eu vou arranjar um pouco de água.

— Não é grave — ele me diz. — Lao Xue preferia água a vinho.

Nós bebemos um gole, e depois, conforme a tradição chinesa, meu pai derrama o restante sobre a tumba do amigo.

Ele fica duas horas falando a Lao Xue. Eu fico afastada. Também eu, Xue Shushu,[1] tenho que lhe agradecer.

Está na hora de voltar. Dentro do carro que nos leva de volta a Pequim, meu pai permanece silencioso, perdido em seus pensamentos. Depois, de repente, ele me diz:

---

[1] "Tio Xue".

— Eu também vou querer repousar aqui, mais tarde. — Depois de uma pausa, ele acrescenta: — Lao Xue foi a única pessoa que confiou em mim durante a Revolução Cultural.

É terrível de ouvir, mas é verdade. Nós, sua família, não apoiamos meu pai no tempo de suas provações. Crianças, minhas irmãs e eu, achávamos que ele era duro conosco. E, mais tarde, o regime fez com que todas nós desconfiássemos dele, com que não o amássemos.

Ao chegarmos a Pequim, meu pai me faz uma confissão. Desde que fui para Paris, todas as tardes, às cinco e meia, ele ouve o programa diário que a rádio chinesa dedica à França. Se tem que sair, mesmo para visitar amigos, leva seu rádio de pilha para não perder esse encontro cotidiano.

— Eu vivi com você — conclui sobriamente.

Tenho uma outra visita a fazer, em Pequim. Quero rever Aizhen, a amiga que, no dia seguinte ao da minha autocrítica no Conservatório de Pequim, deixara comida para mim em cima da minha carteira escolar. Faz trinta anos que nós não nos vemos.

Uma noite, em Paris, ela me apareceu em um sonho. Eu acordei sobressaltada, incapaz de dormir de novo, roída pelo pensamento de não ter lhe agradecido o suficiente. Eu me levantei, apanhei uma folha e um lápis; precisava escrever para ela. Mas ela não me respondeu, e desde então não consigo mais expulsá-la do meu espírito.

Nós mudamos tanto, todas as duas.

— Tenho vergonha de ter interrompido minha carreira — me diz.

Aizhen era entretanto uma musicista muito hábil. Depois da Revolução Cultural, foi enviada para trabalhar em Dalian, um deserto intelectual e artístico. Lá ela se dedicou de todo coração a ensinar piano a alunos indiferentes e se casou com um professor universitário. Ele teve um câncer de garganta no mesmo ano em que ela deu à luz sua filha.

— Depois disso, você consegue agüentar qualquer coisa — conclui.

O marido está ali, ao lado dela. Quando Aizhen recebeu minha carta de Paris, ele estava de novo doente, e foi por isso que ela não me respondeu. Eu me viro para ele:

— É preciso que você saiba: você se casou com uma mulher muito boa.

Ele sorri.

Durante a conversa, fico sabendo que os pais de Aizhen sempre foram cristãos. Foi por isso que ela me ajudou quando todo mundo fugia de mim?

Quando nos separamos, senti de repente um grande bem-estar. Finalmente, pude agradecer à minha amiga.

Chegou a hora de voltar a Zhangjiako.

Uma amiga de Pequim me convenceu a fazer a viagem com ela. Chegando no local, trocamos palavras com um conhecido que veio nos buscar de carro. Falamos a ele de Dayu e perguntamos se a prisão ainda recebia presos políticos. O homem é simples e sua resposta clara: claro que sim. Minha amiga, que conhece muita gente na região, conseguiu arranjar uma entrevista com o diretor da prisão. Da Dayu que conheci, não resta mais senão os grandes muros exteriores. No interior, tudo mudou: as velhas construções sujas e úmidas deram lugar a construções novas. O diretor é simpático. Eu lhe digo quem sou, ele nos propõe visitar o estabelecimento. Não, decididamente, nada mais resta do que eu conheci. Quando estamos nos despedindo, eu lhe faço a mesma pergunta: a prisão recebe ainda prisioneiros políticos? Ele sorri. Não, não esta aqui, outras. Tenho a impressão de poder confiar nele.

Uma vez do lado de fora, damos uma volta pela cidade. Também lá, tudo mudou. Em volta da prisão altos pavilhões de dois andares cresceram como cogumelos, cuidadosamente dispostos de um lado e de outro de largas avenidas bem cuidadas. Que progresso material! Não, decididamente, não resta mais nada do que conheci, com exceção dos uivos do vento.

Minha amiga me segura pelo braço. Ela quer me mostrar as igrejas que foram construídas na região. A mais próxima é uma imensa construção amarela e branca. Seu campanário se parece tanto com um minarete que eu me pergunto se não é uma mesquita. Mas não, de forma alguma, uma missa está sendo celebrada lá dentro naquele momento. Nós nos insinuamos no meio da assembléia de fiéis. Centenas de pessoas, camponeses na sua maior parte, estão lá, rezando, entoando cânticos. Eu observo a decoração da igreja — não chega a ser de bom gosto. O mesmo espetáculo nos espera em Quijiazhuang, perto do meu terceiro local de cativeiro, lá onde nós alimentávamos às escondidas os camponeses que morriam de fome.

Pensar que pessoas estão rezando ali onde, há 35 anos, nós éramos prisioneiros... Ao mesmo tempo fico pensando sobre o sucesso do cristianismo nessa região remota da China. Sem dúvida o clero local realizou um trabalho considerável; mas também tornou possível o pertencimento a uma comunidade, a dos cristãos, no mesmo lugar em que os grandes filósofos chineses recomendam a solidão, a distância, o afastamento do mundo. Seja qual for a razão, o resultado é que chineses antigamente miseráveis e sem futuro descobriram a esperança.

Quanto a mim, as filosofias chinesas me convêm, pois prefiro estar sozinha diante de mim mesma do que diante dos outros, e considero a religião um universo excessivamente pessoal para ser compartilhado. Por outro lado, devo admitir que minha vida é ligada à obra de um grande cristão, Johann Sebastian Bach — dediquei meus dias e minhas noites à sua música. E Bach não viveu como um sábio afastado do mundo; muito pelo contrário, sempre esteve cercado, solicitado, e fez muito para que, através de sua música, pudéssemos nos aproximar do sentido da vida. Cada um tem sua porção de verdade, para aquele que sabe ver.

Ao deixar a última igreja, me vem à memória o projeto que alimento há muito tempo: criar uma escola na China. Eu me dou conta de que, quando deixei meu país há mais de vinte anos, eu não abandonara a idéia de voltar a viver nele, embora pretendesse o contrário.

Até o presente, dar concertos na China não tinha para mim muito sentido. A geração perdida que é a minha se preocupa antes de tudo, e eu a compreendo, com seu conforto material. Recusaram-lhe qualquer ensinamento artístico durante tanto tempo! Mas e a nova geração? Não deveríamos tentar ensinar-lhe um pouco do que sabemos?

Eu tenho um sonho.

Imagino que estamos reunidos, meus antigos camaradas, eu e alguns outros em uma escola fundada por nós, onde as artes reinam, todas elas. Nós vivemos com os alunos, nós falamos e refletimos juntos.

Os cursos são gratuitos. O dinheiro que, em graus diversos, todos nós ganhamos serve para pagar as bolsas dos alunos — hoje, na China, para estudar em uma escola como os conservatórios de Pequim e Xangai, é preciso ser riquíssimo.

Persigamos o sonho... Com meus poucos alunos, tento compartilhar algumas das coisas que aprendi ao longo da minha vida de pianista. Procuro convencê-los a não ser nada além de servidores da música, surdos ao materialismo, humildes, porém apaixonados ao mesmo tempo.

Meus amigos e eu temos não só a impressão de estarmos transmitindo um pouco de nossa experiência, mas também compensando o que, para nossa geração, para além da privação da liberdade e da miséria material, foi nosso maior sofrimento: a negação da educação. A ausência de livros, de partituras, de dicionários, até: um suplício pior do que os sofrimentos físicos suportados, um vazio que anula o futuro e torna a morte preferível à vida. De que vale uma existência sem esperança de desenvolvimento pessoal, que tem à sua frente apenas a escuridão da ignorância — e da submissão, que é sua filha? Sim, nós estamos todos de acordo, meus amigos e eu. Que o mundo medite sobre a Revolução Cultural: para assegurar a paz e o futuro do mundo, a prioridade absoluta tem um nome, a educação.

No meu sonho, Dayu, nossa antiga prisão, acolhe nossa escola.

Ária

Eu caminho sozinha pelas ruas de Zhangjiako.

Como muitas vezes na minha vida, quis voltar para trás para encontrar a energia de ir para a frente. Zhangjiako, eu pensei, me daria esta coragem. Evidentemente, a vida me deu muito. Mas ela também me destroçou, pois me levou a não gostar de mim mesma, a duvidar todo o tempo, de modo doentio.

Com o tempo, eu sinto cada vez mais a presença de Bach e de Lao Tse do meu lado. Eles me ajudaram a superar as provações pelas quais passei, e me ajudarão ainda a enfrentar as que me aguardam, pois me parece que a mais difícil ainda está por vir: encontrar finalmente a liberdade interior. Tenho a impressão de não ter feito nada na vida até aqui, e de não ter forças para lhe dar um sentido.

O vento varre as ruas de Zhangjiako. A tarde está chegando ao fim. Eu olho o céu. Não há os tons avermelhados que faziam minha avó predizer que eu teria "uma vida cheia de cores", e, entretanto, é o mesmo céu. Um céu escuro, azul e cinza, um céu nublado de primavera. Ao mesmo tempo, um céu cheio de diversidade, cheio das nuances de que meu amigo pintor Fu me falava aqui mesmo, em Zhangjiako. Sim, tudo isso eu distingo hoje. Cores variáveis, sentimentos misturados. À noite eu duvido, tenho medo dos outros, de mim, e sinto com violência minha impotência, minha incapacidade de alcançar a perfeição. Mas de manhã, eu sei que ele está lá, no cômodo ao lado, ele está à minha espera... Ele é uma promessa de felicidade sempre mantida. Meu piano.

Compreendo o céu de Zhangjiako. E escuto minha avó me falando:

— Era o dia do seu nascimento...

Agradecimentos

Marcel Bitsch, Jean-Marc Bouré, François Cazard, Estelle e Jean-Luc Chalumeau, Christian Charrière-Bournazel, Benoît Choquet, France e Pierre Compagnon, Françoise e Michel Delong, Josette Devin, Fiona Eberts, Nazanine Fatemi, Eda e Kim Fuad, Georges Gara, Barbara e Patrick Genevaz, Blandine e Jacques Gravereau, Sylvie e Bernard Haas, Hélène e François Hominal, Natasha Houtcieff, Claude Huguet, Anna Kamp, Helmut Klemm, Anne-Marie Loirette, Christian de la Simon, Marie- Louise Le Guen, Renaud Machart, René Martin, Alain Meunier, Claude Pascal, Aude e Philippe Penicaut, Brigitte e Julien Pley, Robert Prudon, Françoise e Pierre Rodet, Laurence e Éduard Rousselot, Diane de Saillant, Liane e Sylvain Smadja, Rémy Stricker, Antoine Tchekhoff, Geneviève e Gérard Vendrolini.

Este livro foi impresso na
LIS GRÁFICA E EDITORA LTDA.
Rua Felício Antônio Alves, 370 – Bonsucesso
CEP 07175-450 – Guarulhos – SP – Fax: (11) 3382-0778
Fone: (11) 3382-0777 – e-mail: lisgrafica@lisgrafica.com.br